U0128647

丝绸之路古文明印记

安文华 侯宗辉 主编

梁仲靖 杨波 李骅 副主编

中国社会科学出版社

图书在版编目（CIP）数据

丝绸之路古文明印记/安文华等主编. —北京：中国
社会科学出版社，2024.5
ISBN 978 – 7 – 5227 – 3012 – 7

Ⅰ.①丝… Ⅱ.①安… Ⅲ.①丝绸之路—文化史—
研究—中国—古代 Ⅳ.①K203

中国国家版本馆 CIP 数据核字（2024）第 034015 号

出 版 人	赵剑英
责任编辑	刘　芳
责任校对	李　敏
责任印制	李寡寡

出　　版	中国社会科学出版社
社　　址	北京鼓楼西大街甲 158 号
邮　　编	100720
网　　址	http://www.csspw.cn
发 行 部	010 – 84083685
门 市 部	010 – 84029450
经　　销	新华书店及其他书店

印　　刷	北京明恒达印务有限公司
装　　订	廊坊市广阳区广增装订厂
版　　次	2024 年 5 月第 1 版
印　　次	2024 年 5 月第 1 次印刷

开　　本	650×960　1/16
印　　张	21.25
字　　数	270 千字
定　　价	118.00 元

图1　课题组与陕西省社科院专家学者座谈交流

图2 课题组与河南省社科院专家学者座谈交流

图3　课题组在河南渑池仰韶文化博物馆考察

图4　课题组在河南三门峡虢国博物馆考察

图5　课题组在河南二里头夏都遗址博物馆考察

图6　课题组在河南安阳殷墟宫殿宗庙遗址考察

图7 课题组在青海民和喇家国家考古遗址公园考察

图8 课题组在青海都兰县博物馆考察

图9 课题组在新疆若羌楼兰博物馆考察

图10 课题组在新疆且末来利勒克遗址考察

图11 课题组在新疆且末扎滚鲁克墓群考察

图12 课题组在新疆喀什盘橐城考察

图13 课题组在新疆拜城克孜尔石窟考察

图14 课题组在新疆库车苏巴什佛寺遗址考察

序　言

一

古"丝绸之路"是古代中国秦汉至明时期连接亚、非、欧三大洲主要文明古国的著名商业贸易路线，包括陆上、南方以及海上古丝绸之路，本书所言古"丝绸之路"，指的是贯通欧亚大陆北部的商贸通道，即我们通常所说的"陆上丝绸之路"。古"丝绸之路"既是商贸通道，也是古代文化、技术交流等的国际通道。延续两千年的古"丝绸之路"，是那个时期沿线国家民族文化史与文明史进程的见证者和参与者。历史的喧闹虽已过去，但"丝绸之路"沿线文化（汉文化、希腊—罗马文化、印度文化、伊朗—伊斯兰文化、古埃及文化等）所创造出来的辉煌灿烂的文化，却深深地影响着世界文明的进程。因此，探寻"丝绸之路古文明"，让它的"印记"深深刻入大家的脑海，就成为甘肃省社会科学院"丝绸之路古文明"课题组寻找失落的古文明和东西文化交流轨迹的一项重要任务。

从 2019 年开始，甘肃省社会科学院"丝绸之路古文明"研究课题组考察了河南（洛阳、淮阳、安阳、渑池、偃师、三门峡）、陕西（西安、宝鸡、岐山、临潼）、甘肃（天水、庆阳、平凉、临夏、武威、张掖、酒泉）、青海（西宁、湟源、共和、都兰、德令哈）、新疆（若羌、且末、和田、喀什、拜城、库车、伊犁、轮台、吐鲁番、哈密、克拉玛依、霍尔果斯）、宁夏（银川、灵武）、内蒙古（巴彦淖尔、阿拉善、额济纳旗）等中国境内的文化遗迹，实地走访了女娲祠、伏羲庙、太昊伏羲陵、大地湾遗址、北首岭遗址、半坡遗址、仰韶文化博物馆、马家窑遗址、临夏彩陶博物馆、马场遗址、喇家遗址、双槐树遗址、陶寺遗址、二里头遗址、王城岗遗址、黄帝陵、炎帝陵、殷墟遗址、偃师商城遗址、周原遗址、虢国博物馆、马家塬战国墓、秦公一号大墓、秦兵马俑、阳关、玉门关、西域都护府、高昌故城、交河故城、雷台汉墓、法门寺、血渭一号大墓和热水墓群、安西都护府、北庭都护府、莫高窟、龙门石窟、麦积山石窟、鸠摩罗什寺、大雁塔、唐石堡城、古黑城遗址、上塔买古城、都兰县全杰烽火台、德令哈乌兰陶勒盖烽燧、茫崖古墓葬群、米兰遗址、小宛国墓葬、扎滚鲁克古墓群、陶片遗址、喀什噶尔老城、克孜尔千佛洞、苏巴什佛寺遗址、克孜尔尕哈烽燧、布滚鲁克烽火台、莫勒切河岩画、奎玉克协海尔古城（有学者认为是仑头国城址，有学者认为是建立在"乌垒城"基础上的西域都护府）、拉依苏西烽火台和东烽火台、拉依苏古墓葬群、卓尔库特古城（有学者认为这才是西域都护府治所）、阔那协海尔古城、吾里旁遗址、阿克墩遗址、铁门关、玉孜干古城、察吾呼遗址、四十里大墩烽火台、景教遗址、阿斯塔纳古墓群、胜金口石窟、柏孜克里克千佛洞、水洞沟遗址、西夏王陵、定远营古城、黑城遗址、拜其尔墓地、东黑沟遗址、巴里坤古城、北庭故城遗址、唐巴勒塔斯洞窟岩画、大喀纳斯墓葬群、布鲁克岩画、青得里古城遗址、霍尔果斯、惠远古城（伊犁将军府）、夏塔古城遗址、小洪纳海石人墓、则克台岩画以及陕西历史博物馆、甘肃省博物馆、青海省博物馆、都兰博物馆、海西州博物馆、若羌县楼兰博物馆、巴州博物馆、和田博物馆、喀什博物馆、哈密博物馆、阿拉善博物馆、召烧沟岩画遗址博物馆、伊犁州博物馆等几十处古迹、遗址、烽燧、文物、博物馆，考察线路长达2万千米。

"丝绸之路"涉及地域辽阔，内涵极为丰富。课题组对中国境内丝绸之路陆路的南线、中线、北线进行了较为详尽的考察，但受新冠疫情影响，课题组对国外的集体考察未能实现，这是我们的不足之处。但是课题组成员通过文化交流活动，对部分遗迹有所研究。

在调研的基础上，课题组前期完成了《丝绸之路古文明调查研究总报告》（第一期）、《丝绸之路古文明调查研究总报告》（第二期）、《丝绸之路古文明调查研究总报告》（第三期），共60万字。

现在呈现在大家面前的《丝绸之路古文明印记》，既不同于一般的学术著作，也不同于常见的游记、散论，本书力求语言通俗易懂，深入浅出，规避海量专业术语给普通读者带来的疏离感，从全球文明视野出发，展现丝路精神。通过本书，打破族与族、国与国的界限，将丝绸之路上附着的人类"四大文明"——中国文明、印度文明、巴比伦文明、埃及文明串联在一起。

丝绸之路绵延7000千米，延续2000多年，其对沿线国家和地区的经济繁荣、文化传播、文明融合等起到了极大的促进作用，这完全得益于沿线国家所秉持的和平合作、开放包容、互利共赢的态度，所体现的丝路精神，是中国文明的宝贵财富，也是世界文明的宝贵遗产。

二

德国地理学家李希霍芬（Richthofen Ferdinandvon，1833—1905 年）1877 年在《中国》①一书中，为一条东起中国古都长安（又说河南洛阳），西达地中海东海岸安都奥克，全长7100 千米的线路，取了一个极富诗意的名字——丝绸之路，这一名称很快被学界和大众所接受。此后，德国历史学家郝尔曼·黑塞（Hermann Hesse，1877—1962 年）在 20 世纪初出版的《中国与叙利亚之间的古代丝绸之路》一书中，根据考古新发现，进一步把丝绸之路西端延伸至地中海西岸的小亚细亚，从概念上确立了更具实质含义的贸易交往通道——"丝绸之路"。

随着时代的发展，丝绸之路这一概念从西汉张骞开通西域的官道西北丝绸之路，扩展为北向内蒙古，西行天山北麓到达中亚的"草原丝绸之路"；还有从长安出发，经成都到印度的"西南丝绸之路"；再有明朝从中国沿海城市出发，从南洋到阿拉伯海，远达非洲东海岸的"海上丝绸之路"。

本书只涉及陆路，也即传统的丝绸之路。起自中国长安或洛阳，经中亚国家、阿富汗、伊朗、伊拉克、叙利亚到达地中海的罗马和北非埃及，贯通世界"四大文明"。我们说，丝绸之路的价值在于把世界四大文明连接在一起，促进了人类文明的交往。各文明在交往过程中形成了和平友好、平等互补、包

---

① 李希霍芬写作的 5 卷本《中国——亲身旅行和研究成果》（简称《中国》），于 1905 年 10 月他去世前出版了第一、二、四卷。第三和第五卷是他去世后由其学生整理编辑而成，于 1912 年全部出版。在 1877 年柏林出版的第一卷中，他首次提出了"丝绸之路"一名。参见刘进宝《从提出背景看"丝绸之路"概念》，《中国社会科学报》2022 年 5 月 23 日第 5 版。

容互鉴、多元并存的局面。尼罗河流域孕养了古埃及文明，印度河、恒河孕养了古印度文明，幼发拉底河、底格里斯河孕养了古巴比伦文明，黄河、长江孕养了古中国文明。

（一）古埃及文明

大约距今 1 万年前，非洲北部的居民在尼罗河谷地逐渐开始了定居农业生活，他们利用尼罗河的定期泛滥将尼罗河谷地打造成古代著名的粮仓。

古埃及文明诞生之初的地理范围只涵盖尼罗河谷地，比今天的埃及要小得多。公元前 3500 年前后尼罗河谷地出现了十几个早期国家，这些国家在经过长期的兼并战争后逐渐形成北部的下埃及王国和南部的上埃及王国。下埃及王国的国王头戴红色王冠，以眼镜蛇为图腾、蜜蜂为国徽；上埃及王国的国王头戴白色王冠，以神鹰荷鲁斯为图腾、白色百合花为国徽。[1] 大约 5100 年前，上埃及国王美尼斯征服了下埃及王国，开创了世界上最早的统一王朝，古埃及由此成为世界上最早由松散的城邦部族形态向统一国家过渡的文明。

古埃及的象形文字是人类迄今发现的最早的标声符号，其音符包含单音素、单音节和多音节 3 种文字字符。

古埃及也诞生了世界上最早的数学和几何学，古埃及人用芦苇作笔、莎草作纸，开启了人类历史上最早的书写记录。

大统一后，古埃及建立了一个覆盖全国的统治机构——国王作为全国的最高统治者向各地分派委任官吏。

国王美尼斯在统一上下埃及之后，把都城由原来上埃及的

---

[1] 《四大文明古国的起源之古埃及篇》，360 个人图书馆，2019 年 5 月 3 日，http://www.360doc.com/content/19/0503/10/18841360_833049986.shtml，2023 年 2 月 22 日。

都城底比斯迁至上下埃及之间的孟菲斯，以方便自己更好地统治整个埃及，他有时戴白冠，有时戴红冠，以象征上下埃及的统一。

国王不仅是世俗世界的统治者，也被赋予了神性，人们开始用"法老"一词称呼国王。事实上埃及人对自己的首位法老美尼斯的了解仅限于他统一了埃及，建立了新都孟菲斯，修建了卜塔神殿，至于他的其他事迹则一概不详。

由美尼斯开创的古埃及第一王朝在历经八代法老后被第二王朝所取代。

大约在公元前2686年，古埃及第三王朝建立。第三王朝王权已相当强大，法老分派总督统治全国各地以替代之前的地方部族首领。日后成为古埃及文明象征的金字塔也诞生在第三王朝时期，在当时要营建这样的工程是需要巨大的人力、物力、财力作为支撑的，由此可见当时的埃及已进入繁荣发达的文明时代。

随着国力的发展，法老开始将自己的双手伸出埃及的边界，向邻邦扩张。早在公元前28世纪中叶法老就开始横跨地中海，展开各种商贸活动。当时埃及人的船就能从尼罗河进入地中海，最后抵达腓尼基（现叙利亚和黎巴嫩沿海地带）。

在向地中海拓展的同时古埃及法老还派出商队从尼罗河出发顺流而上抵达今天的苏丹等地，在这里他们与南方的黑人部族展开贸易活动，事实上古埃及人才是最早对撒哈拉沙漠以南的非洲内陆进行探险的民族。位于西亚的西奈半岛上也有法老的毛驴商队和铜矿，这表明古埃及法老的权威已扩张到西亚地区。

在公元前2345—前2181年的第六王朝统治期间，古埃及的商队甚至到达了今天的非洲南端地区。

然而在古埃及文明蓬勃发展之际，各省区总督的权力也开始膨胀，大约在公元前2181年古埃及爆发了严重的内乱，在此之后相当漫长的一段时间内古埃及文明就像人间蒸发了一样，再也不见任何记载。

大约在公元前2040年年底，比斯的统治者门图荷太普二世统一了古埃及，建立了古埃及历史上的第十一王朝，结束了长期的内战。

大约在公元前1985年，阿蒙涅姆赫特一世建立古埃及第十二王朝，并将首都迁至法尤姆绿洲的伊塔威。在这里，第十二王朝的法老们实行了富有远见的垦荒和灌溉计划，以增加这一地区的农业产量。这时的埃及人已开始对尼罗河水位进行观测记录以辅助农业生产，同时他们也开始兴建大规模的水利工程。在计算尼罗河泛滥周期的过程中，古埃及人逐渐发展起自己的天文学和历法学，世界上最早的太阳历就诞生在古埃及。

尼罗河是埃及赖以生存的母亲河，促进了古埃及人定居农业的发展，然而尼罗河的泛滥同样会淹没人们生活的村庄和城市。和古代中国一样，治水是古埃及一项重要的国家任务。

第十二王朝的阿蒙涅姆赫特一世迫切希望设计出一种能在丰年将水蓄积起来以备灾荒的方案。

当时埃及的工程技术已足以在上下埃及之间修筑堤坝阻断山谷，从而将上埃及变成一个水量常年充沛的蓄水池并能源源不断地向下埃及输送水源。

阿蒙涅姆赫特一世的设计理念看起来是美好的，然而这样做存在很多弊端。首先，如此浩大的工程在当时会带来巨大的成本开支；其次，设计这样一个巨大的蓄水池意味着将淹没数百平方英里（1平方英里＝2.59平方千米）的肥沃良田；最后，一旦决堤将使整个下埃及陷于致命的危险之中。

阿蒙涅姆赫特一世在认真思考后还是不敢采用如此冒险的设计，于是他转而设想在尼罗河西面的山区找一处天然的低洼地带以替代他原来设想的人工蓄水池。

后来他还真在孟菲斯南面找到了这样一处天然的低洼地。这是一片长约50英里（约80467米）、宽约30英里（约48280米），占地面积六七百平方英里（1500—1800平方千米）的洼地。一道高约200英尺（约61米）的狭窄山脊将这处洼地与尼罗河隔开，由此分离出一条东南—西北走向的岩石峡谷。

阿蒙涅姆赫特一世只需沿峡谷凿出一条水渠就可以将涨水期的尼罗河水导入洼地，这可比在上下埃及之间修筑拦截尼罗河的大坝的工程量要小得多。

最终阿蒙涅姆赫特一世以尼罗河西面的支流为起点挖出了一条贯穿峡谷的沟渠，通过对水闸和防洪门的控制既可以在水位上涨时引导洪水流入以实现储水的目的，也可以在水位下降时释放原来储存的河水以实现灌溉的目的。

阿蒙涅姆赫特一世在位时埃及的商贸、艺术、宗教、农业都取得了长足的进步，一时间外部世界普遍将埃及视为一片肥沃的、秩序井然的乐土，而埃及也萌发了对外扩张的念头。

埃及早期最大的对外军事扩张行动发生在第十二王朝的辛努塞尔特三世统治时期。这些军事行动使埃及的南部边界向前推进了二百四十多千米，从而成功控制了第一瀑布到第二瀑布上游之间的地域范围。

辛努塞尔特三世在新的南部疆界竖立起两根刻有铭文的石柱，以此告诫当地的黑人部落不得向北行进，同时这些部落还必须向埃及进贡家畜。

辛努塞尔特三世的扩张方向不仅局限于南方。在他执政的第八年至第十六年，他的军队一直在尼罗河与红海之间的区域进行残酷的战争。在他执政的第十九年，发动了占领卡什地区的远征并在阿拜多斯取得胜利。

辛努塞尔特三世并非一个只懂征服扩张而不会建设的君主。在他的带领下，开凿了纵横交错的运河网络，发明了几何学，建造了五十多英尺（1 英尺 = 0.3048 米）的巨型雕像。

这一时期埃及与地中海东部近邻的贸易关系得到了蓬勃发展。叙利亚、巴勒斯坦、克里特岛等地的考古发现证明这些地区都是埃及贸易圈内的成员。

这一时期埃及人的船队在爱琴海上往来穿梭，并将克里特岛等地中海东部的岛屿控制在自己的统治之下。在红海北端，古埃及人向西开凿了一条运河，在苏伊士运河开通的数千年前，古埃及人就已通过这条运河成功地将地中海和红海连接起来，也可以说是人类历史上首次将大西洋和印度洋连接起来。

埃及人的船队通过运河进入红海向非洲的索马里海岸和印度洋海峡挺进。在南方，古埃及法老征服了努比亚（今苏丹），将自己的版图拓展到尼罗河第二大瀑布附近，这次扩张使古埃及获得了大量石料和黄金。为防止战败的努比亚人发动报复性叛乱，法老开始修筑坚固的防御工事。

辛努塞尔特三世的继任者阿蒙涅姆赫特三世统治时期，开始允许亚洲移民进入三角洲地区，为他的采矿业和水利工程提供充足的劳动力。随着亚洲移民的到来，古埃及农矿业的劳动力资源在阿蒙涅姆赫特三世时代变得相当充足，古埃及经济进入高度繁荣时期。

（二）古印度文明

距今约 4500 年前，地球从寒冷的冰川期跨入了一个相对温暖湿润的时期。那时的南亚大陆，普遍雨量充沛，生长着繁茂的森林，有利于农业的发展。印度河文明也恰好出现在那个时期，也就是公元前2500年前后。印度河流域的农耕文明开始迅速发展，人们种植小麦、大麦、豌豆、鹰嘴豆、小扁豆、棉花等农作物。从气候条件来看，当时的印度河流域十分适合发展农业，为文明的孕育带来了良好的外部条件。

生活在印度河流域的达罗毗荼人，在从事原始的狩猎与畜牧业的同时，发现了发展农业的可能性，因此他们开始采集、播种、收割、存粮，由此拉开了印度河文明的序幕。相比之下，恒河流域雨量充沛、地势平坦，比较适合喜湿作物，比如水稻、甘蔗、黄麻等。然而，恒河流域的这些优点，在当时的自然和生产力条件下，反而是一种阻碍。

古代印度达罗毗荼人所创造的农耕文明，被来自外部的雅利安人所继承。雅利安人由印度河流域迁移到恒河流域，在公元前1000年前后，他们制造了铁器，并用铁器制造工具、兴修水利、组织灌溉，带动了恒河流域的文明与进步，使得恒河流域的发展逐渐赶上印度河流域。

显然，印度河文明远远早于恒河文明。印度河流域河水的枯竭、环境的变化，以及战乱或瘟疫使这个短暂的文明加速衰落，乃至消亡，并逐渐被人们淡忘。但晚近以来帕哈拉遗址考古发掘出土了令人叹为观止的文明成果，从此揭开了印度河文明不为今人所知的真实面纱。异常发达丰厚的印度河文明和耀眼的恒河文明交相辉映，二者同称古印度文明。

古印度河文明发掘出众多且极具规模的城市和村庄，达罗毗荼人规划建造的城市布局十分合理；棉、麦为主要农作物，农耕活动普遍，与之相配套的灌溉系统非常完整；早期畜牧业初步发展，饲养有牛、羊、猪、象、骆驼等动物；手工业独立且发达，制陶、青铜冶炼、纺棉、宝石和象牙雕琢等手工作坊遍布城内；作为文明标志的青铜工具和器皿被广泛使用；建房的主要材料是烧制的红砖；楼房高达两三层，并配有冲洗式厕所，摩亨佐达罗和哈拉帕两座最发达的城市配有完善的下水道系统；印度河文明还产生了由大约 500 个符号构成的古老文字体系。

古印度文明首先出现在印度河流域，后延展至恒河流域。1947 年前称谓的印度，不是国家概念，是指印度地区，包括现在的印度、巴基斯坦、孟加拉国以及斯里兰卡。摩亨佐达罗和哈拉帕是古印度河文明的核心城市，这两个城市相距 650 千米，坐落于印度河两岸。摩亨佐达罗城和哈拉帕城遗址均位于今天的巴基斯坦。印度河流经巴基斯坦，但并不流经印度。

有研究表明，印度河文明覆盖区域可能逾 130 万平方千米。从考古发掘来看，印度河流域发达的农耕文明奠定了人们安逸富足的生活。连片的定居点是城市形成的良好条件，哈拉帕和摩亨佐达罗是城市建筑大体相似的发达城市，相较于同时代其他文明古国的城市，这两座城市规划布局的先进性、城市配套设施的完善性以及城市文明程度都是首屈一指的。这两座城市都分卫城和下城，哈拉帕城卫城由砖墙砌筑，高且大，应该是统治阶层居住地，下城则为普通民众居住地。摩亨佐达罗城更为雄阔，卫城有防御设施大圆塔，还有大型公共建筑大浴池、会议厅等，下城居民房屋大都用烧砖砌成，有大户人家，也有平民小户。两座城市的街道巷陌交错，房屋错落有致，有贫富分化但差距不大。据估算，两座城市人口集中，各有 2 万—3 万人，人口密度较大。哈拉帕可能控制着矿产，摩亨佐达罗城可能是商贸和行政中心，两个高度发达的城市都意味着当时已经出现了国家制度，文字、青铜器、城市是这些人类进入文明时代的显著标志。

古印度文明有一个和其他文明不同的地方，就是王权制度不明确，没有昭示权力的豪华宫殿、权力器物以及权力机构的遗迹。如前所述，上下城之分没有显现出严格的贫富分化。印章、女神像等留存文物显示，印度河文明推崇女性崇拜。

标准化和度量衡统一的古印度文明，体现在摩亨佐达罗和哈拉帕两座古城建筑用砖的标准几乎一致上。尺子的发现确证了印度文明超乎寻常的智慧，这比其他文明都要先进。

在伊朗发现过古印度文明的印章，来源于古印度河文明。这些印章在两河流域也被发现。印章文字是印度河文明的重要标志，在这些印章上已经发现了五百多个符号，至今无法解读。印章的发现，使古印度文明充满神秘和玄奥。另外，在古印度文明的印章上，也发现了万字符。这个符号在印度文明之外的文明古国包括中国等也发现过。中国一个陶罐上的万字符，距今约5000年，是目前为止发现的最早的万字符。

（三）古巴比伦文明

古巴比伦文明和苏美尔文明、阿卡德文明都是两河流域文明的重要组成部分，产生于苏美尔地区（现伊拉克境内）。这里土地肥沃松软，气候炎热干燥，虽然降水少且集中在冬季农闲时节，但幼发拉底河和底格里斯河给农业生产提供了有利条件。

苏美尔是人类社会最早产生城市国家的地区之一。早在公元前5000年，就不断有农业居民自两河流域北部的丘陵地区迁入当地谋生。他们最初在幼发拉底河及其支流的沿河地与沼泽地带建立了许多小型村社，利用河水泛滥和沼泽地带丰盛的水草、芦苇及黏土，从事农业、畜牧业和手工业。此后随着生产力的发展，他们逐渐开发了整个南部地区。苏美尔人研发了楔形文字，使人类文明出现了跨越式进步，建立了科技和法律体系；天文方面画出了星座的十二个星象，研究出了七天周期算法；数学方面发现了圆的三百六十度和 π 的存在，建立了世界上最早的城市，创造了高度发达的苏美尔城邦文明。

发达的文明引起了苏美尔地区其他独立城邦的觊觎。公元前 2500 年前后，阿卡德人打破了苏美尔文明的发展进程，战争和分裂不可避免，苏美尔城邦分裂为北方的亚述城邦和南方的巴比伦城邦。最终，阿卡德人建立了统一的王国制度，终结了苏美尔地区的城邦制，事实上，此时的苏美尔文明已经衰落。延及王国第三世，波斯人入侵，苏美尔地区的城邦又纷纷林立。之后，一个叫乌尔的城邦强势崛起，统一了苏美尔地区各个独立的城邦，建立了苏美尔人自己的独立帝国，即乌尔第三王朝。

一个世纪以后约公元前 19 世纪中叶，美索不达米亚平原的阿摩利人消灭了苏美尔人建立的乌尔第三王朝，建立了以巴比伦城为首都的古巴比伦奴隶制王国。古巴比伦第六代国王汉谟拉比用武力统一了两河流域的广大地区，建立了强大的中央集权的专制国家，汉谟拉比时期是古巴比伦王国的鼎盛时期，他死后不久，王国分崩离析。之后，赫梯人、加喜特人纷纷入侵，加喜特王朝统治两河流域南部近四百年后，被亚述帝国灭亡。公元前 612 年，亚述帝国被迦勒底人灭亡，迦勒底人建立了以巴比伦为首都的王国，史称新巴比伦王国。公元前 538 年，新巴比伦王国被波斯所灭，此后，古代两河流域就再也没有出现过独立完整的国家。①

---

① 《世界四大文明古国的起源》，360 个人图书馆，2016 年 6 月 15 日，http://www.360doc.com/content/16/0615/19/7693646_568050316.shtml，2016 年 6 月 15 日。

巴比伦文明承接苏美尔文明，亚述、新巴比伦等都可称作古巴比伦文明，他们在两河流域创造了璀璨夺目的世界文明，为人类文明史增添了浓墨重彩的一笔。

古巴比伦最杰出的国王汉谟拉比缔造了强大的巴比伦王国，他颁布了为后世所赞叹和膜拜的著名成文法典——《汉谟拉比法典》。该法典是古巴比伦留给世界文明的重要遗产之一。序言宣扬汉谟拉比受命于神。正文几乎涉及现代意义上的主要法律领域，体现了古东方社会混合法律的浓厚特色。结语颂扬汉谟拉比的功绩。《汉谟拉比法典》的顶端有两个人物，一个是坐在椅子上的正义之神沙马什，另一个则是汉谟拉比，意在说明"我（即汉谟拉比）是受神的旨意来统治这片土地的"。

这部法典以楔形文字写就，古老而完整，现藏于法国巴黎卢浮宫博物馆，《汉谟拉比法典》对后世东西方法律思想都有一定的影响。

古巴比伦时期的数学十分发达。他们早早就会分数、加减乘除四则运算以及解一元二次方程，发明了十进位和六十进位法。他们把圆分为 360 度，还会计算不规则的多边形面积以及椎体体积，知道 π 近似于 3，甚至有乘法口诀表，后来的珠算口诀也承继了这一特点。

古巴比伦时期的天文学同样十分发达。他们发明了太阴历，把一年分为 12 个月 354 天。他们发明了闰月，把一小时分成 60 分，以 7 天为一星期。他们能区别恒星与行星，还给一些星体命了名，能预测日月食，这些都是伟大的创造。

古巴比伦社会是等级分明的奴隶制社会，第一个等级是"阿维鲁"，属于有公民权的自由民阶层，是上层统治阶级。第二个等级是以"穆什钦努"为主的依附于王室土地的无权自由民，属中层依附阶层。第三个等级是以"瓦尔都"（男奴）和

"阿姆图"（女奴）为主的底层奴隶阶级。

古巴比伦文明是两河流域文明的典范。现今的巴格达城是古巴比伦文明的南北分界线。古亚述城为北部中心，又称为西里西亚；南部以巴比伦城为中心，也称巴比伦尼亚，其又分为两个地区，一个是苏美尔地区，一个是阿卡德地区，他们的居民分别称苏美尔人和阿卡德人。

事实上，是苏美尔人创造了美索不达米亚的最初文明。美索不达米亚为人类最古老的文化摇篮之一，为文字的形成提供了条件。"楔形文字"来源于拉丁语"cuneiform"，是 cuneus（楔子）和 forma（形状）两个单词构成的复合词。这个名称表达了古代美索不达米亚文字最本质的外在特征。楔形文字是由图画文字（象形文字）历经数百年演变得来的。苏美尔人用削尖的芦苇当作书写工具，把文字刻在泥坯上，然后把泥坯烘干，干燥后笔画形似楔子，故称"楔形文字"。

古巴比伦文明的另一特征是出现了城镇、神庙、宫殿，成为最早的文明发源地之一。

乌尔城矗立在幼发拉底河东岸，周围砖墙环绕，墙外有宽阔的护城河，便于交通运输和加强防御能力，河边停泊着许多商船，便于货物从一个居民点运到另一个居民点。

城内狭窄的街道互相交织。街道两旁是房屋、商店和公共设施，国王宽敞的宫殿也在这里，而在城市中央的土台上，建有供奉月亮神的神庙。古巴比伦城的巴别塔、女神门、空中花园雄伟壮丽，堪称人类建筑史上的奇迹。尼布甲尼撒二世对巴比伦城进行了大规模建设，使巴比伦城成为当时世界上最繁华的城市，也是中东最重要的工商业城市。

在漫长的时光里，两河流域像一块砧板上的肥肉一样，反复被各种文明侵略占领，民族文化也被不断渗透稀释。

（四）古中国文明

黄河和长江孕育了中华文明。黄河流域是中华民族的摇篮，也是世界古文明发祥地之一。黄河流域孕育了 8000 年前的甘肃天水大地湾文化，孕育了 5000 多年前的仰韶文化，孕育了 4500 年前的龙山文化。和黄河流域一样，长江流域也是中华文明的发源地之一，考古发现的三星堆文化、良渚文化，与黄河流域文化多元一体迸发。考古显示，中华文明确属多源并起，苏秉琦先生提出的六大文化区系，遍及黄河上下、长江南北、长城内外。

大约在 1 万年前，中国正式进入新石器时代。据考证，在中国境内发现的新石器文化遗存已达一万余处。这些遗址出土的农业生产工具和农作物遗迹，表明中国先民已由狩猎、采集向早期农业过渡。能代表古中国文明前身的新石器文化主要是大地湾文化、仰韶文化、龙山文化、红山文化、三星堆文化、良渚文化。

1. 大地湾文化

大地湾文化是中国甘肃一处新石器时代的聚落遗址，考古发掘遗存丰富、成就罕见，具有极其重要的文化价值，是黄河流域新石器时代文化考古分期的坐标，是探源中华文明的重要遗址之一。遗存测年约 8000—4800 年前，上下跨度约 3000 多年。考古发掘共有五期文化，其中一期文化遗存绝对年代距今 8000—7000 年，出土了我国最早的原始彩陶，发现文物近万件，房址、灶址、灰坑、窖穴、窑址、墓葬、壕沟众多。大地湾一期文化是迄今为止黄河流域渭河支流最早的新石器文化，其十余种彩绘符号比半坡陶器刻画符号早 1000 多年，被认为可能是中国文字最早的雏形。

神话传说中的伏羲出生于甘肃，成长于甘肃，后到中原大地传播文化，入主中原，成为中华民族的人文始祖，他生活的时代与大地湾时期应属同一时期。

2. 仰韶文化

仰韶文化是孕育灿烂中国文明的核心基因，也是中国新石器时代最重要的考古文化之一，显示了中华民族和中华文明"多元一体"的宏阔图景。以彩陶文化为主要标志，分布广泛，遍及黄河流域地区及周边，中心区主要在关中、豫西、晋南，中国有统计的仰韶文化遗址共 5013 处，仰韶村、半坡、双槐树遗址是其代表性遗址。

仰韶文化时期的聚落建筑布局有序，外围多呈环壕围沟状。

半坡遗址最为典型，壕沟内为聚落居住区，有供大型公共活动使用的大房子，其他小型房子环绕大房子呈半月状布局。沟外有墓葬区、窑场等。

仰韶文化时期的农业生产以种植粟类作物为主，这在仰韶遗址的其他遗址多有发现，半坡遗址就发现了呈放完整的粟、粟壳遗存，而且粟壳遗存数量不菲。北首岭、泉护村、下孟村、王湾等仰韶遗址，都有发现粟壳。姜寨遗址，发现了黍，这是一种特别耐旱的作物。半坡遗址白菜或芥菜类种子遗存的发现证实了蔬菜种植技术的存在。这些遗存的发现，说明仰韶文化时期的农业生产较为发达。

仰韶文化时期，采集和渔猎经济较为发达，捕捞活动技术娴熟，而且黄河众多支流水域宽阔，水产丰富，有利于渔猎。考古发现石制和陶制的网坠以及骨制的鱼钩、叉等渔猎工具，充分证实了仰韶时期先民渔猎技术的状况。如半坡遗址出土的彩陶器皿上的鱼网纹和鱼纹描画便是明证，也是先民对捕鱼这一重要生存途径的记忆和想象。

仰韶文化时期的手工业，涉及制陶、制石、制骨、制革、纺织、编织等。彩陶工序完整、技术风格独特、纹饰精美、造型多样，能熟练运用图案和花纹，其中陶器上描画的各种动物形象十分生动。值得一提的是，一些遗址的彩陶上还发现了多种刻画符号，虽然有待专家进一步破解，但细细品味，极具原始文字的想象。

仰韶文化时期跨度 7000—5000 年，其成熟的粟作农业、渔猎技术和空前的彩陶文化，还有如南佐遗址的大型宫殿建筑的发现，向我们展示了"最初的中国"，实证了其在中华文明起源考证上的重要地位和意义，也将中国考古学推向新的境地。

3. 龙山文化

龙山文化是新石器时代晚期的文化遗存，分布于黄河中、下游地区，属铜石并用时代文化。龙山文化首次发现于山东省济南历城镇。经碳 14 断代考证，年代为公元前 2500—前 2000年（距今 4500 年前）。分布于黄河中下游的河南、山东、山西、陕西等省，其中心区在今河南、山东一带。① 考古学上把河南、陕西的龙山文化以及湖北的石家河文化、山西的陶寺类型龙山文化，统称为龙山时期文化。

龙山文化时期相当于中国夏代之前与夏初交错时期。龙山文化以薄、硬、光、黑的陶器最具特色，所以也叫"黑陶文化"。其中的丁公陶文在文字意义上的争论有多大，其价值就有多大。龙山文化的蛋壳黑陶高柄杯展示了极其高超的制陶工艺，晚期的冶铜技术昭示着青铜时代隆重登场，无疑翻开了文明时

---

① 《龙山文化（公元前 2500—前 2000 年）》，今日头条，2021 年 4 月 9 日，ht-tps：//www. toutiao. com/article/6949125620865483267/？wid＝1683251546370，2023年 2 月 22 日。

代的新篇章。龙山文化遗址城址的发现具有非凡的考古意义，祭坛、宫殿以及宗庙等的遗存显示王权的真实存在。龙山文化是中国文明迈向成熟的黎明前夕的有力确证。

龙山文化除陶器外，还有大量的玉器、石器、骨器和蚌器等。中国先祖以农业为主兼营狩猎、打鱼、蓄养牲畜。[①] 当时已有骨卜的习惯。历史上夏、商、周的文化渊源，都与龙山文化有联系。

4. 红山文化

红山文化以辽河流域的支流西拉沐沦河、老哈河、大凌河为中心，北起内蒙古中南部地区，南至河北北部，东达辽宁西部。属于公元前4000—前3000年的新石器时代文化类型，是与中原仰韶文化同期的发达文明，同时也是中国北方新石器时代的重要文化类型，是中国文明最早的遗迹之一，跨越长城内外。

红山文化时期农业是主要的经济形式，牧、渔、猎也很发达。石器打磨技术尤其是细石器工具发达，细石器中的刮削器、石刃、石镞等器物，小巧玲珑，工艺精湛。彩陶制作技术、氏族墓地分布等独具特色。

红山文化的玉雕工艺水平较高，玉器有猪龙形缶、玉龟、玉鸟、兽形玉、勾云形玉佩、箍形器、棒形玉等。[②] 红山文化的玉器已出土近百件之多，其中出土自内蒙古赤峰红山的大型碧玉C形龙，高26厘米，完整无缺，周身卷曲，吻部前伸，略向上弯曲，嘴唇紧闭，鼻孔对称，双眼突起，毛发飘举，极富动

---

① 《河北发现4000年前新石器时代龙山文化遗址》，环球网—滚动新闻，2014年7月13日，https://china.huanqiu.com/article/9CaKrnJFeG2，2023年2月22日。

② 《上博藏玉神秘奇幻的史前玉器赏析》，搜狐网，2022年7月15日，https://www.sohu.com/a/567623713_121423279，2023年2月22日。

感。有鹿眼、蛇身、猪鼻、马鬃4种动物特征。中华民族是龙的传人，因此，红山文化玉龙的发现立即引起学术界的关注，被考古界誉为"中华第一龙"。

红山文化是中原仰韶文化和北方草原文化在辽河流域相碰撞而产生的极富生机和活力的中国优秀文化。玉龙的出现，不仅反映了一个民族的精神和图腾，更象征着皇帝的权势、高贵，也蕴含着中华儿女美好善良的心性。

红山文化时期，应与中国历史上的炎帝、黄帝和夏、商、周属同一时期。

5. 三星堆文化

三星堆文化是长江流域的重大考古发现。三星堆遗址距今4500年左右，即从新石器时代晚期至相当于中原夏、商时期，以四川盆地的广汉一带为中心分布，考古发现极其丰富且极具文化冲击力。岁月的流逝，地下的封埋并没有消磨其最初的光鲜，他是中华文明独特而神奇的文化面相。

早期考古发现的城市、礼器、文字和近年发掘出土的铜器、玉器、金器一次次提升了人们对中国古代文明的认知，青铜雕像、金面具、手杖让人们对中华文明来源产生了无限的遐想。

三星堆文化与夏、商文化有密切联系，是黄河流域和长江流域相交融的中国古代文化，是夏文化或商文化在蜀地的传播，翻开了中华文明更为璀璨的一页，是中华五千年文明史延续不断的有力证明。

6. 良渚文化

良渚文化也是长江流域的文化遗存，地处钱塘江流域和太湖流域。良渚文化遗址中心位于良渚古城。良渚文化遗址总面积约34平方千米，是距今5000—3700年的城邦文化。2019年，良渚古城遗址被列入《世界遗产名录》。

　　良渚文化时期的农业以稻作为主，稻谷分籼、粳稻，石犁、石镰收割农具使用普遍，这意味着农业的显著进步和生产力的高度发展。良渚文化的手工业也有很高的成就，玉石、陶器、木作、竹器、丝麻纺织技术发达。玉器的装饰、刻画及其精美程度达到了史前玉器的高峰。在良渚文化玉器中，玉琮的地位最为突出，象征神权的至高无上。良渚文化时期的墓葬遗存突出反映了当时社会的分层和严格的等级秩序。贵族墓葬与平民墓葬在规制和内容上的巨大差异可能意味着王权社会的到来，也预示着中华文明迎来黎明的曙光。

　　中华文明在历经"三皇五帝"时代多源并起后，至夏、商、周三代向中原集中。这当中，大地湾文化、仰韶文化、龙山文化、红山文化、三星堆文化、良渚文化等共同构筑起古中国文明的斑斓璀璨的历史。

三

　　纵观人类文明史，亚洲为世界文明的发展做出了重要贡献。四大文明古国，亚洲有其三。中华文明数千年生生不息、一脉相承，这与我们祖先的文明创造密不可分，从黄河、长江到印度河与恒河，再到幼发拉底河和底格里斯河，古老多元的亚洲文明灿烂夺目，熠熠生辉。

　　千百年来，沿着丝绸之路，文明火种在广袤的亚欧大陆薪火相传。张骞通西域，鉴真东渡日本，玄奘、法显西行印度，他们是播撒人类文明的使者，在古丝绸之路上留下了厚重的文化印迹，它们所开辟的丝绸之路，带动了沿线文明国家交流交往的步伐，推动了人类文明的车轮滚滚向前。

　　文明因交流而多彩，文明因互鉴而丰富。世界文明发展史就是一幅文明交流互鉴，推动人类社会进步发展的壮阔画卷。

今天，我们进入了一个快速而崭新的发展时期。"一带一路"倡议为沿线各国人民的文化交流提供了新的平台，世界人民交流交往日趋密切，世界文明交流互鉴揭开了新的一页，焕发出勃勃生机和无限活力。

本书力图展现世界"四大文明"的点点滴滴，唱响"一带一路"经济繁荣、文化传播、文明融合、和平合作、开放包容、互利共赢的主旋律，使人类命运共同体意识深入人心。

文明如水，润物无声。中国"一带一路"倡议，给全球化注入社会经济发展的新的动力，是唤醒丝路记忆，开辟新时代文明道路的伟大举措。"一带一路"沿线国家增进交往交流，民心相通带来了文化的交流交融，文明交流互鉴成功获得各国人民的认可与支持，丝绸之路再次展现出其文化交流的独特使命，多个国家和地区，多个民族，多种语言，在地球村济济一堂，五色交辉，相得益彰，八音合奏，终和且平。

文明互鉴，美美与共。丝绸之路使世界四大文明板块相互贯通，并使它们联结在一起。中国、印度、中东和西欧，是四大桥头堡。丝绸之路促使人类文明交往，四大文化板块相互补充，之间的交往基本上没有武力。每一种文明都是美的结晶，都彰显着创造之美。中华文化和阿拉伯文化、中华文化和印度文化、印度文化和欧洲文化，在智慧的追求当中，真理的探索当中，平起平坐，互鉴共荣，美美与共。

本书是集体成果的结晶。课题总设计是安文华、侯宗辉。序言由安文华撰写，第一篇丝绸之路东端起始段——陕西、河南部分由金蓉、宋晓琴、梁仲靖承担，第二篇丝绸之路黄金通道段——甘肃、青海部分由王屹、杨波承担，第三篇丝绸之路干线交会段——新疆部分由侯宗辉、李骅承担，第四篇丝绸之路西端终点段——国外部分由谢羽、李志鹏、王丹宇承担。我们在调研和写作过程中，得到了甘肃省社会科学院的立项支持。陕西省社会科学院、河南省社会科学院、青海省社会科学院在调研中给予了课题组大力的协助。中国社会科学院古代史研究所参与了部分线路的调研。在此对大家的帮助和支持表示诚挚的感谢！

安文华

2022. 5. 12

目 录 | Contents

第二篇　丝绸之路黄金通道段
——甘肃、青海部分

第三篇 丝绸之路干线交会段
——新疆部分

第四篇 丝绸之路西端终点段
——国外部分

第一篇　丝绸之路东端起始段

——陕西、河南部分

人文初启——宝鸡北首岭

距今 7000—4000 年前，在北半球的两河流域，以及印度河、恒河流域，相继诞生了人类世界的四大文明。在此期间，作为华夏文明重要源头之一的仰韶文化，是黄河中游地区重要的新石器时代文化。北首岭作为我国著名的史前仰韶文化遗址，是这一时期的重要遗存和主要代表之一。北首岭遗址的发现和发掘，成为中华民族历史链条有机衔接的重要环节，如图 1-1 所示。

图 1-1 宝鸡市金台区北首岭遗址①

---

① 本书照片，如无特殊说明，均为本课题组拍摄。

宝鸡是原始社会氏族部落的重要聚居地，现已查明的新石器时代文化遗址达 740 多处，① 北首岭遗址是其中最具代表性的一处，对展示宝鸡灿烂辉煌的史前文明具有独特作用。宝鸡七千多年的历史，就是从这里算起。

考古研究证明，仰韶文化是新石器时代晚期位于黄河流域的一种文化形式，该文化延续了约 2000 年，其分布范围西到甘肃省和青海省，东抵河南省东部的黄河中游地区，遍及整个黄土高原和华北大平原。距今约 7150 年前，宝鸡金陵河西岸的北首岭气候温暖湿润、绿草如茵、大树成林、水草丰美，在这里分布着一个仰韶文化村落，他们筑屋而居，男耕女织，饲养家禽，制作陶罐，他们日出而作、日落而息，过着原始的群居生活，创造着璀璨的远古文明。伴随历史的变迁，这个原始村落的生活气息逐渐消失，永远埋于地底。

1952 年，宝鸡市一所中学的搬迁揭开了北首岭遗址原本神秘的面纱。经过多次发掘，北首岭遗址中独具特色的遗址房屋、密集的墓葬分布、用途广泛的生产生活工具，都反映了居住在北首岭的原始人当时的物质生产水平、生活水平和文化习俗。这些发掘出来的史前遗迹被考古学家和相关学者视为珍宝，对探究和还原这一时期居住在北首岭的原始居民的生产生活提供了宝贵的历史资料。

当史前文明的万丈光芒照射到金陵河畔，北首岭的艺术之花也随之盛开。北首岭出土的史前文化艺术珍品中最为璀璨夺目的当属彩陶，陶塑人面像、网纹船形壶、鸟衔鱼纹彩陶壶……这一件件沉默的文物充分展现了北首岭仰韶文化高超的造型艺术和精湛的绘画水平。

---

① 孙海涛：《宝鸡 1.5 亿打造 "北首岭" 史前博物馆》，360 个人图书馆，2012 年 10 月 19 日，http://www.360doc.com/content/12/1019/20/51647_ 242490301.shtml.，2023 年 2 月 15 日。

仰韶文化的特点之一是遗物中常伴有彩陶，因而也称"彩陶文化"。仰韶文化的彩陶具有丰富多彩的文化内涵，现在，我们通过北首岭遗址出土的精美文物来追忆那段远古的璀璨文明。

在北首岭博物馆有一件著名的陶塑人面像，从外观来看，这是一个典型的男性形象，陶塑脸部轮廓清晰，鼻梁高挺，下颌微圆，即使放到今天，这种脸部轮廓依然是帅哥特有的标志，如图1-2所示。更有趣的是，塑像的眉毛和胡须均用黑彩表示，类似于现代化妆中眼影的晕染，嘴巴和眼睛均以长条形状镂空处理，类似于今天的动画人物。再看耳朵，双耳小巧扁平，每个耳朵下方均有一个小孔，这个小孔类似于当今女性佩戴耳环的耳洞，彰显出柔美气息。这是我国目前已知时代最早的人面像雕塑绘画作品，也是仰韶文化中最突出的人头像遗物，对研究原始社会母系氏族妇权向父权的转化过程和雕塑艺术起源有着重要作用。①

图1-2　北首岭陶塑人面像

---

① 何小芹：《宝鸡北首岭彩陶艺术初探》，《宝鸡文理学院学报》（社会科学版）2015年第4期。

　　北首岭遗址中还出土了一件鸟衔鱼纹彩陶壶，现收藏于中国国家博物馆。这个彩陶壶高 21.6 厘米，口径 2.1 厘米，底径 8.5 厘米。从功能上看，这或许是一个盛水器具。从外观来看，壶口呈蒜头形，上面有小口，在壶的腹部，创作者用极其简洁的线条勾画了一只体形不大的水鸟，张着大嘴衔住一条鱼的尾巴，鱼的挣扎与鸟的志在必得被刻画得栩栩如生，画面既充满诗情画意，又隐含残酷的生存之道。这个宝鸡北首岭细颈瓶上的水鸟鲶鱼争斗图，是部族之间战争的艺术表现。水鸟衔鱼的图案对后世艺术影响较深，成为中国古代艺术中常见的题材。

　　在我们的传统印象里，先民捕鱼大概是用石头砸、木棍插等最原始的办法，但是一个神奇的"船形彩陶壶"上所绘的渔网图案却让我们对先民的生存技能有了进一步的认知。这个船形彩陶壶被学者认定为盛水器具，属于随身携带的水壶之类的物品。从外观来看，这个壶有点类似于今天深受女性喜爱的水桶包。这个泥质红陶壶高 15.6 厘米，宽 24.9 厘米，口径 4.5 厘米，口部呈杯状，器身横置，上部两端突尖，颇像一只小船。在两侧的腹部，各用黑彩绘出一张渔网状的图案，渔网挂在船边，似正撒网捕鱼，又像刚刚捕鱼归来，在晾晒渔网。陶壶上端两肩上横置两个桥形小耳，既便于提拿，又可穿绳背负，随身携带。通过渔网纹的展示，学者认为当时原始人已经具备撒网捕鱼的能力。船形彩陶壶作为时代的缩影，其美观性、艺术性让人惊叹。同时，它在那个时代所承担的功能性、实用性价值，也是先民智慧的结晶。

　　1958 年，北首岭遗址考古发掘正式开始，到 1978 年 8 月，先后实施了 7 次考古发掘，发掘面积将近五千平方米，参与发掘的单位主要是中国社会科学院考古研究所和西北大学。为了更好地保护北首岭遗址，1986 年，宝鸡市政府成立了北首岭文物管理所，2000 年，北首岭文物管理所更名为北首岭遗址陈列馆，2000 年 9 月，北首岭遗址陈列馆正式对外开放。2006 年，北首岭遗址被确定为全国重点文物保护单位。

远古回声——半坡遗址

"半坡"既代表了一处新石器时代遗址、一种史前考古学文化类型，也代表了一座博物馆，如图1-3所示。

图1-3　西安半坡遗址博物馆外景

距今六七千年前的浐河水草丰美，两岸森林茂密，是野生动物的天堂，半坡的原始居民依山傍水、筑屋而居，过着开荒种地、水中捕鱼、林里狩猎的原始生活。

从半坡人的原始聚落形态可以看出，半坡人在村落选址、功能划分和房屋建造上都展现了惊人的智慧。半坡人的村落面向广阔的平原，设有居住区、制陶区和墓葬区，在居住区的周围挖了底部1—3米、顶部6—8米、深5—6米的大围沟，整个围沟将村落环绕起来，既可以排水也可以抵挡野兽和敌人的袭击，是现代版的城墙和护城河的雏形。

半坡原始居民已经有半地穴式房屋了，这种半地穴式房屋一半在地下，一半在地上，有圆形、正方形和长方形，前堂后寝，为土木合筑的建筑，其更加注重实用性和生活便利性。经考古发现，半坡遗址的各种房屋基本上都是朝南开门，这和我们今天坐北朝南的规律基本一致。

正如今天人们建房讲究风水一样，半坡遗址的选址充满古人的智慧。半坡村遗址位于白鹿原和浐河之间一片肥沃的台地上，此地背山面水，负阴抱阳，既可充分利用有利的自然环境，又可免受水害，符合村落选址的基本原则和格局。

半坡原始居民为什么要建造半地穴式房屋呢？因为黄河流域干旱、风沙大、气候比较寒冷，半地穴式房屋既可以抵御风雨，也可以取暖。由此可见，半坡原始居民在顺应大自然规律的同时，因地制宜、科学合理地建造了适合自己居住的房屋。

半坡遗址是我国一处典型的母系氏族聚落遗址。当清晨的第一缕阳光唤醒远古的半坡居民，族里的青壮年穿上遮体御寒的简陋服装，要么拿着自制的弓箭、石球、长矛等武器开始在森林里追逐他们重要的食物来源之一——鹿、獐等野生动物，要么用石、骨、角以及陶片等制造的简易工具砍伐树木，烧荒种地。当然，他们的种植类型不那么丰富，主要是粟，也有白菜和芥菜等蔬菜。① 氏族里的女性要么用尖底瓶去河边汲水种

---

① 巩文：《半坡遗址还原远古生活画卷》，《百科知识》2021年第32期。

植，要么去河边捕鱼，然后大家带着一天劳作得来的食物回到村里的大广场，聚在一起享用美食。

　　陶器是半坡人的主要生活用具，其制作技术和美化艺术令人叹为观止。半坡仰韶文化村落遗址出土了数量可观的陶器，这些陶器以红色和红褐色为主，兼具生产生活功能，如图 1-4 所示。其彩绘的纹饰涵盖几何图形、人面形和鸟兽形象，尤以鱼纹最具特色，绘有这类鱼纹的彩陶盆已经成为半坡文化的典型标志。更为有趣的是，这类纹饰即使放到人类文明高度发达的今天，也极富审美价值，依然是时尚界纹饰的主流之一。在部分陶器上还发现有一些简单刻画的符号，这些简单符号被认为是中国原始文字的雏形。

图 1-4　半坡遗址出土的尖底瓶陶器

半坡遗址中出土了大量彩陶，其彩绘有的绘在细颈壶上，有的绘在内壁。绘画图案分为三类。一类为象征性图案，如悠闲的鹿、搜索食物的蛙、吞食状的鱼，这类充满生活气息的图案是半坡原始居民农耕和渔猎生活的反映；一类为几何图案，被认为是山或水的写意；还有一类为动植物图案。其中最为著名的是人面鱼纹彩陶盆。

登上过人教版初中历史《原始农耕生活》一课的人面鱼纹彩陶盆，具有极高的文物价值，目前珍藏于中国国家博物馆，属国家一级文物，也是国家博物馆史前类展示品的"台柱子"。

半坡遗址被发现以来，有关人面鱼纹的解释多维而复杂，主要有"图腾说""面具说""权力象征说""祖先形象说"和"外星人说"五大类。"图腾说"认为这是半坡先民崇拜的图腾的形象，"祖先形象说"认为它已人格化为一个独立的神灵，"权力象征说"认为鱼饰后来演化为象征权力的角和鳍，"面具说"认为它所表现的可能是巫师作法时的面具，"外星人说"认为它是外星人的形象。这些见解新颖的说法直接或间接地体现了人面鱼纹的神秘魅力。由于佐证资料有限，争议仍将持续。

半坡遗址在我国史前考古学上具有承前启后、继往开来的重要意义。半坡遗址的发掘，是我国考古界第一次大面积揭露史前聚落遗址，成为我国聚落考古学、环境考古学研究和实践的开端，也为我国史前考古培养了大批考古人才。半坡遗址发掘的研究成果《西安半坡——原始氏族公社聚落遗址》考古发掘报告，开创了我国史前考古发掘报告编写的基本模式。[①] 更为

---

① 魏京武：《半坡遗址发掘在中国史前考古学的意义》，载《史前研究——西安半坡博物馆成立四十周年纪念文集》，三秦出版社1998年版。

重要的是，半坡遗址的发掘和研究，确立了我国新石器时代仰韶文化半坡类型，对聚落形态和中国原始社会历史研究有着重要的科学价值。1958 年在此建成中国第一座史前遗址博物馆——半坡博物馆。1986 年，半坡遗址被国务院公布为全国重点文物保护单位。2021 年 10 月 18 日，半坡遗址入选"百年百大考古发现"名单。

史前聚落——姜寨遗址

姜寨遗址坐落于秦岭支脉的骊山北麓，位于西安临潼区北临河东畔的二级台地上，是一处距今 6600—5800 年以仰韶文化为主的重要新石器时代遗址。仅 1972—1979 年，我国考古工作者就先后对姜寨遗址进行了十余次大规模考古发掘，最终发掘出这个迄今为止我国发掘面积最大、布局最为完整的新石器时代部落聚邑遗址。姜寨遗址的发掘，为研究和揭示同时期黄河中游关中地区的社会性质、生产方式、家庭婚姻制度以及解决新石器文化序列问题等提供了宝贵资料，向人们展示了一幅丰富多彩的史前人类生产生活画卷。

从姜寨遗址的村落布局来看，其与西安市浐河东岸的半坡遗址具有很多相似性。由 5 个较大的建筑群和 3 处公共墓群构成的姜寨聚落呈非对称椭圆形，椭圆形外围由防野兽攻击的壕沟环绕，壕沟宽和深均约 1 米，这条壕沟可以将大部分野兽拒之门外，使聚落内的原始居民免受野兽攻击。环绕聚落的壕沟外分布着烧制陶器的窑场和墓地，烧制陶器的窑场靠近河岸，可方便智慧的原始居民在烧制陶器的过程中就近取水。

从房屋建筑看，原始居民没有现代人的买房定居压力，但在房屋的选址及修建形式上也花了不少心思，既要考虑建筑风水，也要考虑背风向阳的基本原则。因此，根据自然环境特征和生产生活需求，姜寨遗址的房屋既有圆形，也有方形，既有半地穴式房屋建筑，也有地上建筑。居住区的房子大多围绕中心广场分布，遗址北部的房屋门向南开，西部的房屋门向东开，即整个遗址的房屋门朝向隐约呈围合之势。①居住区呈"1 + N"的结构布局，也就是一个较大的居住区以 1 座大房子为中心和主体，周边分布若干小房子，大房子类似于今天的集镇，而周边散落分布的小房子类似于今天的村庄，村庄围绕集镇呈不规则分布形态。这种分布形态类似于当今大家族中的多个分家兄弟，既与处于核心地位的家族长辈相互关照，又有相对独立的小家庭生活，这种既独立又相互依存的分布格局充满了原始人集体狩猎和协力防御的生活智慧，是原始人类的生存之道。

姜寨遗址出土的陶器对研究这一时期远古人类的生产关系和生活方式具有特殊意义，最为著名的是人面鱼网纹彩陶盆，被视为仰韶彩陶文明的典型代表。仅看这个彩陶盆的外形，和今天大多数餐馆酒店用来盛鱼的器具没什么区别，从材质看，这个彩陶盆代表了那个时代最高水平的彩陶制作工艺，但其用途却与我们今天同类彩陶盆有着天壤之别。若不是专家学者的解读，很难让人相信这个内壁有彩绘、底部有小孔的人面鱼网纹彩陶盆居然是远古人类用以作为儿童瓮棺棺盖的特殊葬具。

除了陶器，刻于陶器上的符号同样吸引着国内外相关领域学者的目光，有的学者相信，这些刻画符号就是中国文字的起源，还有的学者认为这些刻画符号是姜寨先民们的某种特殊记号，尽管看法不同，但对于了解和还原姜寨原始聚落具有特殊意义，其价值不容否认。

---

①　巩启明：《姜寨遗址发掘回望》，《中国文化遗产》2010 年第 1 期。

　　姜寨遗址出土了大量以石、骨等材料为主的生产工具，如石斧、石刀、石棒等。可以看出，姜寨先民们的生产工具以石制品为主，而生活用具基本以陶器为主。值得一提的是，在姜寨遗址中还发掘出了陶埙，大陶埙、小陶埙和卵形陶响器的出土既体现出姜寨远古人类的智慧，也昭示着人类文明的曙光。

　　以仰韶文化为主的姜寨遗址，结构完整，文物价值和考古价值独特，被列为全国重点文物保护单位。姜寨遗址考古工作入选"20世纪中国100项考古大发现"名录。① 姜寨遗址是我国第一次全面揭露聚落遗址，对了解仰韶文化的聚落布局和社会形态具有极其重要的作用。

---

　　①　巩启明:《姜寨遗址发掘回望》,《中国文化遗产》2010年第1期。

姜水常羊——宝鸡炎帝陵

为什么中国有好几个炎帝陵？究竟哪里才是炎帝生活的地方？

相传炎帝有八代，持续五百三十年，第一代和第二代生在蒙峪，长在姜水。蒙峪即为宝鸡的蒙峪沟，姜水即清姜河流域一带。随着炎帝部落的不断延续壮大，炎帝后来活跃于湖南、湖北、山西等地，遂这些地方都成为炎帝故里，并且奉炎帝为祖。因此，中国有好几处炎帝陵，包括湖南省炎陵县、山西省高平市炎帝陵以及宝鸡炎帝陵，传说这些都是炎帝生活过的地方。图1-5为宝鸡炎帝陵炎帝造像。

图1-5 宝鸡炎帝陵炎帝造像

　　渭河是黄河的最大支流，流经陕西多座城市，它的生态景观为宝鸡这座城市增添了不少风采，也促进了中华儿女的世代发展。

　　早在五千多年前的上古时期，以炎帝神农氏为首的姜姓部落就生活在这里，几千年来，中华民族的人文始祖——炎帝的传说广为流传，宝鸡也因此被誉为"炎帝之乡"。

　　千百年来，宝鸡民间尊炎帝为"农业之神""太阳之神""医药之神"，并对这位伟大的先祖顶礼膜拜。唐代之前，宝鸡就有规模宏大的神农庙和炎帝祠，它们都位于常羊山之上的炎帝陵，也是祭祀先祖的圣地。

　　炎帝部落以宝鸡为中心，沿着渭河向四周扩展，往西发展到中原大地，由于其土地平坦肥沃，造就了原始农业的发展。

　　宝鸡炎帝陵占地面积广阔，分为陵前区、祭祀区和墓冢区，陵道一共有三百六十五个台阶，代表一年的三百六十五天，暗喻"天天向上"，如图1-6所示。

图1-6　宝鸡炎帝陵陵道

炎帝祭祀大殿呈"天圆地方"造型，炎帝坐像，目光炯炯，两侧墙上分别刻有炎帝的生平与功绩，祭祀大殿的高度是 9.5 米，象征着炎帝"九五之尊"的崇高地位，直径 12 米，代表一年的十二个月。祭祀大殿的墙面陈列了姓氏起源，每个人都可以在墙上找到属于自己的姓氏。

登上九百九十九级台阶，山顶上就是炎帝墓冢，如图 1-7 所示。陵道两旁，按照历史顺序，竖立着百代帝王石像，一共有八对十六位。

图 1-7　宝鸡炎帝陵墓冢

炎帝为华夏文明的发展作出了不可磨灭的功绩，成为中华民族古老的文明象征。炎帝陵是中华儿女寻根祭祖的主要场所，每年七月初七炎帝忌日那天，都会在宝鸡炎帝陵的万人广场举行大型祭祀活动，届时五湖四海的中华儿女从世界各地赶过来，一起祭拜我们的人文始祖——炎帝。

华夏第一陵——黄帝陵

　　世人皆有祖，中华炎黄心。司马迁的《史记》在中国甚至全世界都广为人知，但很少有人知道，黄帝是《史记》中记载的第一个人。据《史记》记载，黄帝因为居住在"轩辕之丘"，所以名叫轩辕。黄帝出生时紫气满屋，经久不散，幼年时天赋异禀、聪慧异常，成年后骁勇善战、心怀家国，总之，与许多伟大的人物一样，黄帝从出生到成长直至死亡，无不充满常人难以企及的传奇色彩。无论是充满玄幻色彩的黄帝战蚩尤，还是世人津津乐道的黄帝炎帝之战，黄帝在中华儿女心目中的崇高地位一览无遗。据《史记》记载，"黄帝崩，葬桥山"，"桥山"即今陕西黄陵县桥山之巅。图1-8为黄陵县桥山与黄帝陵。

图1-8　黄陵县桥山与黄帝陵

　　"1"在中国传统文化中代表万物的起始，具有特殊意义。在陕西黄陵县，有一座编号"古墓葬第一号"的黄帝陵，又称"天下第一陵"，是中华民族始祖轩辕黄帝的陵寝。在黄陵县黄帝陵，既有黄帝脚印石、祈仙台等异闻传说，也有宋、元圣旨碑，明、清御制祝文碑等文化遗存，还有多位皇帝和国家领导人的祭文、题词，无论异闻传说还是祭文、题词，均彰显出黄帝在中华儿女心目中无法取代的崇高地位。黄帝陵因此成为海内外中华儿女共同瞻仰和祭祀黄帝的场所。

　　如今，世界各地分布着数以万计的中国人，他们或许喜欢吃西餐穿西装，或许中国话已并不流利和标准，或许思维方式已部分西化，但在血脉深处，轩辕黄帝依然是他们的精神家园和文化记忆，是维系海内外中华儿女厚重民族感情的基石。2015年2月，习近平总书记在陕西考察时明确指出"黄帝陵是中华文明的精神标识"。

　　祭拜先祖是建立国家民族认同的重要方式，千百年来，黄帝陵已成为中华民族巨大凝聚力的象征，华夏儿女寻根认祖的圣地。新中国成立后，每年都举行大规模的祭祖仪式，包括清明节的国家公祭，重阳节的民间祭祖，以表达中华儿女对祖先的崇敬之情。作为中华儿女，我们怀着敬仰之心和感恩之情祭拜黄帝陵，就如同逢年过节祭祖，除了表达对已逝祖先的怀念之情，更重要的是时刻提醒自己源在哪里，根在何方，让我们的子子孙孙无论走到哪里都心有所依。

　　历代帝王多在黄帝陵举办国祭，中华人民共和国成立后，公祭黄帝陵的规格依然很高，1955—1963年，由陕西省人民政府领导人主祭。自1994年起，每年都邀请国家领导人与陕西各

界人士参加公祭。① 1996 年后，黄帝陵庙的祭祀上升为国家
公祭。

在黄陵县黄帝陵，除了丰富的祭祀文化遗存，还有中国最
古老、覆盖面积最大、保存最完整的古柏群。在翠绿的古柏群
中，有一棵相传五千多年前由轩辕黄帝亲手种植的"手植柏"
驰名中外，是游客在黄帝陵内必到"打卡"地，被誉为"中华
魂，民族根"，也有"世界柏树之父"的美誉，如图 1-9 所示。
30 集生态纪录片《中国古树》即以黄帝"手植柏"作为开篇
之作。

图 1-9　黄帝陵黄帝手植柏

丰富的祭祀文化遗存、保存完整的古柏群、聚而成林的
历代祭祀黄帝碑石与轩辕庙共同构成了黄帝陵独特的文化生态

---

① 霍彦儒：《陕西黄帝陵"国祭"地位的形成》，《长安大学学报》（社会科学
版）2016 年第 3 期。

价值。黄帝陵在 1961 年被国务院公布为第一批全国重点文物保护单位；2006 年，清明公祭轩辕黄帝典礼（黄帝陵祭典）活动被列入第一批国家级非物质文化遗产名录；2014 年 8 月，黄帝陵列入申报世界文化遗产项目。黄帝陵同时也是国家重点风景名胜区、全国文明风景旅游区、全国爱国主义教育基地、国家首批 5A 级旅游景区和中国民间文化遗产旅游示范区。

最早城市——杨官寨遗址

　　酒文化在几千年的华夏文明史中浓墨重彩、博大精深，发挥着不可或缺的重要作用。但关于酒的起源，历来众说纷纭。随着近些年的科学考古，发现了一些远古时期的酿酒实证，让酒的起源在历史长河中逐步慢慢清晰。

　　著名的考古学者刘莉教授带领团队在杨官寨遗址考古研究中发现了古人酿酒的证据。他们对杨官寨遗址出土的一些陶器内物质遗存进行分析，发现遗存中主要原料为黍，辅料为山药、野生小麦族种子、栝楼根及百合。考古资料进一步证实，距今6000年前后，杨官寨古人以黍为原料，掺杂其他一些植物的种子及根茎糖化后经由漏斗注入陶器，酿造出了中国最早的谷芽酒，为中国酿酒起源找到了依据。[①] 作为可复原酿制过程的中国最早的谷芽酒原产地——杨官寨遗址的偶然发现，对中国的考古来说意义重大。从考古资料中能看到杨官寨遗址有"城镇"雏形，这可能是5500年前的原始城市，也是中国都城文明起源地之一。

---

　　① 刘莉等：《仰韶文化的谷芽酒：解密杨官寨遗址的陶器功能》，《农业考古》2017年第6期。

位于泾、渭河交会处的杨官寨村是西安市高陵区姬家乡的一个普通村落，这里的大部分村民祖祖辈辈都以耕地为生。2004年西安泾渭工业园在这里开工建设，挖掘机翻卷出来的黄土中夹带了无数碎陶片和大量灰土。陕西省考古研究院专家闻讯赶到，他们对陶片鉴定后，惊奇地发现这是一处庙底沟时期和半坡四期文化的产物，有很高的考古价值，随即成立杨官寨考古队。经过考古队员们执着的探索和坚持不懈的挖掘，一座5500—6000年前的遗址被挖了出来。考古学家据此遗址地处杨官寨，称其为"杨官寨遗址"。

经过近20年考古挖掘，杨官寨遗址出土的各类文物达7000多件。[1] 在出土的众多陶器中，有一件陶器造型独特、形象古朴，陶器外形如一个倒扣的盆，器壁上有一个人面的模样，眼睛和嘴巴为镂空形弯月状，鼻梁堆塑得细而挺直，神情憨态可掬，酷似一张流行的笑脸头像，这就是有名的镂空人面覆盆。据考古推测，这种"镂空人面形"的器物可能是用于祭祀或巫术活动的器座，这在国内同时期遗址出土的文物中十分罕见，具有较高的考古和艺术价值。[2]

杨官寨遗址最重要的收获是发现了一处环壕聚落，这是目前发现的陕西关中地区这一时期庙底沟文化唯一一个最大的完整的环壕聚落遗址。经考古人员初步挖掘，这个环壕聚落周长约1945米，形状大致呈梯形，布局为南北向，壕内面积达24.5万平方米，壕宽6—9米，最宽处约13米，深2—4米。整个环

---

① 杨官寨考古队：《陕西高陵杨官寨遗址考古取得重大收获（组图）》，中国文物信息网，2008年12月16日，http://www.kaogu.cn/cn/xianchangchuanzhen laoshuju/2013/1026/38030.html，2023年2月12日。

② 富鹏程：《浅析杨官寨遗址镂空人面覆盆形陶器的属性》，《黄河 黄土 黄种人》2021年第22期。

壕聚落规模巨大，相当于 34 个标准足球场。疑似墙基的遗存在遗址北区东北段环壕内侧被发现，很有可能就是聚落的城墙。居住区位于环壕内部，在聚落中央还发现了容积约 1000 立方米的中心水池，并附带 95 米长的引排水系统。环壕外东北部发现了一块成人公共墓地，面积约 9 万平方米。杨官寨遗址环壕聚落丰富的文化遗存对我们研究先民生产生活方式具有重要的意义，接近方形的环壕也许就是以"城"和"池"为主的城市模式最早的形成阶段。①

　　除了环壕聚落，杨官寨遗址南部还发现一组窑洞式建筑群遗址，这些建筑群成排分布，主要为前后室结构，前为地面后为窑洞，平面呈"吕"字形，这证明人类居住窑洞的历史有五千多年了。同时，还发现了陶窑和储藏陶器的洞穴，在窖穴内发现大量形态一致的尖底瓶，以及可能用来制作陶器的工具——陶轮盘，考古专家推测这在当时可能是制陶的作坊区，表明当时社会分工已较明确，专门从事制造陶器的部分家庭聚集在一起生活生产。这一考古结果也说明杨官寨的先民们已经产生财产私有观念了。

　　杨官寨遗址还隐藏着中国农业数千年的历史，已经炭化的粟米粮食，大量完整精美的陶器，数百件石斧、石球，土层中极为丰富的兽骨，众多的房址、灰坑、陶窑、墓葬等遗迹遗物展现出人类祖先的农业文明和社会文明程度，从而为探讨关中地区 5500 年前的文明提供了珍贵的实物资料。

　　杨官寨遗址考古项目首席专家王炜林研究员说，完成杨官寨遗址如此庞大的环壕工程，必须有组织、有计划，需要动用

---

　　①　王炜林：《陕西高陵杨官寨考古与关中地区庙底沟文化研究》，《中原文物》2021 年第 5 期。

大量的人力，而这仅凭一个聚落的人力是很难实现的，这表明当时杨官寨聚落已经具备调运和组织的能力，他们把周边区域和聚落的人集中到一起，共同兴建这个超级工程。加上成排房子、中心水池、排水系统、陶窑、制陶工具、储藏陶器的窖穴、居民公共墓地等的发现，向我们揭示了距今5500年前后的这处史前聚落人口规模较大、文化发达，生产和分工先进，已具备都邑性质，很可能是中国最早的城市，或是中国历史上第一个具有广泛影响力的文化共同体，为中华文明的起源打下了基础。

杨官寨遗址的发现，对关中地区庙底沟文化和半坡四期文化的研究意义重大，为研究新石器时代聚落形态、社会分工、埋葬形式、婚姻风俗等重大课题提供了实物依据，填补了仰韶文化类型的空缺。杨官寨遗址是最早步入"城镇"文明的聚落实体，是中国农耕文明的历史福地，也是中华民族的文明摇篮之一。

文明星斗——石峁古城

石砌的城垣、神秘的石雕、精致的玉器、久远的骨簧、优美的壁画，谁会想到这些会聚了华夏文明的瑰宝属于一座4300年前的城，即一座位于黄土高原的神秘庄重的石头城——石峁古城。

这座由石头筑成的古城，位于陕西榆林神木高家堡镇一个被称为"石峁"的台塬梁峁之上，这里地处毛乌素沙漠南缘，是陕西、甘肃、内蒙古、山西、宁夏的交界地带，也是农耕文化与游牧文化融合的地带。2012年秋天，中国考古界一个"石破天惊"的发现，揭开了石峁古城神秘的面纱，也让这一片炽热的黄土地在考古界变得尤为醒目。

2011年，由四十多位专家组成的考古队正式启动对石峁遗址的系统考古工作。经过一年的科学探测及挖掘，考古队向社会发布了重大发现，石峁古城是已发现的史前时期规模最大的城址，可以称之为"华夏第一城"。

据考古探测，石峁古城大致呈方形，由"皇城台"、内城、外城3座石构城址组成，它们结构完整并相对独立。皇城台南北西三边是深沟，东边和其他山峁相通，一条缓坡通道直通东门，称为皇城大道。内城墙以皇城台为中心呈环形带状向东北方向展开，墙体残长 2000 米，面积约 235 万平方米。外城墙以东门为中心向四周蜿蜒，墙体残长 2840 米，面积约 425 万平方米。处于山脊之上的城墙将内城紧紧包揽起来，城墙外则是深沟，因此，石峁城是一个相对独立的封闭空间，易守难攻。石峁古城的布局很像北京古城，皇城台相当于故宫的太和殿，内城是故宫，外城就是北京城了，这也符合都城建设的特征。① 考古工作者在石峁城里发现了宫殿建筑、手工业作坊、瓮城、宗庙、墓葬等遗迹，挖掘出土了大量珍贵遗物，如石雕、玉器、铜器、陶器、骨器、纴木和壁画等。种种史料证明，石峁古城是当时北方区域内制度文明的中心，是王者之城。

石峁古城的设计精妙绝伦，按今天的话来讲就是天才设计家的大手笔。以整座石城的外城东门为例，该门从内到外分别是门塾、内瓮城、两座包石夯土墩台、外瓮城等，而且恰好位于遗址区域内的最高处，神奇的是它的朝向正好是四千多年前夏至日出的方向。难以想象在生产力极低的上古时期，我们的先民能完成如此宏伟、精良的建筑，他们的智慧实在让人惊叹。

随着考古的深入，大量的石雕在石峁古城的中心宫殿区域内被发现。这些石雕雕刻技艺高超、技法多样，有浮雕、圆雕、阴刻雕等，画面题材很丰富，有神面、人面、神兽、动物、各种符号等，所有图案都讲究对称美，体现出精妙的构思和娴熟的技艺。2019 年考古发现的神面纹圆形石立柱更是让考古界震惊。这个立柱上的形象是人的造型，却有着与三星堆出土的青铜兽面相似的"大眼咧嘴"的夸张表情。这个神面纹圆形石立柱是在石城皇城台大台基的一个走廊里被发现的，直径约 50

---

① 孙周勇等：《石峁遗址的考古发现与研究综述》，《中原文物》2020 年第 1 期。

厘米，高度近 1 米。考古学家认为，立柱有可能是石峁人的图腾柱。①

2017—2018 年，考古工作者在发掘石峁古城皇城台门址时，发现了一批骨制的精美文物，其中的二十多件骨簧考古价值极高，共存器物丰富，是 21 世纪音乐考古的重要发现，是目前世界范围内出土的年代最久远的骨簧，也可能是人类拥有的第一件乐器，具有重要的学术意义。②

石峁古城带给人们的惊喜还有很多。考古人员在古城东门的内瓮城墙体内侧和地面上，发现了成层、成片的壁画，累计接近 200 块，其中最大的壁画残块约 30 厘米见方，壁画主要以白灰面为底，由红、黄、绿、黑等颜色绘出的几何图案，色彩丰富。经过分析，考古专家认为壁画中使用的一种色彩竟是来自海洋的天然颜料，而且就目前的考古发现看，石峁的壁画是迄今为止中国境内出土数量最多的一批史前壁画，而这批壁画采用的以洁白平整、防潮防虫的白灰面为绘画载体的制作工艺，在汉代以后才较为流行，说明四千多年前的石峁先民已经掌握了壁画的颜料提取、制作工艺、绘制技法等。③

当石峁古城还沉寂于黄土之下时，石峁的玉已久负盛名，流传于世界各地。20 世纪 70 年代，陕西考古研究所研究员戴应星偶然听说榆林神木高家堡村出产古玉，于是他赶往神木，在收购站里见到了成筐的玉，最后征集到 127 件玉器。其中有一件双面平雕玉面人头像造型独特，雕工极其精美，玉面刻橄

---

① 孙周勇、邵晶：《石峁遗址皇城台大台基出土石雕研究》，《考古与文物》2020 年第 4 期。

② 辛雪峰等：《探索石峁之音》，《人民音乐》2020 年第 6 期。

③ 邵安定等：《陕西神木县石峁遗址出土壁画制作材料及工艺研究》，《考古》2015 年第 6 期。

榄形大眼，鹰钩形鼻，耳在脑后凸出，口微张，顶上发髻凸起，颊上一圆孔，颜色呈青色，上面有褐色侵蚀斑点，半透明，这件玉器现收藏于陕西省历史博物馆，文物价值极高。随着对石峁古城的考古挖掘，大量的玉器被发现。2012 年的一次发掘，考古人员在石峁古城的城墙里发现了 6 件完整的玉器，种类为石雕人头像、玉铲、玉璜、牙璋等，考古证实这与散落世界各地的石峁玉器有关联性，这一重要的考古收获为流散各地的四千多件石峁玉器找到了"家"。

石峁虽出土这么多玉，但周围并不产玉。考古学家结合科学检测手段考证，石峁玉器的来源比较复杂，有甘肃、青海、新疆部分地区的和田玉，甚至还有更远的昆仑山玉和辽宁的岫岩玉，这说明在 4300 年前，石峁先民的经济活动空间很大，千里迢迢的文明交往、商贸之路已经存在，"丝绸之路"的雏形业已形成。[1]

石峁古城的发现对于探索中华文明的起源意义重大。石峁古城是大河套地区和鄂尔多斯高原先后发现的上百个类似的石筑遗址中最大的一个，这表明石峁已是当时草原丝路上的重要节点，农业文明和牧业文明在这里交流互通、融合发展，生成整个丝绸之路的重要源头。石峁文化所属的龙山文化与不同时空中出现的仰韶文化、大汶口文化、河姆渡文化等会聚在一起，造就了多元一体的中华文化。

---

① 朱鸿：《中华文明探源从石峁遗址看华夏玉石之路》，《世界博览》2019 年第 4 期。

赫赫宗周——周原遗址

"周原膴膴，堇荼如饴"，这是《诗经》对周原的描述和赞誉，在这片沃野千里的大地上，周人仰仗天地之赐，开拓田畴、勤劳耕作、团结融合、积蓄力量，最终成就了一个伟大的王朝。

周原在哪里？这个有 3000 年中华文明根系的地名在今天的中国地图上却找不到。镶嵌在脂膏般泥土中的青铜间或出土，提醒着人们不断去寻找《诗经》中描述的这片土地。图 1－10 为周原遗址博物馆。

图 1－10 周原遗址博物馆

早在公元前 58 年汉宣帝时期，据《汉书郊祀志》记载，当时的美阳（今周原）出土了一件铜鼎，这件铜鼎是有文献记载的出土在周原的有铭文的第一件青铜器。此后周原地区屡有青铜器出土，宋代吕大临、刘敞分别在《考古图》和《先秦古器记》记载青铜器多出土于周原。1843 年清道光年间，一位农民在周原挖出了一件记载着周宣王时期历史事件的巨大宝物，很快宝物就被识货的古董商收走，后来这件宝物在很多收藏家手中转手，最终被蒋介石带到中国台湾成为台北"故宫博物院"的镇馆之宝，这就是大名鼎鼎的毛公鼎。1843—1949 年，越来越多的青铜器在周原出土，数量达百件之多。继毛公鼎之后，一些国宝重器如大盂鼎、大克鼎、虢季子白盘等相继出土被世人所知。[①] 怀抱着无数国宝重器的周原遗址也在 20 世纪初被考古界发现，瞬时埋藏在这片沃野之下的 3000 年的历史信息喷涌而出，点燃了考古界。图 1 - 11 为周原遗址出土的青铜器。

图 1 - 11　周原遗址出土的青铜器

---

① 《大型考古资料性图录〈周原出土青铜器〉出版》，《考古与文物》2006 年第 3 期。

　　周原遗址是周族的发祥地，西周时期周王朝的主要都邑，是西周从建国到灭亡周人的宗教核心，也是西周文化最具代表性的遗址。按照考古的界定，广义上的周原中心位于今宝鸡市岐山、扶风一带，北靠岐山，南依渭河，东西长约 70 千米，南北宽达 20 千米。这里水土丰厚，自然条件优越，从新石器时代以来，一直是人口聚居之地，也是中华文化发祥地之一。狭义上的周原是指周代周原遗址，在今岐山、扶风交界北部，东西长约 8 千米，南北宽约 5 千米，大概 40 平方千米。周原遗址作为周人祭祀天地、祖宗、神农氏的圣地，周人在此留下了极为丰富的文化遗产。"营筑城郭室屋，而邑别居之，作五官有司，民皆歌乐之"，这是《史记·周本纪》对古公亶父从豳迁到周原的记录。古公亶父带领族人渡过沮、漆两条河流，越过梁山，一路来到岐山脚下，在古公亶父的领导下，周人开荒垦地，营建城郭，划分邑落，置官分职，一番经营后，周部落开始有了国家的雏形，后来便称为岐周。周原地区的考古资料印证了文献记载。[①]

　　1974 年，扶风县庄白村有个生产队员像往日一样平整土地，他一锄头挖出一个黑洞，村民们从黑洞里发现了很多青铜器，闻讯赶来的考古人员通过挖掘，发现这是一处窖藏，共发掘铜器 103 件，这就是有名的庄白一号窖藏。庄白一号窖藏是周原考古出土铜器数量最多的一个窖藏，出土的青铜器也是文物和学术价值最高的一批。这批青铜器名气最大的是史墙盘，上面的 284 字记述史墙的家族繁荣史，并追述了周朝从文王开始六世诸王的功绩，如图 1 - 12 所示。史墙盘以雷纹作底，制作精良，是西周青铜器中的精品，也是中国首批禁止出国的国宝之

_____

① 　张天恩：《周原早期聚落变迁及周人岐邑的认识》，《文博》2018 年第 2 期。

一。1975 年在宝鸡董家村发现一个窖藏，里面有 37 件铜器，令人惊奇的是这 37 件铜器件件有铭文，其中的青铜匜、卫鼎、卫盉等器物的铭文，记载了西周有关法律判决、征伐、租田等内容。从 1976 年开始，北京大学考古系和西北大学考古系联合对遗址进行了大规模的考古发掘，他们在岐山凤雏和扶风召陈两处发现了宫殿建筑、宗庙的遗址分布。[①] 1977 年，17 万片卜骨和卜甲从凤雏建筑遗址的窖穴内出土，其中 200 多片卜甲上有刻辞，最多者达 30 字。

图 1 - 12　周原遗址出土的史墙盘

1992 年春，考古人员在扶风黄堆老堡子发现了墓地遗址，通过清理挖掘，发现西周中、晚期墓葬 11 座，马坑 1 座。1996—1997 年，夏商周断代工程对王家嘴遗址进行了两次发掘，共清理先周时期墓葬 21 座，灰坑 114 座，房屋残迹 2 处。2015

①　张天恩等：《陕西夏商周考古发现与研究》，《考古与文物》2008 年第 6 期。

年，陕西省考古研究院联合北京大学考古研究所和中国社会科学院考古研究所对周原遗址内一处西周晚期的贵族墓地群进行考古挖掘。在其中一座编号为 M30 的墓葬里发现了一件鼎，鼎内铭文为"姬生母作尊鼎，其万年，子子孙孙永保用"，从而确定墓主人名叫姬生母，墓里出土了 6 件青铜器、7 件陶器和 1 件漆器。

　　周原遗址的考古工作历经百年，经过几代人砥砺前行，取得了丰硕的成果。据官方统计迄今为止周原遗址共出土各类文物多达 38000 余件，其中鼎、簋、尊、鬲、觥、盘等青铜器1000 多件，罐、盆、缸、足鬲、联裆鬲等各类陶器 10000 余件，有字甲骨 290 多片，约 900 字。① 这些文物成果将是我们继续探寻周原神秘历史的关键钥匙。图 1 – 13 为周原遗址博物馆馆藏陶器。

图 1 – 13　周原遗址博物馆馆藏陶器

---

　　① 宋江宁等：《陕西宝鸡市周原遗址凤雏六号至十号基址发掘简报》，《考古》2020 年第 8 期。

"赫赫宗周，万邦之方"，西周是一个伟大的朝代，影响了中华文明几千年。博大精深的周文化，为中华民族精神注入了无比强大的生命力，是中华民族生生不息、自强自立的传承基因，无论过去、现在还是未来，一直都是我们伟大的精神遗产和文化遗产，是中华文化的根，华夏文明的源。

宅兹中国——宝鸡青铜器

"中国"是深深根植于华夏儿女心中的两个字符，追述上下五千年的中华文明史，"中国"之称究竟来源于何时、何处？从古至今人们为此努力求索，苦苦寻找。翻阅数千年浩瀚如云的古书记载、研究历代历年出土的各类文物典籍，"中国"最早的出处究竟能否找到？有一件青铜器，从历史中走来，抖落了黄土锈迹后迸发出耀眼的光芒，展露出深藏的一颗"中国心"，解答了人们的"千古疑惑"。这就是中国青铜器博物院的镇馆之宝——何尊。图 1-14 为珍藏何尊的中国青铜器博物院。

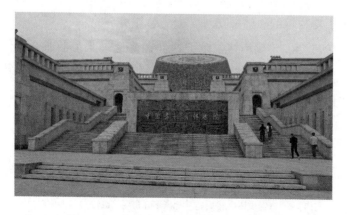

图 1-14　中国青铜器博物院（陕西宝鸡）

　　走进中国青铜器博物院，慕名而来的参观者总会找寻何尊的身影。在一个单独放置的高台展柜前，人们仰视着它的尊容，流连忘返。名扬中外的何尊，通高约 38 厘米，上口径约 29 厘米，下底径约 20 厘米，重 14.6 千克，尊体呈椭方形，圆口外移，器身采用高浮雕手法纹有饕餮纹，造型庄重雄奇，纹饰美观大方，是西周早期贵族"何"铸造的青铜酒器。[①] 品赏何尊的同时人们总会津津乐道从何尊出土到成为国宝那段曲折离奇的故事。

　　时光回到 1963 年 8 月，陕西宝鸡市东北贾村有个陈姓人家，一个大土块从屋后坍塌的土崖上滚落了下来，他们意外地发现这个大土块里包着一个铜块，通过清理陈家人发现是个满身锈迹的铜尊，但由于无人识宝，陈家人把这个铜尊用来盛放粮食了。两年之后，陈家人外出托人保管这个铜尊，保管的人觉得没什么用，便把这个铜尊当作废铜烂铁扛到宝鸡的废品收购站，卖了三十块钱。1965 年 9 月，宝鸡市博物馆专家到收购站寻宝，发现了这件铜尊，此刻废品站正要把它送进熔炉，文物专家断定这是件珍贵文物，就以三十元收购了这件铜尊，铜尊就成了宝鸡市博物馆的一件文物。

　　1975 年，宝鸡市博物馆把这件铜尊送去北京参加"全国新出土文物汇报展"。著名青铜器专家马承源先生见到这件铜尊后无比惊叹，清理锈蚀时，在器底内部发现了铭文，拓片统计共有 12 行，122 字。[②] 这 122 个字的铭文记载的是 3000 年前，一

---

　　① 杨曙明：《何尊——最早记录"中国"一词的青铜器》，《中国文物报》2017 年 7 月 25 日第 7 版。
　　② 高炳：《"青铜史诗"铸周礼（你所不知道的一级馆）》，人民网—人民日报海外版，2018 年 6 月 26 日，http://culture.people.com.cn/GB/n1/2018/0626/c1013 - 30084767.html，2023 年 2 月 15 日。

个宗族的两个少年讨论周成王营建洛邑王城及如何使国家兴盛、传承父辈荣耀的事，因为这个宗族姓"何"，于是命名为"何尊"。铭文一经现世，就震惊了世人，很多考古学家对此进行了解读，最后发现铭文中含有"宅兹中国"字样，"中国"二字终于找到了合用的最早文字记录证据。① 如图 1 – 15 所示，这段铭文使何尊在文物界名声大振，成为宝鸡青铜器博物馆的镇馆之宝，也是镇国之宝。"宅兹中国"自此成为一个大题目，极具史料价值，文物专家、学者立论无数。

图 1 – 15　何尊铭文"中国"

出土了何尊的宝鸡古称陈仓，是中原地区西连甘青，南接巴蜀的黄金节点，也是八百里秦川的战略要冲和交通枢纽。这里川河交纵，气候宜人，地势平缓，土质肥沃，自古就是人类

_____

① 《国宝鉴览：西周青铜器何尊与"宅兹中国"的由来》，《中国民族博览》2022 年第 1 期。

繁衍生息、孕育文明之地。最早记载炎帝的史料《国语·晋语四》中说"炎帝以姜水"成,据考证姜水就在今宝鸡市区渭河南边,说明宝鸡渭水流域是炎帝的起源地。[①] 周的始祖古公亶父迁岐后,宝鸡就成了周王朝的发祥地,正因如此宝鸡的青铜文化遗存极为丰富。

宝鸡被誉为"青铜器之乡",但最早的青铜器并不是起源于此,而是自汉代就已经开始出土青铜器了,历代不绝。在中国大地上,如此持久和密集地出土青铜器的地方,只有宝鸡。自西汉宣帝年间出土的一件有文字记载的西周青铜器"尸臣鼎"以来,两千年间,据不完全统计,宝鸡约有 15000 件青铜器出土,其中著名的如晚清出土的毛公鼎、大盂鼎、散氏盘、虢季子白盘"四大国宝",还有一些辗转颠簸,流失在世界各地。宝鸡因出土的青铜器精品数量之多,铭文内容之重要,所以有"青铜器之乡"的美誉。图 1-16 为中国青铜器博物院收藏的青铜器。

图 1-16　中国青铜器博物院收藏的青铜器

---

① 张玉勤、张辉杰:《论黄帝、炎帝及华夏文明的起源》,《山西师大学报》(社会科学版) 2007 年第 5 期。

　　1997 年，一个青铜展示之地对世人开放，这就是中国最大的青铜器专题博物馆——宝鸡青铜器博物馆。2004 年，江泽民同志为宝鸡题写"青铜器之乡"，使早已以"青铜器之乡"扬名的宝鸡更加惹人注目。2010 年 9 月 28 日，中国青铜器博物院对外开放，馆内件件青铜瑰宝，就是古人留给后世的文明密码，向我们解锁了中华民族这段厚重的历史。

墓葬之最——秦公一号大墓

两千五百多年的悠悠岁月，秦公一号大墓一直深埋于黄土之下。46年前的一次偶然机会，苦苦寻觅的人们才能一窥它的全貌。①

穿越时空隧道，时光回到1976年4月的一天，在凤翔县八旗屯村一群古墓附近，陕西省雍城考古队正在寻找先秦王公的墓葬，他们怀着期待的心情打开一个又一个探洞，勘探结果却一次又一次令人失望。

找寻先秦王公墓的时间已过去一个多月，考古队员却一无所获。这时，一位来自宝鸡市凤翔县城南5千米一个叫南指挥村的村民找到考古队，向考古队说起一件奇怪的事情。离他们村子不远有一块地，无论怎样耕种，雨水多寡，就是不长庄稼，久而久之便成了一块荒地，这块荒地的黄土也与众不同，总带出一些有黄有红的奇怪土块，并且非常坚硬，生活在附近的人们似乎对此不足为奇，也没人去一探究竟。②

---

① 陆晟：《跨越时空的豪情——秦公一号大墓"墓后"故事》，陕西日报—群众新闻网，2020年11月23日，https://esb.sxdaily.com.cn/pc/content/2020/11/23/content_741823.html，2023年2月22日。

② 赵晨：《秦公一号大墓的"墓后"故事》，腾讯网，2020年11月23日，https://new.qq.com/rain/a/20201123A02T3N00，2023年2月22日。

　　听了村民的讲述，出于职业的敏感，考古队员们意识到这是一块非同寻常的荒地，他们决定立刻进行实地勘察。考古队员们先是对坚硬的土块进行鉴定，发现这些土块都是人工夯实的。进一步勘探发现土块下面居然是一个巨大的四方形工程，这一勘察结果令考古队员们兴奋不已。考古队员打了二十多米深的探洞，才成功探测到这个工程的底部，他们通过墓葬底部灰白相间的土样分析，认定这就是他们多年来苦苦探寻的先秦王公墓葬，如图1–17所示。

图1–17　秦公一号大墓墓坑俯视图

随后大墓的相关数据被测绘出来，整个墓葬工程足足有两个篮球场那么大。挖掘如此浩大的墓葬工程对考古队来说除了欣喜还有挑战，整个挖掘长达十年之久。1986 年，墓穴和墓道中的填土才被考古队员与南指挥村的民兵清理完毕。清理的过程虽然艰辛，但一层层平台及平台上文物的呈现却让考古队员异常惊喜，墓主人的身份也随着这些文物揭开了神秘的面纱。

随着发掘的不断深入，一个石磬被考古队员们发现，如图 1－18 所示。石磬上有 180 多字的篆文，上面写着"天子郾喜，龚桓是嗣""高阳有灵，四方以鼏"等字样。[1] 这一字样对于墓主人身份的确定有着决定性意义。通过考古论证，初步断定墓主为秦景公。

图 1－18　秦公一号大墓遗址秦景公石磬图示

①　卜云彤、王兆麟：《秦雍城遗址的重大考古发现》，《瞭望周刊》1986 年第 27 期。

墓地全面挖掘后，考古队员在墓地的第三层平台发现了一座巨大的椁室，内有枋木椁具一套，这些枋木全部由柏木制成。一座座由枋木垒成的长方形木屋之间有门相通，组成了一座小宫殿，这应该是模仿了墓主人生前的居所"前朝后寝"的形式。考古界把这种特殊的墓葬形式称为"黄肠题凑"，在当时只有周天子才能享用，如图1-19所示。面对这样一个"意外"，考古队队长韩伟在论文中写道："墓主秦景公藐视奴隶社会之法典，公然采用了天子葬仪，给我们提供了时代最早、等级最高的一套上古葬具。"

图1-19　景公墓葬形式"黄肠题凑"

公元前559年，秦景公在位时，晋国联合齐、鲁、宋、郑、卫等诸侯国进攻秦国，秦景公没有退缩和妥协，力挽狂澜，抓住有利战机，使用妙计一举击败了诸侯联军，此役，为秦国进军东方奠定了基础。秦景公在位39年，其间进行了一系列改革，将一个质朴、善战、无畏、智慧、粗犷、坚韧的秦国不断推向中原，

"后子孙饮马于河"深深地印在了每一代秦国王公心中。

秦国不断增长的实力和秦人励精图治、称霸中原的决心，使秦人敢于大胆越制，不从周礼。秦景公去世，秦人便使用"黄肠题凑"的天子规格安葬景公。①

秦公一号大墓在考古学界影响巨大，占据了中国考古学史上赫赫有名的五个之最，"是迄今为止发掘的最大古墓；有186具殉人，是西周以来发现殉人最多的墓葬；椁室的柏木'黄肠题凑'椁具，是迄今发掘周秦时代最高等级的葬具；椁室两壁外侧的墓碑是中国墓葬史上最早的墓碑实物；大墓中出土的石磬是中国发现最早刻有铭文的石磬"。

秦公一号大墓中的"黄肠题凑"椁木竟然是空心木节，木节内部注入了金属封护，这也保证了空心木节虽然历经千年依然保持不朽。②

秦公一号大墓历史上被多次盗挖，盗洞达到248个，但还是在考古发掘中出土文物3500余件，这也从侧面反映出该墓的规模宏大和结构复杂。出土的这些文物为我们认识秦国的科技、文化、社会制度等提供了重要依据，也颠覆了多数人认为秦国当时生产力落后、科技不发达、社会制度不完善的认知，为学术界重新了解秦文化提供了考古依据。图 1 – 20 为秦公一号大墓墓葬发掘图。

同时，考古队员还在秦公一号大墓当中找到了真车、活人、活马陪葬的证据，揭开了秦国早期社会陪葬制度、军队编制形式、生产方式等方面的很多谜团，是秦始皇兵马俑设计的早期形式。

---

① 陆晟：《跨越时空的豪情》，《陕西日报》2020 年 11 月 23 日第 12 版。
② 马振智：《试谈秦公一号大墓的椁制》，《考古与文物》2002 年第 5 期。

图1-20　秦公一号大墓墓葬发掘图

　　戎马倥偬，逝水如斯，昔日先民的生活场景已不复存在，秦公一号大墓只是一个历史的"切口"，让后世的人们得以窥见秦国先民的社会生产生活方式和社会制度。随着科技的进步和考古工作的深入，深藏地下的文明会不断被发现发掘，一张张完整的先民社会图景将会在人们的眼前徐徐展开。

地下军阵——秦始皇陵兵马俑

秦始皇，是秦庄襄王嬴子楚的儿子，历史上第一位封建帝王。他以锐意进取的精神、宏大的政治气魄、一统天下的决心、改革创新的胆识、横扫六国的霸气，在公元前221年统一六国，第一次实现了民族大融合。秦始皇对后世中国，乃至世界都产生了深远厚重的影响，明代思想家李贽赞誉他为"千古一帝"。

然而，秦始皇晚年骄奢淫逸，实施暴政，大兴土木营造阿房宫、秦陵等巨大工程，给百姓带来无尽的灾难。有压迫就有反抗，秦王朝的覆灭之路就这样开始了。公元前206年，刘邦带领起义大军进入咸阳城，立国仅15年的秦帝国灭亡了。而在刘邦之后进城的霸王项羽一怒之下，烧毁了秦始皇陵所有的地面建筑。两千多年来，秦帝国耗费巨资修建的皇陵地宫一直尘封于一座高大宏伟的封土堆下，等待人们去开启。

1974年春，陕西临潼地区遭遇了旱灾，骊山脚下秦始皇陵附近的许多村民便打井取水抗旱。有个村民忽然挖到一个人头大小的陶土人头和一些破碎的陶制身躯。在场的村民都以为是古庙里的菩萨，当时谁也想不到这里埋藏着一个巨大的地下军阵。秦始皇陵就这样意外地被发现了，关于它的考古也拉开了序幕！在此之前，史学家大多通过史料记载来探寻和了解这位

"千古一帝"以及他的帝国。兵马俑的发现带领人们穿越时空的隧道，走近它的主人，并揭开他的神秘面纱。① 图1－21为秦始皇陵兵马俑。

图1－21　秦始皇陵兵马俑

1974年7月15日，秦始皇陵兵马俑考古工作正式开始。在当地民工和驻地官兵的支援下，经过艰苦探测与发掘，被黄土掩埋的一个又一个秦兵马俑和一匹又一匹陶质战马得以重见天日。一年后，一号兵马俑坑终于挖掘成功，重现2000年前的壮观场面。一号兵马俑坑位于秦始皇陵封土堆东边1.5千米处，东西长230米，南北宽62米，面积达14260平方米，平面呈长方形。坑内设开阔前厅和11条坑道，坑道用夯土墙相间布局。前厅整齐有序地排列着3列，每列70件武士俑，面朝东方，穿着和神态各异。数千件武士俑整齐地排列在11条坑道里，按已

---

① 王谦:《秦始皇陵兵马俑发掘始末》,《文史春秋》2003年第8期。

发掘的排列密度推算，1 号坑埋藏兵马俑总数达 6000 余件，据考古人员分析，这是一个以步兵为主的长方形军阵。[1]

2 号坑面积 6000 平方米，位于 1 号坑东端北侧 20 米处，是一个由骑兵、弩兵、车兵、步兵混合而成的曲尺形军阵，整个军阵的兵种、车辆、阵容结构复杂，造型及姿态丰富多彩，如图 1–22 所示。

3 号坑平面呈凹字形，面积约 520 平方米，位于 1 号坑西端北侧 25 米处，东距 2 号坑约 120 米，坑内埋藏木质战车 1 辆，陶马 4 匹，武士俑 68 件。

图 1–22　秦始皇陵中的军吏俑

① 刘占成等：《秦兵马俑一号坑后五方遗物清理简报》，《华夏考古》2012 年第 1 期。

　　始皇陵发现秦俑的 3 个坑呈品字形排列，1 号坑由步兵和战车组成，2 号坑由骑兵、步兵和车兵组成，3 号坑是军事指挥所。三坑皆为土木混合结构的地穴式坑道建筑。目前三坑共出土武士俑 5000 件，木质战车 18 辆，陶马 100 多匹。按照已经挖掘出来的兵马俑的排列数字推算，这三个坑的武士俑可能有 7000 多件，战车超过 100 辆，战马多于 100 匹，战车 6 乘，驾车马有 24 匹之多。图 1 - 23 为秦始皇陵兵马俑俑坑及战马。

图 1 - 23　秦始皇陵兵马俑俑坑及战马

　　秦始皇兵马俑陪葬坑的发现震惊寰宇，一时间，被国内外媒体争相报道。秦始皇兵马俑博物馆是世界最大的地下军事博物馆，被称为"世界第八大奇迹"，现已成为世界游览胜地，国内外游客络绎不绝。

　　随着科学技术的进步，对秦始皇陵的研究将会更加深入，让我们共同期待秦始皇陵及兵马俑的神秘面纱完全被揭开的那一天。

文明之光——裴李岗遗址

20 世纪 50 年代初，河南新郑县城北 8 千米处的裴李岗村一带，农民在耕种和平整土地时，不时挖出各种形状奇特的石磨盘、石磨棒等器物，由于当时多数人没有文物概念，他们就把这些东西拉回家砌垒鸡舍猪圈或当搓衣板用。直到 1977 年，随着裴李岗及其邻村唐户村更多石制器物的出土，在当地文化部门的不懈努力下，裴李岗遗址终于引起了考古界的高度重视。

1977—1979 年，裴李岗遗址经历了 3 次大规模发掘，累计发掘出墓葬 114 座，陶窑 1 座，灰坑 10 多个，遗址面积达到 20000 平方米。出土石、陶、骨器及各类原始艺术品 400 余件，随葬物以石器和陶器为主，其中典型器物有锯齿石镰、两端有刃的条形石铲等。

据测定，裴李岗遗址距今约 8000 年，是我国中原地区最具代表性的新石器时代早期遗址之一，它将中华文明的历史向前延伸了 2000 多年，填补了我国仰韶文化以前新石器时代早期的历史空白。1980 年，我国著名的考古学家许顺湛将以裴李岗遗址为代表的同类遗存命名为"裴李岗文化"，受到考古界的广泛认同。2018 年裴李岗遗址重启考古挖掘以来，又在遗址西边发现了堆积厚度超 2.25 米、距今约 30000 年的旧石器时代晚期遗存，为进一步研究中原地区新旧石器过渡、寻找新石器早期遗存提供了新的线索。

从裴李岗出土的石磨棒、石磨盘、锯齿镰和各类陶器来看，八千多年前的裴李岗人过着以农业为主、渔猎为辅的氏族经济生活，人类在平原地区营建房屋，形成了相对固定的原始村落。遗址中出土的用以砍伐的石斧，用以播种松土的石铲和用于收割的石镰等器具，表明裴李岗人的农业生产已脱离刀耕火种的原始状态，进入了相对发达的锄耕农业时期。

裴李岗遗址中出土的乳钉纹陶鼎，是我国迄今发现的最早的陶鼎，被誉为"中华第一鼎"。钻孔直径不足 1 毫米的绿松石坠，反映出先民们高超的手工技艺和他们对美的向往与追求。遗址中还出土了陶制玩偶，有猪头、羊头等形制，表明家畜饲养在当时已经出现。此外，在裴李岗遗址中还发现了大量镌刻在甲骨和石器上的文字式符号，也为我国早期文字研究提供了重要线索。

唐户遗址作为目前已发现的裴李岗文化中面积最大的遗址，共发现裴李岗文化房址六十多座。房屋均为半地穴式建筑，形制有单间式和双间式两种，房屋内还发现使用过的灶台及陶器残件，表明这些房屋兼具做饭和取暖功能。房屋在空间布局上呈现出内向凝聚式分布特征，同时开凿了用作防护的壕沟和排水设施。这种独具匠心的布局，表明裴李岗文化时期的先民已经充分考虑到人地关系，因地制宜、因势利导，规划建设自己的生产生活空间。

2018 年第四次考古发掘期间，裴李岗遗址还出土了距今30000—26000 年的旧石器时代鸵鸟蛋壳串珠，对于研究裴李岗人审美艺术和当时的古生物分布具有重要价值。通过提取微体纤维遗存，在裴李岗陶壶壶耳穿孔中还发现了染色植物韧皮纤维，很可能为裴李岗人穿绳使用的遗迹。检测显示，纤维中至少有黑、蓝、粉三种颜色，其中以蓝色为主，成为当时有染色工艺存在的重要证据。最新研究还表明，8000 年前的裴李岗人已经学会使用红曲霉作为发酵剂，利用稻米加以芡实和小麦族种子为原料的酿酒技术，成为我国迄今发现最早的红曲霉酿酒技术。

2021 年，裴李岗新石器时代遗址入选"百年百大考古发现"名单。裴李岗文化作为一个时代的象征，将永远载入人类文明的史册。

迈向文明——贾湖文化

20 世纪 60 年代，在河南舞阳县城北贾湖村东侧的沙河故道旁，贾湖遗址首次被发现。此后，贾湖遗址经过 8 次全面考古挖掘，调查面积超出 3000 平方米，发现了相当多的房址、窖穴、陶窑、兽坑、墓穴、瓮棺葬等关键遗迹，出土的陶、石、骨等各类质料的文物 5500 余件，还有大量动、植物骸骨。经碳 14 测定，贾湖遗址年代范围为公元前 7000—前 5800 年。贾湖遗址既有裴李岗文化的共同因素，也展现出淮河上游地区新石器前期所独有的文明特性，因而，文物界将其定名为"贾湖文化"。

贾湖遗址是我国淮河流域目前发现和确定的年代最久的新石器时代文化遗存，是研究黄河中游至淮河中下游地区之间新石器文化关系的重要衔接点。特别值得重视的是，贾湖遗址的挖掘开创了 6 项世界之最，在华夏文明史上堪称里程碑。

国际上最早的骨笛音乐器材——贾湖遗址陆续考古挖掘出 30 多支，是世界上至今发掘时间较早、保存最为完善的管乐器。贾湖骨笛长度 17.3—24.6 厘米，直径 0.9—1.72 厘米，分二孔笛、五孔笛、六孔笛、七孔笛和八孔笛等类型，制作材料均为鹤类动物尺骨，制作精巧，形制规范。通过对其中的一根七孔笛进行专业测验，判定其已具七声音阶，甚至可以完善演奏当代曲子，将人类音乐史往前足足推进了 3000 年。

世界上最古老的酒迹——我国科学团队通过借助大型精密仪器，对贾湖遗址出土的陶制品上的附着物进行了分析，证实 9000 年前的贾湖人就掌握了先进的酿酒技巧。据推测，贾湖人的酿酒方法为将葡萄汁和蜂蜜置于陶器中初步发酵，再加入粳米和山楂，密封进行二次发酵后而成。

世界上最早的家畜驯养地——贾湖屋舍遗址旁同时出土了犬和狼的遗骸，还发现有类似犬舍的地方。这表明贾湖人已经开始饲养犬科动物，也可能是贾湖人驯化狼的过程的反映。最新的研究证实，猪的驯服和饲养也同样起源于这一时期。贾湖遗址中还发掘了大量羊、马、龟等动物尸骨，证实贾湖人的饲养生活十分丰富。

世界上最早的文字起源契刻符号——贾湖遗址内发现迄今最早与古文字起源相关的实物证据——甲骨契刻标记。著名的国学大师、汉学家饶宗颐先生研究认为，贾湖刻符早于安阳殷墟的甲骨文卜辞 4000 年，超过古埃及纸草的文字。①

世界原始宗教与卜筮起源——贾湖先民们推崇巫术。在贾湖考古遗址出土的随葬品中，发现了成组的艺术品、葬龟、权形动物骨骼等随葬品，这印证了贾湖先民们早就有了原生态崇拜思想等，拥有一定的天然神灵思想，对宗教和卜筮发源探究具有重要意义。

全世界稻作农业关键发祥地——利用 C14 检测，在贾湖遗址内看到了我们国家最早的炭化大米。大量石磨盘、石磨棒、

---

① 汪振军：《漯河文化调研札记》，https：//m. sohu. com/a/321318738 _ 1002978172019 年 6 月 18 日、2023 年 2 月 22 日引用。

石铲等农作物加工器具的出土，表明 9000 年前的贾湖先民已经掌握了稻类作物的人工栽培，对研究稻作农业起源和同时期农业生产方式具有重要价值。①

　　作为 9000 年前人类文明的重要象征，贾湖遗址被永久地镌刻在北京"中华世纪坛"青铜甬道，同时也入选"20 世纪中国 100 项考古大发现"名录。以贾湖考古遗址定名的贾湖文化被学界认定为"中华民族历史长河中第一个具有确定时期记载的文化遗存"，也被誉为"人类从愚昧迈向文明的第一道门槛"②。

---

① 张居中等：《舞阳贾湖新石器时代遗址炭化稻米的发现、形态学研究及意义》，《中国水稻科学》1995 年第 3 期。

② 赵慎珠：《去贾湖，叩响人类文明之门》，《河南日报》2017 年 2 月 24 日第 11 版。

华夏之光——渑池仰韶文化

仰韶遗址屹立在渑池县城以北 7.5 千米处饮牛河畔的仰韶村，这里地势南低北高，地形呈缓坡状。遗址北倚韶山，三面环水，南北长约 960 米，东西宽约 480 米，遗址总面积约 46 万平方米。图 1 - 24 为渑池县仰韶文化博物馆。

图 1 - 24　渑池县仰韶文化博物馆

仰韶文化的发掘与瑞典考古学家安特生密不可分。1920年，安特生安排人员在河南考察和征集古脊椎动物化石样本。

他的助手、中国地质调研所搜集员刘长山在仰韶村意外发现了一个史前文化遗址。1921年10月，安特生在获得中国政府许可后，和我国著名地质学者袁复礼一道，对仰韶遗址开展了第一次大规模考古研究发掘。这次考古挖掘成就丰硕，获取磨制石器、动物骨骼和大量陶制品等共11箱。安特生回到北京后，开始对仰韶遗址进行系统研究。他按照当时的国际惯例，将其命名为"仰韶文化"。图1-25为仰韶文化博物馆中的安特生塑像。

图1-25　仰韶文化博物馆中的安特生塑像

　　安特生对仰韶遗址的挖掘和保护做出了突出贡献，他采用的开挖探沟了解地层分布的方法，在中国近代考古史上属于首次并一直保留至今。仰韶文化遗址也变成中国国内发掘的第一个远古聚落考古遗址。然而，由于忽视了文化层中遗存、遗物杂乱的叠压和突破联系，安特生获得了两个严重差错论断。其一，将仰韶文化与当时尚未证明的龙山文化混为一谈；其二，根据装饰花纹差异对仰韶陶器与中亚区域的安诺陶器进行了简单对比，认为二者之间起源于另一方，因此可知"中华文化西来说"的基本看法。特别是后者，长期以来对考古界产生了不好的影响。

　　1951年6月，在夏鼐、安志敏等国内著名考古专家的主持推动下，中国科学院考古研究所对仰韶遗址进行第二次发掘。

　　1980年10月和1981年3月，中国文物工作者又对仰韶遗址开展了第三次考古挖掘。依据文化堆积层和出土器物等特点，考古研究者将仰韶遗址分成四期。一期为仰韶文化的庙底沟类型；二期为仰韶文化晚期的西王村类型；三期属于龙山文化的庙底沟二期类型；四期属于龙山文化的三里桥类型。至此，仰韶遗址内涵得到了科学准确的剖析，并在国际上产生了极大的影响。

　　仰韶文化作为我国黄河流域最为强盛的新石器时代文化，被誉为"孕育华夏文明的核心因子"。它在中国同年代各种新石器文明中散布地区范畴最广，以关中、豫西、晋南为核心，北到长城沿线及河套区域，南抵鄂西北，东至豫东等地，西至甘、青交界地区，迄今累计发现仰韶文化遗址达一千余处。同时，仰韶文化持续时间将近2000年之久（距今7000—5000年），这样宏大的原始社会文明，在全世界新石器时代文明中是极为罕见的。仰韶文明遗存向大众呈现了中国母系氏族由兴盛至衰亡期间的社会形态和文化造诣。这一时代的制陶手工艺十分精致，一些区域已着手采取轮制技艺。陶器外观有黑、白、红等各类花样，成了当时最具象征性的艺术造诣，如图 1 - 26 所示。因而，仰韶文明又被称作"彩陶文明"。彩陶制作技术的大范围传播，被考古研究界认为是史前首次艺术变革，涉及并影响周边区域，达到了史前文化的顶峰。

图 1 - 26　仰韶文化博物馆收藏的彩陶

1957 年 1 月，仰韶村考古遗址被列为渑池县历史文化古迹保护机构。1961 年 3 月，仰韶村考古遗址入选首批全国重点文物保护单位。2001 年，仰韶考古遗址发掘入选"20 世纪中国100 项考古大发现"名录。

传承有序——庙底沟文化

　　庙底沟，是"远古中国"的真实写照和探寻早期中国的关键密钥，在中华文明历史发展进程中拥有标志牌式的关键地位。1921年，瑞典人安特生在三门峡渑池县仰韶村，发掘了震惊中外的仰韶文明文化遗址。但仰韶文化与其后发掘的龙山文化之间，现存文物间隔代非常多，这宛若一块块残损的图片，以致让人迷茫于那远离了现代生活的洪荒时代，留下了一个个旷世未解之谜。20世纪50年代以后，中国文物保护单位陆续几次对庙底沟开展大规模的考古挖掘。2002年，河南省文物考古研究所等单位对庙底沟遗址进行了又一次大规模的抢救性发掘，庙底沟文化逐步清晰地展现在人们面前。

　　通过几次大规模考古发掘可知，庙底沟考古遗址东西长650米，南北宽560米，总面积约36万平方米，距今6000—4000年。庙底沟考古遗址的仰韶文化有其明显的自身特性，因而被称为"仰韶文化庙底沟类型"。其中，"庙底沟二期文明"有效弥补了由仰韶向龙山文化延伸的缺失阶段，表明了中华民族从远古时代经仰韶文明、龙山文明到夏商周时代，在黄河流域创造出的文明高度，为探索中国古代文明的演化和进展提供了重要的实物证据。更为关键的是，庙底沟文明第一次勾画出"史前中国"的地域范畴。庙底沟文化类型以人口迁移扩充为重要推动力，大批向西、北等周边区域移居，① 以致西起甘青、东抵海岱、北至内蒙古及辽东、南到江汉的广大地区遍布庙底沟类型考古遗址，庙底沟文明变革同样风靡了大半个中国，与已断定的商代政治地域范畴有着令人惊叹的相似，奠定了古代中国的文化地理版图。而且，这一时期恰好对应着传说中的炎、黄部落联盟鼎盛时期，因此，庙底沟遗址成为"史前中国"的代名词，为研究"炎黄子孙"和"中华民族"的由来提供了可能。

庙底沟遗址群的挖掘也为中华文明的探源工程提供了坐标。考古学家苏秉琦认为，"中华民族"这一称号来源与仰韶文化"庙底沟类型"密切相关。在庙底沟类型遗址中出土的彩陶花纹中，最富饶、最具备象征性的是变式花朵纹。这证实了当时的劳动人民对花的崇敬，花是部落图腾的符号。"华"即"花"的通假意，庙底沟先民极有可能以"华"为族名，"华夏"与"中华"名称的源头，有望从此揭开谜底。这很可能就是中华民族称谓的由来。

庙底沟考古遗址也印证了当时种植业文明的发展与兴盛。中华文明的发展来源于种植业文明。庙底沟考古遗址发掘后，在黄河和长江流域的中上游区域，又接连发现了大批庙底沟同时期文化遗迹。大批文明遗迹证实，中国早期的农业发展已经达到相当发达和繁荣的水平。农业种植品种通常是粟、黍、豆、麻、粱、稻等；牛、羊、猪、狗、鸡等已普遍被驯服和喂养；

---

① 刘乐贤：《重估中国古代文明的高度》，搜狐网，2019 年 4 月 8 日，https：//www.sohu.com/a/306447230_ 115423，2023 年 2 月 22 日。

桃、梨、枣、栗等也已完成人工栽培；各种农作物生产用具也较前期愈加进步和灵巧。庙底沟文化在中华文明起源研究中具有重要地位，随着中华文明探源工程的持续推进，庙底沟遗址将不断为华夏文明起源提供更多的考古证明和研究线索，其博大精深的文化价值也将进一步泽被后世，流芳千古。

泱泱夏都——二里头遗址

夏朝是中国历史上第一个世袭制王朝。从禹定九州、禹启世袭到太康失国、少康中兴，再到杼征东夷、商汤灭夏，关于夏王朝流传着太多的历史典故。然而，这个明确存在于史书上且共传十四代、十七王，延续约 471 年的夏王朝，其历代都城究竟在哪里？长期以来学界争论不休。虽然在《史记》《国语》《竹书纪年》等文献中都有文字记载，但由于缺乏像商都殷墟那样令人信服的考古遗址等直接证据，夏朝的历史并不为国际史学界承认，成为 5000 年中华文明历史的巨大缺憾。直到二里头遗址的发现和挖掘，夏王朝考古研究终于翻开了新的一页。图 1 - 27 为二里头夏都遗址博物馆。

二里头地处伊河与洛河之间，隶属河南省偃师区翟镇镇，原本是一个名不见经传的小山村。1959 年，当时已年过七旬的著名考古学家徐旭生先生依据古文献记载，以探索夏文化为目标开展田野考古。他认为洛阳盆地附近是寻找夏文化遗存的重要区域，很快，他们就在二里头村发现了一处晚于龙山文化但早于商文化的大型遗址，这就是之后被称作研究夏文明的"二里头文化"考古遗址。随后，他依此行写下了有名的《1959 年夏豫西调查"夏墟"的初步报告》，二里头也由此吸引了全世界的目光。

图1-27　二里头夏都遗址博物馆

考古发掘表明，二里头遗址是一处距今3800—3500年的青铜时代文化遗址。考古遗址东西长约2400米，南北最宽约1900米，现存面积约300万平方米，估计原聚落面积应在400万平方米。

二里头遗址发现了中国最早的殿堂建筑基址群、中国最早的城市主干道网、中国最早的车辙、中国最早的青铜器皿，因此又称其为"中华第一王都"。其中，二里头夏都遗址博物馆收藏的乳钉纹青铜爵，通高22.5厘米，流至尾长31.5厘米，厚0.1厘米，窄长流、尖长尾、束腰、平底、三足，一侧有鋬，腹部一侧有五枚横排乳钉纹，因此得名"乳钉纹铜爵"。该爵造型优美，像一位轻盈舒展、迎风而立的窈窕淑女，周身散发着俊俏清逸的气息，被誉为"中华第一爵"。图1-28为二里头夏都遗址博物馆收藏的青铜器。

图 1 - 28　二里头夏都遗址博物馆收藏的青铜器

　　二里头遗址的玉器数目比较丰富，风格独具，多为礼器。二里头考古遗址中还发掘出土数件镶饰绿松石的兽面铜牌饰，呈现出极为娴熟的镶嵌手艺，是中国最早的铜镶宝石产品，亦是难能可贵的工艺珍品。2002 年，考古研究者在整理 3 号建筑遗址南院中的墓穴时，在当中一座贵族墓墓主人的骨架上，看到了 1 件巨大的绿松石龙形器。该器物由 2000 余片形状各异的细微绿松石构成，每片尺寸只有 0.2—0.9 厘米，厚约 0.1 厘米，长 64.5 厘米。龙形体曲伏有致，惟妙惟肖，头为扁圆形，呈浮雕状，鼻、眼处填补有白玉和绿松石。这一件绿松石龙用工之巨、体量之大、制造之精之巧、用绿松石片之多，在目前所知中国前期龙形象遗物中是独一无二的。图 1 - 29 为二里头夏都遗址博物馆收藏的玉器。

　　二里头时期陶器的制作和烧陶技术，都较龙山时期有新的发展。陶器以灰陶和黑陶为主，同时还出现了用杂质较少

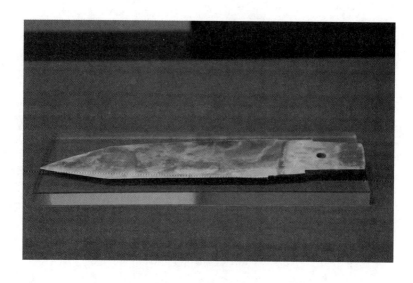

图1-29　二里头夏都遗址博物馆收藏的玉器

的黏土烧制的胎质坚硬细腻的白陶器。陶器的品种主要有鼎、罐、甑、盉、觚、簋、三足盘、瓮、盆和缸等。饮器中的陶爵和陶盉、食器中的陶簋和三足盘，都是这一时期新出现的器形。器物表面的纹饰，以篮纹、方格纹和绳纹为主，在有些精致的陶器表面，还浅刻有龙纹、蛇纹、兔纹和蝌蚪纹，这些形象真实反映了当时文化艺术的发展水平，是先民智慧的结晶。

　　二里头遗址考古和二里头文明成了大家公认的研究夏文明和夏商朝代界限的至关重要的途径。鉴于它所处的朝代就是中国历史上的夏商时代，因此从发掘伊始，聚焦它的讨论一直没终止，当中较大的疑团是它是夏都还是商都西亳。"夏商周断代工程"收官后，二里头文明为夏人遗留的看法渐渐被大多数专家所接纳，学术界也都偏向于认为二里头是夏代中末期的故都之所在。二里头都邑的发现，证实当时的社会由"满天星斗"

式的若干互相竞争的政治实体共存的局势，步入"月明星稀"式的广域王权国家时代，由以前多样的邦国文明步入一体化的王朝文明，成为东亚大陆最早的局域王权国家文化遗址。二里头文明可谓是"最早的中国"。二里头文化经过商周时代王朝间的承袭摒弃，成为华夏文明的核心。

商汤亳都——偃师商城

商朝是我国历史上的第二个王朝，距今已经有三千多年。由于年代久远，人们对商朝有着很多认识上的盲点，其中关于商朝开国的建都之地，学界一直争论不断。汉代以前的文献中提到，商朝最早的都城建在亳，然而这些文献却并没有记载亳的具体位置。直到1983年，河南洛阳的偃师市发现了一座年代久远的古城遗址，关于商朝的开国都城似乎有了眉目，这就是偃师商城，如图1-30所示。

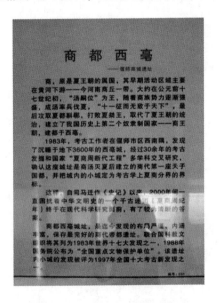

图1-30　偃师商城遗址简介

1983年春天，河南洛阳的一座电厂在现场选址考察时，意外发现了一座古代城市遗址，经过考古人员的发掘，一座被黄土掩埋了三千五百多年的古城终于重见天日。

偃师商城遗址平面大概呈长方形，面积约190万平方米。城垛系土夯筑起，南城垣已被洛河吞没，仅存西城池1710米，北城池1240米，东城池1640米。已看到殿门7座，其中北面1座，东西各3座。在城内发现有纵横交错的主干道若干条和用石块砌筑的方形排水道。城里面南半部有正方形小城3座，皇城正中，内有成组的大型宫室基址；其他两座小城处于内城东北和西南部，均为长方形，内有成排建筑物，或许为武器库、谷仓或驻防防御的堡垒。考古遗址内还发掘出土了囊括陶罐、青铜制品、玉石、石器、骨器、蚌器和原始瓷器等在内的多样文化遗存，如图1-31、图1-32所示。从偃师商城遗址多处宫殿群、后花园、祭祀场、青铜作坊等诸多功能性建筑来看，这样的建筑规模和形式在当时已经相当宏大，一般只有君王才能享有。

图1-31　偃师商城遗址出土的陶器与青铜器

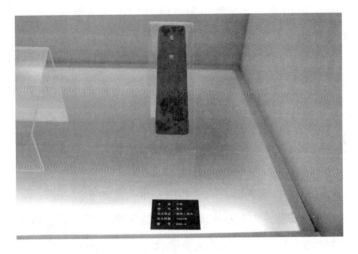

图1-32 偃师商城遗址出土的玉器

偃师商城的发现震惊了当时的考古学界。在此之前，关于商朝早期的都城所在地学界一直没有达成统一意见。

考古人员在对偃师商城的发掘过程中发现了一些青铜制品，但是这些青铜器的规模仍十分有限，并没有找到大型的青铜礼器，这对于一个以青铜文明著称的王朝来说是难以想象的。因此，人们也对偃师商城就是商朝早期都城的猜测产生了怀疑。并且在偃师附近人们一直也没有发现商代王族的大型墓葬。至此，人们对于商朝早期都城所在地的断定再次陷入了迷茫。

关于商朝早期都城大致可分为三种观点。

第一种便是夏都沿用。1959年偃师附近的二里头村发现了一座中国早期城市遗址，考古学家将它命名为二里头遗址，并初步将其确认为夏朝中晚期的都城遗址。人们在二里头遗址中发掘出土了大型的宫殿群遗迹，经发现这些宫殿直到商王朝诞生后的100年里，仍然有继续新建的迹象。于是很多考古学家据此推断，商朝早期很有可能沿用了夏王朝的都城。

然而几乎就在二里头遗址被发现的同时，在偃师以东 100 千米以外的郑州，考古学家发现了一座大型的商朝城市遗址，并将其称之为郑州商城。郑州商城遗址中出土了大批商代青铜器，无论是精美程度还是体量大小，都显露出王者气概。因此很多学者便提出了关于商朝早期都城位置的另外一种观点——郑州商城都城说。

而偃师商城发现后，则形成了第三种观点——偃师商城都城说。经过考古研究的证实，偃师商城的形成年代要早于郑州商城，这便推翻了郑州商城都城说的观点。专家认为，郑州商城应该是商朝中后期所兴建的新都并非商朝的开国都城。

夏朝末年，夏王桀沉迷于酒色，荒淫无度，夏朝国势衰败。这一时期，商部落在首领成汤的领导下逐渐强大起来。大约公元前 1766 年，成汤正式兴兵伐夏，并最终推翻了夏桀的昏庸暴政，建立了中国历史上第二个独立的王朝商朝。

据司马迁在《史记》中的记载，商汤打败夏桀之后并没有对夏朝遗民进行清理，而是采取了一系列包容的政策，然而这些包容政策并不能掩盖夏商两朝通过武力达成更迭的历史。因此商汤对夏朝移民一直存有戒备之心。考古学家在偃师商城遗址中发现担负这座城池防御功能的护城壕十分宽大，将近二十余米，外围城墙也有相似的高度。同时城池的大门却十分狭小，宽度只有不到 2 米，城内还建有两座小城堡，用来屯兵。这些设置都带有明显的军事色彩，显然是防御居住在二里头遗址的夏朝移民。历史学家就此推测成汤将新的都城建在距离二里头遗址仅有 6 千米的偃师，极大可能是为了监视和镇抚夏王朝的残余势力。在此后一百多年的时间里，随着统治稳固，商王朝的统治中心逐步向郑州迁移，最终在郑州商城建立了新都。这样的推论得到了很大一部分学者的认同。然而历史的真相究竟是什么样的，还需要我们进一步探索和研究。

　　尽管如此，偃师商城遗址的发现仍为研究夏商文化和我国城市的发展提供了重要的资料。甚至有国外学者将偃师商城遗址的发现与 19 世纪德国考古学家谢里曼在小亚细亚发现的著名的特洛伊古城相提并论。联合国教科文组织也将偃师商城遗址列为 1983 年世界十七大发现之一。

甲骨记忆——安阳殷墟

"洹水安阳名不虚，三千年前是帝都"，著名历史学家郭沫若先生曾这样形容安阳。诗句里的帝都指的就是现在的安阳殷墟，如图 1 – 33 所示。

图 1 – 33　安阳殷墟——甲骨文发现地

殷墟是中国历史上首个有清楚文献记录且为考古挖掘和甲骨文所确认的都城考古遗址。公元前 13 世纪，商王朝第 20 位国君盘庚，在延续其祖先 5 次频繁迁都之后，最终将王都从今天的山东曲阜迁到河南安阳小屯一带，此后历经盘庚、小辛、小乙、武丁、祖庚、祖甲、廪辛、康丁、武乙、文丁、帝乙、帝

辛 8 代 12 位国君 273 年的统辖，在中原大地上创造了辉煌灿烂
的殷商文化。公元前 1046 年，周武王伐纣灭商，商都朝歌付之
一炬，逐渐变成一片废墟，史称殷墟。

历史的车轮碾过了无数的兴衰更迭，转眼来到了清末光绪
二十五年（1899）。当时，北京城有一位叫王懿荣的古董商兼金
石学家，他去宣武门鹤年堂看病抓药，意外买到一味叫"龙骨"
的药材，几乎每片"龙骨"上面刻有图案符号。王懿荣就将所
有的"龙骨"买下来带回家研究，凭借其在金石学方面的造诣，
他很快确定"龙骨"上的图形符号为"殷人刀笔文字"。人们
也很快找到了"龙骨"出土的地方——河南安阳小屯村，多年
来"龙骨"正是从这里被村民源源不断地从地下掘出，被当作
药材卖往各地。由于"龙骨"主要是龟类、兽类的甲骨，人们
将王懿荣发现的"龙骨"文字命名为"甲骨文"，如图 1-34 所
示。此后，王懿荣又不惜重金大量收购甲骨残片，并潜心研究。
1900 年八国联军侵占北京，王懿荣愤慨自杀，所珍藏的甲骨由
其儿子转卖给晚清鸿儒刘锷。1903 年，刘锷将其珍藏的甲骨编
纂发行，成了第一部甲骨文辑录《铁云藏龟》。

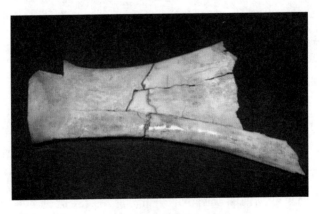

图 1-34 殷墟出土的甲骨文残片

商代甲骨文被发现后，震惊学术界，许多知名专家都加入典藏甲骨的队伍中来，一时间各种药铺的"龙骨"身价百倍，很多古玩商为获取高额利润，便把甲骨出土的位置隐藏起来。1908 年（一说 1910 年），罗振玉经多方找寻，终于知晓甲骨源于"滨洹之小屯"，所以屡次派人前去回收，并对其字符开展释读，粗略断定小屯即是古书籍上所记录的殷墟。殷墟考古遗址首次被学术界所知。1917 年，王国维对甲骨文上的信息展开了系统考证，清理出商王世系表，进一步确证小屯村即是盘庚迁都的故都。

"甲骨文"的发现是殷墟考古挖掘的开端。1928 年 10 月，在傅斯年的鼎力支持下，首次对殷墟展开历时 18 天的试掘，总计发掘出土八百余片有字甲骨和金属器、彩陶、骨器等多种珍贵文物，如图 1 – 35 所示。1929 年春，李济主持了对殷墟的正规考古发掘。到 1937 年抗战爆发，又陆续在小屯、后岗、侯家庄、大司空村一带展开了 15 次考古挖掘，找到了商王朝的宫廷区和王陵区，印证了《竹书纪年》对于商代晚期都邑地望的记录，由此殷墟遗址曾为商晚期城市成了无可争辩的论断。

图 1 – 35　殷墟出土的青铜器

1950年，新中国成立后第一次对殷墟武官村大墓进行了考古挖掘。1976年，在小屯村西北部又看到了商王武丁夫妇"妇好"墓。至1986年，已对十几个点展开了二十多次考古挖掘，共计获取甲骨刻片15万件以上。① 1999年1月，在殷墟考古遗址东北部，发掘出另一座规模庞大的商代聚落"洹北商城"。随着殷墟考古发现和相关研究的深入，正式确立了殷商社会作为信史的科学地位。以后母戊鼎青铜器、妇好墓玉龙等为象征的殷墟遗址出土文物证实，殷商时代手工业前所未有地兴盛，不但种类齐全，而且手工艺水准很高。殷墟王陵的安葬轨制、分布格式、随葬形式、祭祀礼仪等，集中体现了商代晚期的社会组织、阶级情况、等级轨制、亲属关系，象征着中国古代前期王陵建造的最高水准，并为以后各代王朝所模仿，慢慢形成中国独具一格的陵寝轨制。② 图1-36为殷墟妇好雕像。

图1-36　殷墟妇好雕像

---

① 《殷墟》，360百科，https：//baike. so. com/doc/5966974 - 6179930. html，2023年2月20日。

② 《中国世界文化遗产：安阳殷墟》，2012年4月6日，https：//www. doc88. com/p - 412980517760. html？r = 1，2023年3月1日引用。

殷墟甲骨文是殷商统治者在祭祖、告庙、享神、征伐等重大节日、事务方面的卜辞。卜辞内容十分丰富，堪称中国殷商晚期"百科全书"式的文献档案，如图1-37所示。迄今共发现殷墟甲骨文达五千多个，古文字学家成功考释的已有一千多个。殷墟甲骨文成为中国字的前身、全世界三大历史最悠久的文字系统之一，不但证实了古老的汉字是单独开始的，还制定了中国古代单独的文字造字规则，是中华文明史上的里程碑。殷墟甲骨文的发现，不但把中国有语言文字记载的确凿历史提早到商朝，而且鉴于甲骨文涵盖了殷商政治、经济、文化、思想每个领域，所以对复原研究殷商社会史具有深远意义，因此它被称作中国古代甚至人类最初的"档案库"。而学术界对古文字的探究，也形成了一个新的领域——甲骨学。①

图1-37　殷墟甲骨文卜辞

① 《中国历史上第一个有文献可考的都城遗址——殷墟/西行文化》，360个人图书馆，2017年10月9日，http://www.360doc.com/content/17/1009/02/3114071_693352318.shtml，2023年3月1日。

甲骨文的发现和殷墟考古挖掘在 20 世纪中国考古学史与世界考古学史上都具有重要的里程碑意义。2006 年，殷墟被列入《世界遗产名录》，世界遗产委员会这样评价："殷墟考古遗址群靠近安阳市，邻近北京以南约 500 千米处，是商代晚期（公元前 1300 年至前 1046 年）的古代故都，象征了中国最初文化、手工艺和科学与技术的黄金时代，是中国青铜器时代最富足的时代。在殷墟考古遗址发掘出了大量王室成员墓穴、宫殿和中国末期建筑物的模型。遗址中的殿堂宗庙区有 80 处房间地基，也有唯独一座保存完好的商代王室成员大墓'妇好墓'。殷墟发掘出土的大量手工艺精密的陪葬品证实了商代手工业的极高水平，现在它们是中国的国宝级文物之一。在殷墟发掘了大量甲骨窖穴。甲骨上的符号对验证中国古代思想、社会体系和中国字这一整个世界上最历史悠久的创作体系之一的进展有着举足轻重的意义。"①

---

① 世界遗产中心（Word Heritage Convention）官网：https：//whc. unesco. org/zh/list/1114，2023 年 2 月 15 日。

河洛古国——巩义双槐树

司马迁的《史记》记载："昔三代之居，皆在河洛之间。"《尚书》《易经》有"河图洛书"的典故和传说，众多古代文献记载表明，今黄河、洛水、伊水及嵩山周边的河洛地区，是孕育中华文明的重要摇篮。

2013—2020 年，考古人员在郑州巩义市黄河以南 2 千米、伊洛河东 4 千米的河洛镇双槐树村，发掘出距今 5300 年左右的"河洛古国"。这一发掘"补充了中华文明的根源重要阶段、最关键地域的主要材料"①，为世界文明尤其是独具一格的中国农耕文明起源等问题的深入探索，提供了绝佳的参考资料。特别是这一发掘与中国丝绸发展起源这些问题相互印证，更属来之不易。双槐树遗址因而被称作"早期中华文明的开端"，并当选"2020 年度全国十大考古新发现"和中国社会科学院"2020 年六大考古新发现"。图 1 - 38 为双槐树遗址简介。

---

① 桂娟、双瑞：《距今 5300 年！"河洛古国"填补中华文明起源关键材料》，中国网，2020 年 5 月 8 日，https：//photo. china. com. cn/2020 - 05/08/content - 76018800. html，2022 年 11 月 7 日。

图 1 – 38　双槐树遗址简介

　　双槐树遗址勘探确认面积达 117 万平方米，遗址由环壕、围墙、居住区、公墓区、夯土基址和版筑遗迹组成，通过三重环壕围绕，形成严密的防御体系。这里有迄今发现最早的"宫殿"建筑，多处院落坐落于大型版筑夯土地基之上，门塾台阶、一门三道，开创了"前朝后寝"式中国古代宫室布局之先河；这里有四处、共 1700 余座呈排状分布的大型墓地，其中的夯土祭坛遗迹在同时期仰韶文化遗存中属首次发现。图 1 – 39 为双槐树遗址发掘现场。

图 1 – 39　双槐树遗址发掘现场

在双槐树遗址中心居址区，出土了9个陶罐模拟的"北斗九星"图案遗迹，遗迹上端还摆放着一具完整的麋鹿骨架，"北斗九星"斗柄的指向正好与冬至方向吻合。我国古代通常选择在冬至进行祭天活动，这表明早在5300年前，双槐树先民可能就有了较为成熟的"天象授时观"，他们通过祭天活动祈求风调雨顺，通过观察节气变化指导农业生产，这也成为我国古代宇宙观、农时观形成的重要考古学证据。在双槐树遗址中心居址区以南，有两道370米长的墙壁将北部内壕包围起来，因而变成了一个面积逾1.8万平方米的半月形结构，被考古专家视为中国最早的瓮城雏形。而"北斗九星"恰好摆放于该瓮城之前，其所代表的政治礼仪格外醒目。

在双槐树遗址，还发现了一件国宝级文物——中国迄今发现最早的蚕雕艺术品。它长6.4厘米，宽不足1厘米，厚0.1厘米，是用野猪獠牙雕琢而成，家蚕吐丝造型栩栩如生。该牙雕蚕的发现意义重大，它与附近同时代考古遗址（青台遗址群等）发掘出土的最初绸缎实物一同，论证了5000年前黄河中下游区域的劳动人民已熟练掌握养蚕缫丝，证实了河洛地区是中华文明的重要摇篮。

作为"中华文明探源工程"重大考古项目，双槐树遗址的考古发掘工作仍在有序推进。"河洛古国"芳华初绽，我们期待更多的华夏文明密码在这片古老的河洛大地上得到破译和解密。

贵族公墓——虢国墓地

　　提起虢国，更多人想到的是"假虞灭虢""唇亡齿寒"的成语典故。很多时候，它是以悲剧者的形象出现在历史典籍之中。直到1956年河南三门峡市虢国墓地遗址的发掘，终于为人们揭开了这个古老诸侯国的神秘面纱，人们也从中看到了它曾经的繁盛与辉煌。

　　据史书记载，虢国是西周早期的重要诸侯国。周武王伐纣灭商后，封其两个叔叔虢仲、虢叔于制地（今河南荥阳）和雍地（今陕西宝鸡），作为周王室左右藩屏，是为东、西虢国。周宣王时期，西虢东迁，建都上阳（今河南三门峡），形成所谓的南虢。东虢于公元前767年被郑国攻灭，虢序率众西迁至夏阳（山西平陆），是为北虢。北虢和南虢虽有黄河相隔，但北虢依附于南虢，其实是平王东迁后建立的同一个诸侯国。公元前655年，晋献公第二次假虞灭虢，虢国彻底灭亡。

　　1956年，为了兴建三门峡水库，位于河南省三门峡市上村岭一带的虢国墓地被正式发掘。虢国墓地规模之宏大、等级之齐全、保存之完好、出土文物之精美，在我国同期考古中极为罕见。虢国墓地的发现，填补了我国西周考古史上的空白，为研究这一时期的政治经济文化提供了重要的实物资料，并据此建立了重要的断代标尺。① 虢国墓地以早、中、晚三个年代划界，共分为四个墓葬群。根据古代昭穆制度，北部为国君墓群，地位最高，东、南、西各有三角形墓区一处，形成了较为完备的家族墓地体系，累计共发现大小墓葬 250 多座，出土了大量的玉器、青铜器等精美文物。虢国墓地 2001 年入选"20 世纪中国 100 项考古大发现"名录，2021 年入选"百年百大考古发现"名单。图 1－40 为虢国墓地外景。

图 1－40　虢国墓地外景

青铜器是虢国物质文明高度发达的象征。虢国墓地出土的青铜器有礼器、乐器、兵器、车马器、生产生活用具等，种类纷繁，纹饰精美，制作精细，且很多青铜器都铸有铭文，反映出虢国诸侯国与周王室正统之间高度一致的宗法、礼仪和等级制度，代表了当时高度发达的生产力水平。如虢仲铜盨，通高 24.3 厘米，腹长 30 厘米，宽 20 厘米，铸有铭文 3 行 14 字"虢仲乍虢改宝盨，

---

① 《河南三门峡虢国墓地》，国家文物局，2022 年 3 月 18 日，http：// www. ncha. gov. cn/art/2022/3/18/art_ 2589_ 28. html，2023 年 3 月 1 日。

子子孙孙永宝用"，是虢仲为其改姓妻子所铸，反映了虢、改两诸侯国之间的联姻关系，成为研究西周婚姻制度的珍贵实物资料；再如虢仲列鼎，总共七件铜鼎，形制、纹样及铭文相同，大小依次递减，是西周列鼎制度和"天子九鼎、诸侯七鼎、大夫五鼎、士三鼎或一鼎"的实物证明；又如虢仲钮编钟，八件编钟完整组合，大小递减，是国内出土为数不多的西周晚期钮编钟，上面的铭文也清楚表明做器者的身份为虢国国君虢仲。图 1 – 41 为虢国墓地出土的铜器及铭文。

图 1 – 41　虢国墓地出土的铜器及铭文

除青铜器外，虢国墓地还出土了大量玉器，这些玉器不仅类别丰富，而且玉质精美、工艺精湛，同时也蕴含着深厚的宗法、礼仪、丧葬等文化。如 M2009 号墓出土的六璜联珠组玉佩，单件玉器共计 293 件颗，分上下两部分，上部由一件人龙合纹玉佩、5 件龙纹玉牌、2 件玉管、70 件颗红玛瑙珠（管）及 6 颗料珠串联而成；下部由 6 件玉璜、47 件颗红色玛瑙管（珠）及部分浅蓝料珠串联而成。这是迄今出土的西周联璜组玉佩中最为精美的一组。特别是两件人龙纹璜为同一件玉璧对剖而成，纹样完全吻合，成

为《周礼》关于"半璧为璜"记载的最直接物证，如图 1 – 42
所示。

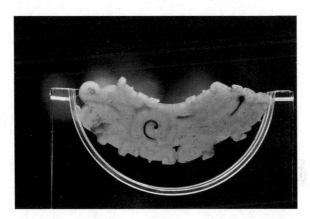

图 1 – 42　虢国墓地出土玉器

虢国墓地还出土有我国迄今发现的最大的车马坑群，坑群内
的车马全部由实用战车和杀死后的马摆放，蔚为壮观，如图 1 – 43
所示。这些殉葬车马的规格、阵容和排列顺序都反映出虢国车马
生产制作、使用方式、军事实力、等级观念、随葬习俗等真实经
济社会文化面貌。

图 1 – 43　虢国墓地车马坑遗址

　　纵观虢国历史，从虢仲、虢叔兄弟"为文王卿士"到公元前655 年晋国假虞灭虢，前后历时长达 420 年。虢国经济文化发达，族人英勇善战，国君长期受周天子器重和赏识，是姬姓宗族中的显贵势力和历代王室重臣，参与了西周至春秋初期一系列重大历史事件，对周王朝的巩固和发展发挥了巨大作用。然而，虢国国君在履行同姓诸侯国义务和把持朝政时的胡作非为，也加速了周王室的衰亡。例如虢石父进谗周幽王"烽火戏诸侯"，直接导致西周灭亡；再如虢公翰另立余臣，导致东周初年平、携"二王并立"，分裂长达 20 年左右，导致周天子权威扫地，晋、秦、齐、楚等各路诸侯乘机坐大。春秋无义战，虢国最终为晋国所灭，在一定程度上亦属咎由自取。

丝路锁钥——崤函古道

崤函古道，狭义上是对"丝绸之路"洛阳至潼关段陕州区硖石乡车壕村东的石壕古道的统称。而广义上的崤函古道，则是一个涉及更大地域范围的历史地理学名称，为先秦至民国时期连接长安（今西安）、洛阳两大古都，主体位于今河南三门峡市境内的一条交通要道。其具体走向西出长安，逾潼关，过秦函谷关，经陕州越硖石关，再出汉函谷关至洛阳，全长约200千米。

崤函古道至迟在新石器时代中期就已开通，从最初刀耕斧凿的崎岖小径到当代的通衢大道，数千年来一直沿用。若以古陕州城（今三门峡市）为圆心，崤函古道向西的基本走向为新店—灵宝（古稠桑驿）—阌乡—高柏—太要—阌底—潼关，该段道路自古至今无多大变化。陕州以东道路有三。其一为南崤道。由交口南走菜园，过南陵和雁翎关，沿永昌河到宫前后分为两条：一条续沿永昌河东行，经安国寺出陕州区，过洛宁、宜阳至洛阳；另一条沿太子沟折上硖石，过北陵与北崤道重合。南崤道开凿时间较早，迄今至少有3800年历史，习惯上称之为"周秦古道"。其二为北崤道。由古陕州东行，过磁钟、张茅，至硖石与南崤道的周秦古道重合（大体沿今G310国道），经观音堂、渑池、义马、新安，出汉函古道到达洛阳。该道是东汉末年曹操为西征之便而派人开通的，因此又叫"曹魏古道"。其三是以上陆路之外的黄河漕运古道。西起三门峡谷，东出渑池、新安交界的八里胡同，这条水道最晚疏通于秦代，汉唐时期无比繁荣，是陆上崤函古道的重要补充。

　　崤函古道在我国交通史、文化史上具有极其重要的历史地位，也是我国古丝绸之路上最为重要的一处线路文化遗存。崤函古道在历史上无与伦比的重要性体现在以下几方面。一是独特的地形地貌。黄河自北向南穿过晋陕峡谷，一路奔涌至风陵渡，在潼关遇华山阻挡后，穿行于中条山、秦岭两山之间，成为这条古道的北边天堑。其南有华山、亚武山等秦岭余脉作为屏障，险峻难逾。只在黄河南岸狭窄修长的一级台地上，形成一条地势相对平缓的天然通道。二是深厚的人文底蕴。崤函古道西通关中，东联河洛，北接晋南。这些地区作为古代中华文明的核心区域，从新石器时代中期到宋代以前，长期处于政治、文化和经济的中心地位，崤函古道成为连接这些文明核心区域的必经之地，甚至是唯一通道。特别是周王朝和汉、唐时期，实行长安、洛阳东西"两京制"，崤函古道更是成为名副其实的京畿大道，为中原王朝的繁荣鼎盛发挥了不可替代的作用。这条大道同时也是众多历史事件的发生地、见证者，众多历史人物都在这里留下了不朽的足迹。春秋时期，老聃出函谷关为尹喜所留，写下旷世名作《道德经》；著名的秦晋之战鏖兵于此，西楚霸王项羽叩兵函谷，唐代"诗圣"杜甫夜宿石壕，哥舒翰、孙传庭等多少兵家在此折戟沉沙。悠悠崤函古道阅尽了几千年的存亡兴衰与沧桑浮华。

　　2014年6月，"丝绸之路：长安—天山廊道路网"成功入选《世界遗产名录》，其中三门峡市境内的崤函古道石壕段遗迹，

成为整个丝绸之路 33 个申遗项目中唯一一条道路遗址。现存崤
函古道遗址长约 150 米，宽 3—6 米，呈西北—东南走向。石灰
石质山坡上经长期碾轧形成的车辙痕迹依然清晰，车辙宽约
1.06 米，辙深 0.05—0.3 米。遗址局部还留有人工凿刻痕迹，
成为崤函古道在历史长河中被不断修缮使用的历史见证。2019
年 10 月，崤函古道石壕段被列入第八批全国重点文物保护
单位。

第二篇　丝绸之路黄金通道段

——甘肃、青海部分

文明曙光——秦安大地湾

伏羲——华夏民族人文先祖三皇之一,《楚帛书》记载其为创世神,是中国最早有文献记载的创世神。相传伏羲为燧人氏之子,生于成纪(今甘肃天水),定都在陈地。所处时代约为旧石器时代中晚期。伏羲是古代传说中的中华民族人文始祖。风姓,又名宓羲、庖牺、包牺、伏戏,后世被历代官方称为"太昊伏羲氏"。

传说伏羲的母亲华胥氏是一个温柔而美丽的女子,有一天她去一个叫雷泽的地方游玩,中途发现了一个巨大的脚印,她深感好奇,便将自己的脚踏在大脚印上比大小,当下就产生类似于被巨蟒缠绕住身体的感觉,返回后便有了身孕,谁承想这一怀孕就是十二年之久,终于产下一子,这就是伏羲。古人将十二年作为一纪,为纪念伏羲的诞生,特将此地命名为成纪。《汉书》记载:"成纪属汉阳郡,汉阳郡即天水郡也。古帝伏羲氏所生之地。"因此,天水历来被称为"羲皇故里"。

"大地湾遗址位于甘肃省天水市秦安县东北45千米处的五营乡邵店村东侧,坐落在葫芦河支流清水河南岸的二三级阶地和与其相接的缓坡山地上,总面积270万平方米。大地湾遗址于1958年甘肃省文管会文物普查时发现,1978年甘肃省文物工作队首次发掘，1988 年经国务院批准公布成为第三批全国重点文物保护单位，2001 年入选"20 世纪中国 100 项考古大发现"名录。1978—1985 年的大面积发掘研究显示，该遗址形成于距今 8000—5000 年，保存有一期至五期新石器时代文化遗存。第一期为大地湾文化，相当于陕西的老官台文化，第二、三、四期分别为仰韶文化早、中、晚期，第五期为常山下层文化。除了丰富的陶器、骨器、房址、墓葬等文化遗存，大地湾遗址还出土了大量炭化黍和粟，为中国北方地区旱作农业起源提供了重要信息。①华夏先民在黄河流域的大地湾创造了古老的文明，是华夏文明起源的重要来源与组成之一。图 2 – 1 为大地湾遗址模型。

图 2 – 1   大地湾遗址模型

---

① 《大地湾遗址》，丝绸之路世界遗产国际古迹遗址理事会西安国际保护中心，2020 年 6 月 5 日，http：//www. silkroads. org. cn/portal. php？mod = view&aid = 30201，2023 年 2 月 19 日。

大地湾存在人类 6 万年前从旧石器文化到新石器文化的连续生活地层考古证明，其中以黍和粟为主导的旱地农业种植形成时间距今 10000—8000 年。目前考古发掘资料显示，甘肃秦安县大地湾新石器时代遗址出土的彩陶文化遗存早于仰韶文化半坡类型，据碳素测定大地湾一期遗址距今 8170—7370 年。大地湾彩陶成为中国目前已知最早的彩陶，如图 2 - 2 所示。

图 2 - 2　大地湾出土人面形彩陶瓶

上古传说中的伏羲是否就住在大地湾？相传伏羲生活的年代距今 7000 年，也有说距今 5000 年，从时间跨度与地域分布上来看，大地湾文化完全覆盖了伏羲文化时期。从大地湾生产力发展角度来看，大地湾农业生产技术历史悠久，陶制、石制、骨制等农业与手工业生产工具制作工艺精良。大地湾遗址中的房屋建造技术令人叹为观止，例如被专家们称之为"原始人民大会堂"的大地湾 F901 宫殿式大屋遗址，其总面积达 420 平方米，由前厅、主室、后室、左右侧室及前棚廊六部分组成，墙体采用了类似现代钢筋水泥的建造方式，以 142 根内柱为骨架，以小枝条为筋，层层涂抹泥巴，地面平整坚硬，据测算相当于 100 号水泥的强度。

截至目前，大地湾虽然尚未发现直接与伏羲相关的历史遗存，但其实际上已构成产生伏羲文化的生产力与物质基础条件。

彩陶之巅——马家窑文化

甘肃彩陶文化遗存延续时间距今7800—2000年，长达5000年左右的历史跨度构成彩陶产生、兴起、繁盛、衰退的完整发展史。甘肃彩陶遗存文化构成多样，既包括东方中原文化特征，也体现出西方中亚文化因素。马家窑文化出现于新石器晚期，年代为公元前4200—前3300年，分布区域主要在黄河上游，以甘肃境内的洮河、大夏河、凉州谷水流域与青海湟水流域一带为主。学界普遍认为，马家窑文化是仰韶文化庙底沟类型向西发展的一种地方类型，迁徙原因大约是仰韶文化（距今7000—5000年）人口压力增大、农业经济与狩猎、采集经济相对困难等。图2-3为马家窑遗址外景。

图2-3　马家窑遗址外景

马家窑遗址位于甘肃省临洮县马家窑村麻峪沟口，是华夏文明形成初期的光辉展现。瑞典地质学家兼考古学家安特生1924年在甘肃临洮马家窑村挖掘发现。1944—1945年夏鼐先生将临洮的马家窑遗址作为代表，称之为马家窑文化。

是什么造就了彩陶之巅？马家窑具有鲜明的文化特征，其中最为突出的就是其彩陶制作工艺，马家窑彩陶在继承仰韶文化庙底沟类型的基础上，更是出类拔萃，彩陶制作精美、器型丰富多彩、花样纹饰绚丽典雅，刻画精妙，艺术成就堪称登峰造极，如图2-4所示。马家窑彩陶的辉煌成就与当时黄河上游良好的生态环境有着直接的关系。

图2-4　甘肃省博物馆藏马家窑彩陶罐

　　从青藏高原巴颜喀拉山脉一路奔腾而来的黄河孕育了中华文明，被称颂为"母亲河"。含沙量极高的黄河不仅带来了适宜原始先民耕种的土壤，而且带来了制作陶器所必需的优质陶土，广袤的植物资源为马家窑彩陶的烧制提供了必需的能源。从马家窑彩陶的大量发现与图案绘制的专业程度来看，当时很可能已经出现了社会分工，由专门的制陶工匠负责烧制各类陶器。从制作工艺上来看，陶器外形规整，种类繁多，器物外表光滑细腻，如图2-5所示。在马家窑文化遗存中，还发现了制作陶器所必需的窑场，出土了绘制陶器的各类工具，如颜料研磨石板与调色所用的陶碟等，陶器生产技术大幅度提升，已开始使用慢轮修坯，并使用转轮技术绘制各种图案，如同心圆、平行线、波纹、弦纹等，绘制图案流畅、手法娴熟，体现了高超的绘制技巧。马家窑文化同时体现了工业文明、农业文明与文化艺术的起源与发展。

图2-5　甘肃省博物馆藏马家窑彩陶罐

　　马家窑彩陶图案丰富多彩，这与马家窑先民的生活环境有直接的关系，例如大量对自然物象、动物花卉等的抽象表达，是对自身生存环境多样性与复杂性的艺术升华。如马家窑彩陶中大量出现的水纹体现了马家窑先民对黄河的艺术描摹与内心感受，填充有鳞状纹饰的螺旋纹很可能是原始先民对于鼓的平面描摹，用来表达自然界的雷电，蛙纹大约是马家窑先民对于常见水生动物的直接描摹，由于蛙等水生动物与水直接相关，因此绘制有蛙纹等水生动物的器物可能与祈雨等宗教仪式相关。马家窑鸟纹以点为中心向四周旋转，有学者认为或与太阳有关。马家窑人纹在盆、壶、罐等器物上均有发现，但以绘制在盆状陶器上为多，展现了三五人或十余人为一组的舞蹈纹饰，至于马家窑人形纹饰为何主要体现在盆状陶器上还不得而知。此外马家窑纹饰还出现大量的组合纹，如水纹加水生动物纹加网纹等，或许是马家窑先民对渔猎活动的表达，还有一些纯粹的几何纹，其含义尚未能解析。

文化明珠——齐家文化

1924 年瑞典考古学家安特生在甘肃洮河流域进行考古调查时发现了齐家文化，因其位于广河县齐家坪而得名，安特生将齐家文化认定为中原地区仰韶文化的源头。1945 年夏鼐先生在主持发掘广河县阳洼湾齐家文化墓葬的过程中发现了大量马家窑文化的彩陶片，由此便厘清了马家窑文化与齐家文化的早晚关系，安特生对齐家文化的错误认识得以纠正，确认了齐家文化是晚于马家窑文化但早于甘、青地区诸青铜文化的一支土著文化。经碳 14 测定，其绝对年代距今 4200—3800 年。

从考古发掘情况来看，齐家文化的分布范围可谓宽广，东起泾、渭河流域，西至河西走廊东部及青海省的湟水流域，向南到达了白龙江流域。其中心区域在渭河上游、洮河和湟水中下游一带。齐家文化遗址已发现了 1100 多处，其中甘肃境内约有 650 处。

齐家古玉与辽宁红山古玉、浙江良渚古玉并称中国三大古玉，同时也是中国西北地区史前古玉的代表。从齐家文化考古发掘情况来看，制作精良的齐家古玉无疑是众多齐家文化出土文物的代表，标志着甘肃、青海、宁夏地区玉器的发展在齐家文化时期进入了一个新的阶段。

图 2－6　甘肃省博物馆藏齐家玉器

　　齐家文化玉器中最盛行的是玉璧（包括璧、环类），其次是玉琮，还有不少长条形穿孔玉刀，长条形和窄长条形的玉铲，包括生活类玉器，如斧、铲、刀等日常用品，还有种类繁多的装饰性用玉，例如圭、簋、牙璧、璋等。从制作工艺来看，齐家古玉从早期的素面玉器逐渐向后期刻画繁复的纹饰发展，例如最常见的细线平行线阴刻装饰，细如发丝，线条规整娴熟，是人类生产技术进步的鲜明体现。

　　玉从哪里来？齐家文化古玉原料主要从邻近地区就地取材，齐家文化分布地区正处于中国古代玉料主要产区。例如甘肃省榆中县与临洮县交界处的马衔山（又称马寒山、马哈山）玉矿，据测算其玉石矿物成分中透闪石达 80%，透辉石 15%，其余为绿帘石等，摩氏硬度6—7度，属于广义和田玉。马衔山玉石外观油润，色调多以青、黑、黄、浅绿、白等为主，多不透明，并且许多带有三氧化二铁溶液渗透浸染所致的糖色与黑色的水藻纹，特别值得注意的是，马衔山玉料的这些特征在齐家古玉中均有所体现。

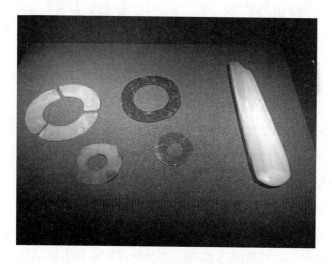

图2—7　甘肃省博物馆藏齐家玉器

西戎遗珍——马家塬大墓

　　马家塬大墓位于张家川木河乡桃园村马家塬，面积约 80 万平方米，其中墓葬面积约 3 万平方米。2003 年，甘肃天水张家川木河乡头园村常常有来路不明的陌生人神出鬼没，特别是一到半夜两三点就会听到大大小小的汽车在塬上开来开去，村民经常被深夜传来的放炮声惊醒，村民们不堪其扰，专门组织人员到塬上去查看，结果发现塬上被人挖了几个深不见底的大洞，还有许多小洞，同时还发现了雷管引线和电线等爆破用品。村民们立即上报当地派出所，派出所出动警力连夜蹲守调查，抓获了几个盗墓贼，但没有缴获赃物。2006 年，又有盗墓贼在塬上活动，这一次民警出动，抓捕了几名盗墓贼，并缴获了一批被盗文物。

　　2006 年 8 月，经国家文物局批准，甘肃省文物考古所联合县博物馆对被盗墓地展开了抢救性发掘，至 2008 年共发掘清理墓葬 7 座，其中大型墓葬 1 座、中型墓葬 2 座、中小型墓葬 3 座、小型墓葬一座，另外还发掘出祭祀坑一座。其中，6 号墓为一座大型墓葬，长 38 米、宽 11.80 米、深 15 米，是斜坡墓道，墓道两侧各有台阶 9 个，墓道中部有 4 乘车，在近墓坑处有完整的马骨 4 具。该墓室为竖穴土坑，有棺椁痕，只可惜该墓被盗一空。

西戎在先秦时期，位于现在的陕西、甘肃、宁夏等西北地区，是一个以犬为图腾的部落。春秋时期中原各诸侯国自称华夏，其周边小国则被称为戎、狄、蛮、夷。其中西戎为秦所灭，秦吞并西戎 12 国。马家塬墓葬既有秦文化的典型特征，又有明显的西戎文化特点，从空间地域角度来看，与战国时期秦、戎交往的历史基本吻合。

公元前 659—前 621 年，秦穆公励精图治，任用百里奚、蹇叔等，谋求向东发展，遭到晋文公的阻挠，在崤之战中秦军被晋军截击而惨败。此后，秦穆公转向西方发展，他先争取到西戎谋臣由余，然后用由余的计谋进军戎地，用短短时间即兼并了十二个戎国，开拓了上千里的土地，取得了独霸西戎的地位。

马家塬大墓发掘出土墓葬 70 多座、祭祀坑 3 座、车辆遗迹 60 多乘，包括金银器、铜器、铁器、陶器、玉石器、锡、铅、骨、玻璃、玛瑙、绿松石等各类文物上万余件。特别是马家塬大墓发现的保存完好的战国豪华车乘，填补了历史空白。马家塬出土的豪华车乘装饰有大量的黄金、白银，以及镶嵌金银的铁质构件和各种料珠，制作工艺极其繁复，装饰程度极尽奢华，令人叹为观止。马家塬大墓出土文物数量众多，精美绝伦，其墓葬的豪华程度令人惊叹，当年就被评选为中国十大考古发现。马家塬大墓的考古发现，在中国考古史上留下了浓墨重彩的一笔。

华夏第一县——甘谷毛家坪

　　毛家坪遗址由我国著名考古学家、古生物学家裴文中先生于 1947 年在渭河流域进行田野调查时发现。1982 年、1983 年甘肃省文物工作队先后两次对其进行发掘，当时限于技术条件，仅仅发掘了 200 平方米，但其考古发现已经在学界引起轰动，特别是毛家坪遗址秦人墓形制与关中地区春秋时期秦墓一致，出土了大量带有西周风格的陶器，由此将秦文化的开端延伸到了西周时期，大大拓展了早期秦文化的范畴与领域。

　　为了更加科学、系统、全面地研究与考古发掘，2004 年，组建了以国家博物馆田野考古部为首的早期秦文化联合考古队。2012 年，早期秦文化联合考古队正式发掘毛家坪遗址。历时三年，联合考古队发掘遗址面积共计 4000 多平方米，墓葬 199 座，灰坑 752 个，车马坑 5 座。出土文物主要有铜制容器 51 件，陶制器物 500 余件，各类小件器物千余件，考古发掘成果对于进一步研究与认识甘肃东部地区周代秦文化具有重要的意义与价值。2014 年，毛家坪遗址被评为全国考古十大发现。2019 年 10 月 7 日毛家坪遗址入选第八批全国重点文物保护单位名单。

　　秦国的政治改革具有高度严密的组织形式，如秦文公以刑法驭民众，构建了初步的基层组织，随着秦国对西戎的逐步征服，秦武公时期设县制，将被征服地区纳入秦国管理体制内，使秦国的势力范围第一次到达渭水流域。

2008 年收藏于清华大学的楚简（称清华简）《系年》记载，"飞廉东逃于商盖氏。成王伐商盖，杀飞廉，西迁商盖之民于朱圉，以御奴虘之戎，是秦之先"。历史学家李学勤先生将楚简中的"邾圉"隶定为天水郡冀县的"朱圉"，即今甘肃甘谷县，毛家坪遗址就在甘谷县。毛家坪考古发掘表明除秦文化遗存外，还有大量的东周与戎文化遗存。考古发掘与大量的研究成果表明，甘肃省甘谷县毛家坪遗址就是两千七百多年前秦国设立的古冀县县治所在。

在毛家坪早期秦文化考古发掘的大量珍贵出土文物中，有一件出土文物令人震惊，那就是编号 M2059 墓中出土的一柄刻有铭文的铜戈，两行铭文共 14 字，其中一行清晰可辨，"秦公作子车用"。子车氏为嬴秦宗族显贵，《诗经·黄鸟》曰："交交黄鸟，止于棘。谁从穆公？子车奄息。"对此，《左传·文公六年》载："秦伯任好卒。以子车氏之三子奄息、仲行、鍼虎为殉，皆秦之良也。国人哀之，为之赋《黄鸟》。"《黄鸟》讲述的就是"子车三雄"即奄息、仲行、鍼虎为秦穆公殉葬的事迹。

毛家坪子车戈的发现证实了墓主人系子车家族成员，印证了《诗经》《左传》《史记》等文献中关于子车氏为秦穆公"三良从死"的记载。

探寻秦人——礼县大堡子山

　　《史记·秦本纪》中五次提及犬丘，一次提及西犬丘。从史籍记载与文物考古发掘情况来看，犬丘主要在陕西关中丰水流域，为今陕西兴平市，而西犬丘则是在甘肃陇东南西汉水流域，为今甘肃礼县。犬丘（陕西兴平市）、秦邑（甘肃张家川）与西犬丘（甘肃礼县）所构成的三角形地带为嬴秦早期居址。

　　嬴秦族最初于夏末商初随着商夷联军西征主动进发到晋陕一带，夏末（公元前17世纪），秦人去夏归商，发挥自己善驾驭的特长，助殷灭夏，立有战功。公元前11世纪，周灭殷商，嬴秦的首领也同殷纣王一起被杀，秦人成为周人的奴隶。又于商末周初，在周公旦东征后被动迁徙到关陇一带。周成王即位后，商纣的儿子武庚发动大规模叛乱，周公旦平定叛乱后，参加叛乱的秦人先祖中的一部分与东方迁来的部分嬴姓氏族被西周统治者赶向了西方更为遥远荒凉的黄土高原。至周孝王时期，嬴族已在西方戎狄区域生活了二百多年。周孝王因秦非子养马有功，遂封于秦邑为附庸，并获赐嬴姓，"使复续嬴氏祀，号曰秦嬴"，秦非子及其后人选择了西犬丘作为与秦邑并用的生活居址，即今天陇南市礼县。

20世纪八九十年代，在经济利益的驱动下，"挖龙骨"的不法活动在礼县一带十分猖獗，所谓"龙骨"实际上是古生物化石，被盗挖之后作为名贵中药材出售，"挖龙骨"范围很快扩大到西汉水流域干流、支流百余千米，涉及天水市西和县的数十个乡镇。在"挖龙骨"的过程中不少古代墓葬遭到破坏，甚至有不法分子在礼县以低廉的价格收购被盗挖文物，随后被盗挖文物的价格开始一路走高，礼县的街头巷尾时常能听到"若要富，挖古墓，一夜变成万元户"的顺口溜。礼县永兴乡的大堡子山最终成了疯狂盗挖的核心，尘封了2800年的秦先祖陵园，被盗墓分子破坏得千疮百孔、满目疮痍。

1993年，礼县大堡子山被疯狂盗挖的事件引起全社会的高度关注，在省、市、县文物单位与公安部门的协同管理下，有效地打击与遏制了这一猖獗盗墓的不法活动，查获与保护了一大批珍贵文物。随后甘肃省文物考古研究所和礼县博物馆于1994年3月组建考古队伍进入大堡子山，探明被盗墓分子破坏的盗墓葬，并进行抢救性保护与清理发掘。

根据历史典籍的记载秦人有四大陵园，其中第二陵园雍城陵园、第三陵园芷阳陵园和第四陵园临潼秦始皇陵园均已在1987年以前发现，而秦第一陵园位于何方则一直是个历史谜团，随着抢救性考古发掘的展开，这一历史之谜终于得到了答案。从时间、地域与墓葬形制规模等各方面综合分析，最终得出结论，礼县大堡子山秦公大墓就是秦人的第一陵区——西垂陵区。

虽然礼县大堡子遗址揭示了秦第一陵园的所在地，但还有诸多先秦文化的谜题摆在眼前。如有关专家指出，按照《史记》的记载，埋葬在西垂陵区的应该还有秦庄公。秦先祖非子之前的秦国国君也都生活在西北地区，但他们的墓葬到底在何处？

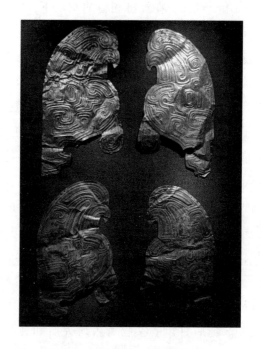

图 2 – 8　甘肃省博物馆藏大堡子遗址出土的金饰片

再如秦国的国都，也就是我们所说的西垂、西犬丘，又到底在什么地方？相信随着考古发掘与各项研究的不断深入，这些谜团将会得到一个科学的回答。①

---

① 《千古遗恨秦公大墓》，搜狐网，2018 年 8 月 19 日，https：//www.sohu.com/a/248845117_ 656484，2023 年 3 月 1 日。

农耕溯源——庆阳周祖陵

不窋，姬姓，夏朝太康时期，不窋的先祖在夏启时代就担任农官，《礼记·祭法》："是故厉山氏之有天下也，其子曰农，能殖百谷；夏之衰也，周弃继之，故祀以为稷。"不窋的先祖当时被称为后稷，不窋承袭父职，也做了农官，夏朝太康时期国政荒废、诸侯叛乱，又废农事，不窋因此失去农官之职，率领其部族流浪迁徙至今庆阳一带，大力倡导农事，耕种谷物，饲养猪、牛、鸡等家畜家禽，放弃地穴式居住，教民众挖窑洞，改善居住条件，出于部落安全的考虑，不窋还修建了不窋城，即今庆城县城，故城遗址在今庆城县城东南 3 里处。由此确立了西周早期的政治、经济和文化思想开端，成为我国农耕文明的重要发祥地之一。

不窋去世后，他的儿子鞠袭位，周部族将他葬于庆城县帽盒山巅，即著名的周祖陵，不窋的子孙后代也一直延续着先祖开创的农业生产活动，直到周文王西伯、周武王姬发奠基周朝。

粟，是中国最早种植的农作物之一，距今已有七千多年的栽培历史，其驯化种植历史可达万年以上，原产于中国黄河流域，在诸多新石器文化遗址如西安半坡遗址、河南裴李岗遗址等都有所发现。甲骨文"禾"即指粟。在周代，"社稷"一词中的"社"指的是土神，"稷"指的就是包括谷子、高粱和不黏的黍等在内的粮食作物，象征谷神，因此农官也被称为"后稷"。

在周以前的虞、夏时期，稻作由虞官负责，属于山泽利用的范畴，因此有伯益种稻以就卑湿之说。随着农业耕作技术的发展，周朝以稷名，主司百谷，体现了周代农业耕作技术的巨大进步。周人长期居于邰、北豳、豳、岐阳等地，大致属泾渭及其支流的黄土台塬地区，黄土质地松软，易于耕种，有利于黍稷等旱作农业技术的创新发展，成为中华民族农耕文化的重要源头。

周祖陵森林公园在甘肃省庆城县，因有周先祖不窋的陵墓而得名。2000 年被国家旅游局命名为国家 AAAA 级旅游景区，该景区风景秀丽，红叶落雪、春雨繁花，四季分明，美不胜收。以岐伯中医药文化、周祖农耕文化、中华孝道文化为依托，形成了以"四个国家级"（国家 AAAA 级旅游景区、国家级森林公园、国家重点文物保护单位、国家中医药文化宣传教育基地）为主体的发展布局。

据庆阳市文体广电和旅游局官方网站介绍，目前已经形成了以周祖大殿、周王殿、肇周圣祖牌坊、姜嫄殿、后稷殿、碑亭、八卦亭、鉴亭、栖凤亭以及钟鼓楼等资源为主的周祖文化景区。而周祖农耕文化体验园则形成了五大特色，即以五谷、五果、五菜、五花、五药为主的"五福临门"，以田间小道循环利用的潺潺流水，因地制宜的树种大全，多彩多姿的陇东民俗，以及体验娱乐的农家乐园。现已成为集祭祀、体验、感受、观光、娱乐于一体的旅游景区。①

---

① 《周祖陵》，庆阳市人民政府网站，2018 年 7 月 12 日，https：//www.zgqingyang.gov.cn/sq/lyqy/content_ 64468，2023 年 2 月 19 日。

高原古国——天祝吐谷浑大墓

据《晋书·四夷传·吐谷浑》："鲜卑谓兄为阿干，廆（慕容廆）追思之，作《阿干之歌》。"《魏书·吐谷浑传》："若洛廆追思吐谷浑，作《阿干歌》，徒河以兄为阿干也。"《阿干歌》在历代史书中只见其名而未见其歌词。但清代甘肃兰州有个叫阿干镇的地方，发现了一首带有歌词的《阿干歌》："阿干西，我心悲，阿干欲归马不归。为我谓马何太苦？我阿干为阿干西。阿干身苦寒，辞我大棘住白兰。我见落日不见阿干，嗟嗟！人生能有几阿干。"① 其是否为鲜卑首领慕容廆所作，有待进一步考证。

公元前238年12月，鲜卑族慕容部首领慕容涉归去世，慕容涉归在临死前，将自己的部落一分为二，分别由老大吐谷浑和老二若洛廆统领。一年春天，兄弟二人的马在河边饮水时撕咬在一起，慕容廆很生气，对他哥哥说："老爸临死前已经让我们分家了，你为什么不走远点，害得我们的马互相打架。"② 吐

---

① 洪亮吉：《阿干歌》，学诗词网，https：//www.xshici.com/shiwenview_168af8870eaba4d4，2023年3月1日。

② 《强大一时的吐谷浑，为何会以国破家亡？末代王族：我太自不量力了》，搜狐网，2022年12月26日，https：//www.sohu.com/a/620619800_121145173，2023年3月1日。

谷浑听了很不愉快，便对他弟弟说："春天来了，马在一起吃草喝水，互相打架有什么稀奇的呢？可是马打架，你却迁怒于人，太不讲理了。你不是叫我离你远点吗？那好，我马上就走，一定离你十万八千里的。"慕容廆听后十分后悔，又派人前往道歉，但吐谷浑说："老爸生前曾占过卦，说他的两个儿子以后都会大显于天下，我是庶出，不敢和嫡子争雄。现在我们兄弟俩因为马打架的事情闹得不快活，大概也是天意让我离开独自发展。现在你们既然留我，那么就看看上天的意思。请你们诸位把马往东边赶，如果马朝东走，我就随你们回去。"[①] 但慕容廆派去的人无论怎样将马向东边赶，马都发出长长的悲鸣并掉头向西方跑，于是吐谷浑带领他的部落西迁，在今天的青海与甘肃一带游牧，后来不断发展壮大，建立了称雄一时的吐谷浑国。

公元 4 世纪初，鲜卑族慕容部首领吐谷浑，从辽东的"慕容鲜卑"中分离出来，西迁至今内蒙古阴山一带。西晋永嘉末（313 年前后），吐谷浑又率领部众从阴山南下经陇山，迁至今甘肃临夏西北。不久，又向西向南发展，征服并统治了今甘肃南部、四川西北部以及青海地区的羌族、氐族等。到吐谷浑之孙叶延（329—351 年在位）时，正式建立政权。叶延以祖父吐谷浑之名为姓氏，并将其作为政权名和民族名。

自吐谷浑至树洛干，经 6 世 8 传，其中多具才略，且注重吸收士人，司马、博士等官职均用儒生。而当时正值 16 国割据混乱，吐谷浑部得据甘、青，实控东至洮河、龙固（今四川省松潘），西达赤水、白兰，北至黄河，南至大积石山，北邻南凉，东为西秦。

---

① 《阿干歌》，百度百科，https://baike.baidu.com/item/阿干歌/5644195？fr=aladdin，2023 年 3 月 1 日。

　　天祝吐谷浑大墓在甘肃省武威市天祝藏族自治县。这座吐谷浑大墓坐落在祁连山半山腰的圆丘顶上，居高临下，其选址符合吐谷浑墓葬"坡皆丘墓"的特征。出土的墓志铭上篆书"大周故慕容府君墓志"，表明该墓主人是最后的吐谷浑王族。根据墓志内容，墓主为"大周云麾将军守左玉钤卫大将军员外置喜王"慕容智，因病于"天授二年三月二日薨"，终年42岁。墓志载慕容智系拔勤豆可汗、青海国王慕容诺曷钵第三子。这对吐谷浑后期王族谱系及相关历史问题的补充完善有重要作用。①

　　据考古发现，天祝吐谷浑大墓出土的墓葬为单室砖室墓，由封土、墓道及壁龛、封门、照墙、甬道和墓室等组成。封土呈丘状。墓道位于墓室南部，通长17.5米，深0—3.5米，长斜坡底。墓道内随葬有木构件、墨绘砖块、调色石、木旌旗杆及殉牲（马、羊）等，近墓门处东西两侧各设一壁龛，壁龛内均随葬有彩绘陶、木质仪仗俑群，总计70余件组。②

　　① 《喜王慕容智：16卫600余军府中，左玉钤卫大将军究竟是什么职位》，搜狐网，2020年1月29日，https：//www.sohu.com/a/369379558_120352921，2023年3月1日。
　　② 白丽萍：《甘肃武威发现保存最完整的唐代早中期吐谷浑王族成员墓葬》，新华社官方账号，2019年11月23日，https：//baijiahao.baidu.com/s? id =1650974482039803880&wfr=spider&for=pc，2023年2月19日。

弱水之谜——张掖黑水国

    黑水国遗址位于张掖西面 12 千米处，相传这里曾经为小月氏的国都，距今有 4000 多年历史。黑水国中的"黑"是什么意思？从蒙古语和突厥语（包括原始突厥语）来看，黑水国的"黑"并非指色彩，其原本就有"雄浑、大"的含义。在突厥语中"黑河"即大河。对于"黑水国"的称谓在历史典籍中尚未发现记载，只是当地人对此地的称呼，这一谜题有待日后考古研究解答。

    从发掘研究情况来看，距今已有 4000 余年的黑水国古城历史跨度大、内容丰富、构成全面，是一处包括史前遗址、汉唐古城、各类古代建筑、古墓葬等为一体的大型遗址，堪称甘州的"历史古籍"。

    张掖黑水国是从一个传说开始的。很久以前，有个牧羊人在黑水国附近放羊，他的牧羊犬每到黑水国就不知去向，牧羊人觉得很奇怪，想要弄个明白。有一天，他悄悄跟随牧羊犬到了残破的城垣下，只见牧羊犬钻进了一个地洞，他犹豫了一下，也随之钻了进去。进去一看，洞里像一座宫殿，每推开一道门，里面都堆满了金银财宝。他一直走到第九道门，也就是最后一道门，推开一看，屋正中的方桌上摆着一个金月亮，牧羊人欣

图 2 - 9　黑水国南城遗址

喜若狂，想把金月亮带回家。可是他刚一拿起，室内顿时一团漆黑，怎么也找不到出口。他只好放下，室内又恢复了光亮。牧羊人出洞后，做梦都想取回金月亮，但一夜的风沙淹没了他所看到的一切，他再也找不到入口。[①]

　　金月亮的传说引来了无数盗墓贼与探险家的贪婪目光和疯狂劫掠。20 世纪初，一批外国探险家来到这里，在额济纳地区特别是黑水城盗走大量的文物。俄国的科兹洛夫从这里盗挖的文物有 8000 多件被藏在俄国科学院东方研究所。英国人斯坦因在黑水城肆意挖掘，盗走大量文物，其中有中国最早的珍贵无比的雕版画 30 多件。美国的华尔纳从黑水城盗走一批文物，其中有几幅珍贵的壁画，而当时的美国还没有一幅中国中世纪的壁画。1927 年，中瑞中国西北科学考察团来到额济纳考察。瑞

---

　　① 曹志政：《传奇黑水国》，每日甘肃，2019 年 12 月 25 日，https：//baijiahao.baidu. com/s？id＝1653851207220541918&wfr＝spider&for＝pc，2023 年 3 月 1 日。

典的斯文·赫定在这里挖掘出部分文物，其中有元代刻本《大藏经》一册，还发现了一本《三藏经》，其前言部分附有极其精美的木刻雕画，其中一幅图画上有几位身着西夏官服的人物，据推测是西夏的帝王。在额济纳地区发现居延汉简的贝格曼，曾经将汉简之外的 3000 多件文物带回瑞典，20 世纪 50 年代中瑞建交时，这批文物被运回中国。1938 年，黑水国地下有金月亮的传说又引来了屯居于河西的国民党军阀马步芳的旅长韩起功，他以修建公路为幌子，明目张胆地大肆挖掘古城，大量珍贵文物遭到盗抢与破坏，据说当时仅陶器就拉走了好几卡车。

　　1949 年中华人民共和国成立后，额济纳旗先后隶属于甘肃省和内蒙古自治区。甘肃省博物馆和文物考古研究所、内蒙古自治区文物考古研究所，均多次派员到黑水城进行考察。1964年，内蒙古自治区人民政府将黑水城定为全区重点文物保护单位。经国家文物局批准，内蒙古自治区考古研究所在 1983 年 9—10 月和 1984 年 8—11 月对黑水城进行了考古发掘。这次考古发掘出土了大量的遗物，有砖、瓦当、琉璃脊饰等建筑材料，有铁犁铧、镬头、木印等生产工具，有箭镞、铁甲等兵器，还有铜镜、铁锅等大量生活用品。特别是出土了一批西夏和元代的文书，编号近 3000 个。这些文物为研究黑水城的历史、复原当时的自然景观和社会情况提供了宝贵的材料，在学术界获得很高的评价。

铜冶华夏——玉门火烧沟

　　火烧沟位于玉门市清泉乡，因其山沟山峁多为火红色而得名，其地势起伏，沟壑纵横。火烧沟遗址是 1976 年玉门市清泉公社在修建公社中学的过程中发现的，当时选择的校址位于公社东边几百米的一片古墓群，在施工中很快就在浅地表处发现了许多石制器物，还有不少陶器和铜器。当时有一名来自兰州的下乡知青，具有一定的文物保护意识，当他看到这许多破碎的陶罐时，意识到这些可能都是珍贵文物，挑选之后将其中的一些拿回了知青点，随后又带回兰州并送去在考古队工作的亲戚那里鉴定。甘肃省文物考古队得到相关报告后高度重视，迅速派人前往实地调查，随后甘肃省文物考古队经省文化厅批准，组织考古发掘队伍前往玉门火烧沟，自此火烧沟遗址逐渐揭开了神秘的面纱，并成为日后甘肃 6 大古文化遗址之一。

　　据甘肃省文物局相关介绍，"1976 年甘肃省博物馆对墓群进行了发掘，共清理墓葬 312 座。出土铜器、陶器、石器、金银器等各类文物 3000 余件。铜器有斧、镰刀、凿、锤等，金器有钏、环等。陶器最具特点，有类似于马厂的彩陶罐，又有类似齐家文化的双耳彩陶罐。更有独具风格的四耳矛形盖罐、羊头把方形杯、鸟形壶、三羊盖方鼎、鱼形彩陶埙等。经碳 14 测定，年代距今 3500 年，是继齐家文化之后发展起来的一支地方文化。遗址保存较好。对研究河西地区新石器时代晚期及青铜时代早期的过渡阶段的地方文化、民族活动情况以及与马厂、齐家文化的关系、发展变化具有重要价值"①。

火烧沟遗址出土的文物从生产发展层面来看主要为农业生产与畜牧养殖两大类。火烧沟出土的农业生产工具主要有石制与铜制的锄、刀、斧、镰、锤和磨盘等，在不少陶器与棺木中都发现了所贮存的粟或各类植物的种子，还有一些属于酒器的精美陶制方杯与人形陶罐，这些发现足以说明当时玉门地区原始种植业已具有较高的水平。火烧沟遗址出土了大量的牲畜骨骼，如羊头、羊骨、猪骨、马骨、牛骨与狗骨等，在火烧沟遗址第 277 号墓中发现大量羊骨，经清点居然多达 44 只，由此可见当时玉门一代牲畜养殖已经颇具规模。

火烧沟遗址出土文物众多，其中出土的各类铜器数量达到 200 余件，这一数量已超过当时全国夏代遗址出土铜器的总和。在已发掘的 312 座墓葬中，有 106 座墓葬发现了陪葬的各类铜器，铜器材质主要为青铜，红铜数量较青铜数量略少。铜器类型有生产工具类，如斧、镰、锤、镢、凿等，兵器类，如刀、匕首、矛、镞等，日用物品与装饰类，如钏管、镜形物、权杖杖首等。其中所发现的铸铜箭镞所用的石范是迄今为止我国发现的时代最早的石范，还有一件四羊铜权杖，杖首采用了分铸工艺，系我国目前发现最早的分铸铜器。除制作各类铜器外，火烧沟人还善于制造黄金制品，例如考古发掘了不少齐头合缝的金耳环，含金量很高且工艺精湛。

---

① 《火烧沟遗址》，甘肃省文物局，2018 年 1 月 5 日，http：//wwj. gansu. gov. cn/wwj/c105497/201801/9708a53fcbb6477aa79a5acd99085890. shtml，2023 年 2 月 17 日。

　　据对火烧沟出土铜器的科学分析，"其材质以红铜和锡青铜为主，有少量砷青铜、铅青铜、铅锡青铜等。成型工艺有铸造和锻造两种，前者略多……现有研究成果显示，河西走廊地区四坝文化铜器技术的发展早期阶段以红铜和青铜为主，砷铜或含砷青铜占有一定比例，晚期阶段以锡青铜为主"①。火烧沟人已基本掌握了冶炼青铜与制作合金的方法，这足以证明火烧沟金属制造业已具有相当的水平。

---

　　①　陈坤龙：《甘肃玉门火烧沟四坝文化铜器的科学分析及相关问题》，《中原文物》2018 年第 2 期。

玉出西陲——敦煌旱峡玉矿

上古巫玉时期，玉器作为人与神沟通的介质，巫以玉祀神，玉几乎不再作为实用性器物，而成了神灵的象征，获得人们无比的崇敬。随着生产力和社会的发展，原始社会瓦解进入奴隶社会，社会形态发生巨大改变，承载着神秘信息的巫玉时代逐渐进入了王玉时代，在保留巫玉神格的同时，更加崇尚国家意识形态的玉器表达，例如周代所制定的玉器礼制，将"圭、璧、琮、璜、璋、琥"六类玉器定为礼玉的核心，名为"六器"。及至隋唐时期，开放的社会形态与相对稳定的社会环境对王玉时代的玉器文化进行了新的解读，玉器文化所表现出的越来越世俗化的信息动摇了王玉时代的权威，玉器开始更加亲近生活，进入了玉器表达丰富、种类繁多的民玉时代。

旱峡玉矿遗址位于甘肃省敦煌市东三危山后山的东南部，面积约 300 万平方米，共发现地面遗迹 145 处。其中，矿坑 114 处、矿沟 8 条，还发现了 8 座房屋类建筑遗址与 3 处玉矿选料区域。① 陶片采集标本主要有器口、耳、腹、底、盖，以夹砂灰陶

① 陈国科、魏美丽：《【走近考古】追寻"玉石之路"》，每日甘肃网—甘肃日报，2020 年 5 月 21 日，http://wyly.gansudaily.com.cn/system/2020/05/21/017437568.shtml，2023 年 3 月 1 日。

和红褐陶为主，素面居多，部分饰戳印纹、斜绳纹、刻划纹，均为手制。

　　研究表明，旱峡玉矿遗址时间跨度达 2000 多年，包括西城驿文化、齐家文化时期至骟马文化晚期、西汉早期甘肃西部地区透闪石玉料的开采与使用。从考古发掘的玉器所用玉料情况来看，山西下靳遗址所出土的玉器其原料可确定来自敦煌旱峡玉矿，徐州狮子山玉器所采用原料与径保尔草场玉矿有直接关系。由此可见，甘肃地区的透闪石玉料很早便进入了周边区域。

　　据《穆天子传》记载，三千多年前周穆王驾八骏马车西巡游猎，从中原出发，途经甘肃、内蒙古和新疆，最终抵达昆仑山西麓。周穆王受到了当时仍是母系社会的部落首领——西王母的热情款待，临别之时更是赠送周穆王八车宝玉石。周穆王在返回的过程中，又沿路寻访采玉与琢玉的部落，收获颇多。有学者认为，周穆王西巡所带来的玉石应当就是以透闪石为主要成分的和田玉，而沿路又在盛产透闪石玉矿的部落等处大有收获，不难看出周穆王西巡选择的是一条"玉石之路"。

　　河西走廊玉矿遗址是我国目前所知年代最早的一批集采矿、选料、防御等于一体的采矿聚落遗址，直观呈现了自西城驿文化（距今4100—3500年）、齐家文化（距今4200—3600年）时期至骟马文化（距今3500—3000年）晚期、西汉早期近2000年间甘肃西部地区透闪石玉料开采、利用的景象。敦煌旱峡玉矿则是中国古代玉石之路网络上的重要一环。

东方庞贝——民和喇家遗址

面条究竟是不是发源于中国？这个问题西方人一直争论不休，他们认为意大利的空心粉就比中国面条发现得更早一些。事实上真是如此吗？

2002 年，中国社会科学院考古研究所负责挖掘青海省新石器时代齐家文化层的喇家遗址，其中，一只倒置的陶土碗引起了叶茂林研究员的注意，碗底遗存着长约 50cm，直径约 0.3cm 的面条，粗细均匀，好似兰州牛肉面的二细，色泽鲜黄，断面近似圆形，如图 2 - 10 所示。通过土壤中的植物硅酸体和淀粉形态鉴定，专家比对了八十多种不同的植物，最终认定食物的成分是小米（粟），距今已有 4000 年左右的历史，这一发现直接证实了我国先民在 4000 年前已经能够制作面条，这究竟是一种怎样的文明呢？让我们一起走进喇家遗址解锁历史的迷雾。

喇家遗址，位于黄河上游北岸的青海省民和回族土族自治县官亭小盆地，是迄今为止发现的中国唯一一处大型灾难遗址。它揭示了 4000 多年前一场地震和洪灾摧毁整个村庄的全过程。该遗址完整地保存着史前古地震、古洪水等多种灾害遗迹，十分罕见。图 2 - 11 为喇家遗址博物馆雕塑。

图 2 - 10　喇家遗址出土的面条

图 2 - 11　喇家遗址博物馆雕塑

4000 多年前，青海的黄河边有一座城池，生活在城池里的先民们，并没有发现来自地球深处的不祥震颤。某天傍晚，一道道裂缝像巨蟒一样在黄土地上肆意横行，汹涌的黄河水从地震的破口倾泻而出，瞬间便将一切摧毁。地震使得受难的人们和各种物品一起埋入废墟，直至4000年后考古专家的挖掘，才让这些重见天日。

为了揭开4000年前的秘密，考古队探寻着这片超过50万平方米的喇家遗址的角角落落。早在20世纪70年代，喇家村的村民在取土建房的过程中，就发现过不少年代久远的器物，其中甚至包括珍贵的玉璧。直到20世纪80年代，在第二次全国文物普查时期，文物部门终于认定，喇家村以及周边的田野上存在着规模巨大的史前遗址。根据采集到的陶片分析，考古专家们认定，喇家村的史前遗址属于多种新石器时代的史前文化，其中最主要的就是齐家文化。

尽管人们早已在喇家村确定了齐家文化遗址，但是直到20世纪21世纪之交，对喇家遗址系统性的考古才真正开始。1999年秋天，中国社会科学院考古研究所与青海省文物考古研究所联合组成的喇家遗址考古队进入了喇家村，开始了试掘工作。出乎意料的是，在位于村子中央的第一个发掘点，考古队就发现了一段巨大的壕沟，沟宽10米、深3—4米，环绕成长方形，长600米、宽200米，其内有成排的半地穴房址。在史前聚落中，壕沟是重要的防御工事，功能类似于后世常见的城墙建筑。然而，在生产力落后的史前时代，修筑壕沟需要花费巨大的人力物力，因此拥有壕沟的遗址实际上并不多见。在此之前，齐家文化实际上并没有发现过壕沟。如此宽大的壕沟，说明这里的聚落非同一般。在村子东部的空地上，考古队还发掘出了一座齐家文化的房址。在这座编号为1的房址中，人们发现了一件未加工完成的玉斧，打破了玉器都是在比较重要的墓葬里才有的印象。除此之外，1号房还发现了壁炉，如图2－12所示。随着越来越多的房址重见天日，专家们才发现，壁炉在喇家遗

址中并不罕见，大概 1/3 的房址都有这种壁炉的痕迹。有专家
猜测，壁炉在喇家遗址的出现可能是古代东西方交流的真实
写照。

图 2 - 12　喇家遗址 F1 号房壁炉

发掘开始不久，考古工作者就有了意外发现，在看似普通
的房址内部，竟然清理出了一些人类的尸骨。随着发掘的深入，
房址内出现的人骨越来越多。在编号为 4 的房址中，竟然有 14
具人类遗骸共处一室，包括几岁的幼儿到四十多岁的成年人。
最令人震惊的是这些死者的姿态，有的侧身挣扎，有的肢体扭
曲，有的匍匐于地，如图 2 - 13 所示。究竟是什么样的力量，
夺取了喇家遗址先民的生命？

4 号房间的东墙处有一对母子，母亲大约 30 岁，孩子只有 1
岁左右。当死亡来临的时候，母亲紧紧地守护着她的孩子，直
到死去。在另一个房间里也有一对母子，母亲跪在地上，抬头
凝视，好像在祈求上苍让她的孩子活下去；还有一对母子，母
亲俯卧着，左肩上方露出一个孩子的头，她用自己的肩膀护着

图 2 – 13　喇家遗址 F4 号房间遗址

孩子使其免受重击。虽然生命无法抵御灾难，但爱让 4000 年前的喇家村有了人类最初也是最高境界的文明。专家们表示，与殷夏遗址所在的中原地区相比，青海一直被视为远古文明欠发达地区，但随之不断出土的大型玉器、石磬等新石器时代的高等级文明遗物却恰恰说明这块地域曾经的繁荣。灾难虽说能把一座城池变成一座坟墓，但文明仍旧有迹可循。

喇家遗址还有一个重要收获，即发现了结构相当完整的窑洞式建筑遗迹，明确了窑洞式建筑应当是齐家文化的主要建筑形式，对于黄土地带窑洞式建筑的发展历史和聚落类型的研究具有非常重要的意义。

彩陶王国——乐都柳湾遗址

在中国国家博物馆，有一件展品被称为镇馆之宝，但令人想不到的是，它既不是代表皇家贵族显赫身份的玉器，也不是象征财富权力的金银器或者是青铜器，而是一件看起来极为普通的彩陶壶。

要说这个彩陶壶有什么特别之处，那就是上面捏塑了一个裸体人像造型。该彩陶壶高33.4厘米，口径19厘米，侈口，小颈，腹部隆起，底部扁平，在陶器的一面用黑彩绘有圆圈纹和蛙纹，另一面捏塑有形象生动、憨态可掬的裸体人像，是迄今为止发现的最早也是最完整的全裸人体塑像。人像保持站立姿势，头位于壶的颈部，招风耳，细眼睛，高鼻梁，还有张大的嘴巴，五官的安排恰到好处，看上去表情十分丰富。人像的身躯和四肢，位于壶的中部，双手放在腹前，人像塑有袒露的乳房，乳头用黑彩加以点绘；在人像的下腹处还用非常夸张的手法塑造了生殖器官，既有男阳特点，又有女阴特征。对于性别问题，学术界有着不同的看法，目前主要有四种观点。第一，认为是男性，是马厂时期进入父系氏族社会晚期男性崇拜的象征；第二，认为是女性，是原始社会人们祈求丰收和人口繁衍的一种巫术道具；第三，认为是男女复合体，是父权与母权斗争时期"雌雄同体"崇拜的产物；第四，认为塑像反映了当时对生殖的崇拜，手抱着肚子，嘴张得很大，描绘了妇女生孩子时的情景。那么这个彩陶壶为什么这么奇特呢？它究竟是用来做什么的呢？又隐藏着怎样的秘密呢？

这个裸体人像彩陶壶来自青海乐都县柳湾村。1974年春，柳湾村村民们在后面的山岗上搞饮水工程，在平整土地的时候发现了一些陶器。正是这次偶然发现，揭开了迄今为止我国最大的史前时期氏族公社公共墓地的神秘面纱。

经过碳14测定和专家论证，这里属于距今四五千年的马家窑文化时期。年代从距今4600年延续至距今3000年，持续了1600年之久。经过十多年的艰苦发掘，考古学家们已经清理了1730多座各类古墓，包括半山类型、马厂类型、齐家文化和辛店文化四种古代文化类型，是迄今为止发现和发掘的中国规模最大的原始社会氏族聚落遗址和墓葬群。

墓葬多为竖穴土坑墓，有许多木棺。木棺的形状不统一、不规范。有头大尾小的梯形棺，有长方形木盆棺，也有独木棺；葬法有独葬、合葬等，最多的一个墓穴里葬了七个人。遗址文化类型多，墓葬密度大，文物丰富，为国内外考古界所关注。柳湾遗址一共出土各类文物三万多件，仅彩陶一项就有一万多件，是世界上彩陶出土非常集中的地方。因为是墓里出土的，保留下的彩陶基本上都是完整的。为此，乐都柳湾被称作"彩陶的故乡"。

对该墓地马家窑文化的半山类型和马厂类型，以及齐家文化、辛店文化这四种文化类型的墓葬分布及年代序列的初步认识，为进一步探讨私有制度和私有经济的起源、阶级的划分提供了新的、更充分的实物证据。

柳湾墓地的马厂彩陶以数量、纹饰而著称，部分陶壶的下腹部，描绘着各种符号的纹饰。至于这些符号是制造者的标识还是氏族的标志？又或者是中国最原始的古文字？至今仍是个谜。

参加过柳湾考古发掘的作家张承志，后来在其《北方的河》中曾说："在湟水流域，古老的彩陶流成了河。"柳湾彩陶博物馆于 2002 年 5 月 28 日竣工，2004 年 4 月 28 日正式对外开放，是中国最大的彩陶文化主题博物馆。该馆总面积 5830 平方米，展厅面积 1500 平方米，上下两层。馆藏文物 37925 件，其中彩陶占一半多，造型多样、工艺精湛，在中国首屈一指。这里的彩陶集中展现了青海新石器时代到青铜器时代的彩陶文化，展现了中国彩陶文化全盛期的风貌，对研究青海历史文化和甘青地区史前文化具有十分重要的意义。

迈步走入柳湾村，一只巨大的彩陶盆出现在眼前。盆壁上画着三组舞者，5 人一列，共 15 人，舞蹈者手足相接，连成一圈，矫健而温柔，展现出高原先民优美的体态和轻盈的舞姿，洋溢着活力和欢乐。

展览大厅内有人头像彩绘陶壶、方形彩陶器、彩陶靴、大量蛙纹彩陶罐、提梁罐、鸮面罐等一件件精美的彩陶器。彩陶作为古代人民的日常生活用具，其表面多为橙红色和紫红色，配以黑色线条的几何图案或动物图案，显得很有光泽。这些彩陶器与骨刀、叉、勺和大量的磨制石器一起，展现了当年青海高原地区新石器时代晚期至青铜器时代彩陶艺术的辉煌。静静地注视着这个绚丽多彩的彩陶王国，不禁让人沉醉……

河湟史诗——上孙家寨遗址

　　"一陶一世界""一镜一哲学"，挥泪斩马谡，简书道缘由。读历史于方寸，揽千古于胸怀，上孙家寨遗址正用一座座墓冢、一件件文物，拨开历史的迷雾，咏唱着千古传奇。

　　上孙家寨，位于青海省大通回族土族自治县长宁镇。20 世纪 70 年代以前，鲜有人知。直到 1973 年，上孙家寨遗址被发现，这个发掘出上千座墓葬的普通村落迅速被人们所熟识。1973—1981 年，经过 9 年的不懈努力，共计发掘墓葬 1294 座，其中马家窑类型墓葬 21 座，齐家文化墓葬 2 座，辛店文化墓葬 12 座，卡约文化墓葬 565 座，唐汪类型墓葬 512 座，汉晋时期的墓葬 182 座，出土文物包括生产工具、生活用具、装饰品等三万余件。

　　墓地分为甲、乙两区，甲区位于青海省物资局储运公司仓库院内，东西长约 1000 米、南北宽约 500 米，面积约 50 万平方米；乙区位于公司院墙外南侧区域。新石器时代、青铜时代墓葬集中分布于甲区的西北部，汉晋时期墓葬分布于全区，以甲区西部最为密集。上孙家寨既有遗址又有墓葬，墓地规模大，包含多个文化序列，从新石器时代的马家窑文化马家窑类型延续至历史上的西晋时期，距今约 5300—1700 年。

其中，珍藏于中国国家博物馆的国家一级文物——舞蹈纹饰彩陶盆，是距今5000—4000年前的新石器时代后期马家窑文化的代表。2013年8月被国家文物局列入第三批禁止出境展览文物目录。彩盆体现了当时制陶工艺之成熟和审美思想之进步。彩盆内的图案三组五人，并肩携手踏歌起舞，是我国最早的成型舞蹈图案，在中国美术发展史上占有重要地位。想象在盆中盛上水，小小水盆变成了平静的池塘，池边起舞的人们映在池水之上，舞人与倒影相映成趣，动静之中，舞蹈的韵味让人心醉，似乎还能听见原始先民们弹奏的乐曲，观赏他们围篝火而舞的欢乐场景。中国著名学者李泽厚在他的著作《美的历程》中说，大通上孙家寨出土的舞蹈纹饰彩陶盆，是神农氏时代的产物。诗人紫云这样描述它"炎黄春秋看江源，华夏舞魂出北川。回眸顾盼单垂辫，舒腰纤背五连环"。美哉，篝火踏歌以娱神兮，祈羌原以丰年。弄姿回眸以顾盼兮，咏华夏之舞魂。

在汉晋时期的墓葬中，40座墓葬出土了45面铜镜，如四神规矩镜、日光镜、昭明镜、四乳四螭镜、连弧纹镜、龙虎镜……这一面面铜镜向我们传递着汉晋时期丰富的文化内涵和历史信息。其中，出土的3面汉四神规矩镜铸造精致，晶莹可鉴，上面的"TLV"纹饰极具特色。尤其是1974年出土的一面四神规矩镜，直径11.9厘米，圆钮、圆座，座外方框，方框四边各向外伸出一个"T"形符号与对面的"L"形符号相对，方框四角又与"V"形符号相对，二者之间饰有乳钉，在被"LT"纹与"V"纹分出的四等分中，青龙、白虎、朱雀、玄武四神各据一方。四神蕴含天象和道家思想，古人将这些星宿分成了四象，规矩镜中的四神就是按照天象中的四象排布的，可以辟邪求福。

道家认为，天地运转分为东、南、西、北、中五个方向，四神规矩镜背面中心的钮代表中央，再以钮孔为中心的子午线划分南、北，再加上旁边的四兽，规与矩平均分布纹饰之中，十分有规律，充分体现了中国传统的道家思想，人们常说"无规矩不成方圆"，四神规矩镜背面的纹饰便是典型的实例。而西方学者认为，"TLV"纹象征着天圆地方的宇宙观点。规矩镜上中心的镜钮代表中国是茫茫宇宙的中心，钮座外面的方格表示大地，圆形的镜子表示天，八个乳钉表示支撑天的八根柱子。

此外，看过《三国演义》的朋友都知道"诸葛亮挥泪斩马谡"的故事，马谡痛失街亭后，诸葛亮为了严明军纪，不顾大臣求情，将其斩首示众，以振军纲。诸葛亮为何非要斩马谡呢？在上孙家寨出土的汉简中，记录了有关军事方面的律令文书，侧面反映出诸葛亮坚持斩马谡的真实原因。一是违反军令。马谡盲目自信、纸上谈兵，不听诸葛亮的调遣，兵败曹军，导致诸葛亮的第一次北伐功亏一篑。在派马谡守卫街亭之前，马谡为了表现自己，在三军面前立下军令状。但他自己却疏忽大意，失掉了街亭！二是不听王平劝告。王平在战场上经验颇多，在看到马谡的表现时，他曾多次劝告阻止，但马谡以"官职"相压，完全不听王平的良言。三是临阵脱逃。阵前逃脱是士兵的耻辱，更何况马谡还是指挥之人，他临阵脱逃、弃三军于不顾，若不是王平拼死抵御，恐怕三军就要被俘。从古至今，军人服从命令是天职，马谡贪生怕死令诸葛亮寒心！所以诸葛亮在斩马谡时，并不是一时意气，而是深思熟虑后的决定。

追寻西羌——诺木洪文化

2021年7月9日的一则新闻"夏尔雅玛可布遗址考古发掘项目正式启动"让诺木洪文化研究再次引起人们的关注。沿着109国道向西而行，在巴隆与格尔木之间就是诺木洪农场。在这一带出土的文物，为世人揭开了柴达木盆地古老的文化之谜——诺木洪文化。

诺木洪乡隶属青海省都兰县，位于柴达木盆地南部，新中国成立后在此发现了一处古代文化遗存，因其独特的文化内涵，在考古学上被称为"诺木洪文化"。这个诞生于青海高原特殊环境下的考古学文化，相当于中原地区青铜器时代晚期的特有土著文化，它的盛行期正处于我国中原地区的西周时期。诺木洪文化主要分布于柴达木盆地东南部地区，对于研究羌族和吐谷浑文化具有很大的参考价值，考古发现在诺木洪、塔里他里哈、塔温搭里哈、夏尔雅玛可布、巴隆他温陶亥、香日德下柴克、上柴克、察汉乌苏夏日哈、可儿沟等20余处都有遗址的存在。其中，塔里他里哈遗址文化堆积厚度达到5米以上，最厚处有6—8米，为国家级文物保护单位。而塔温搭里哈遗址文化堆积最厚处竟有9米，遗存保存完整，面积约20万平方米，是目前已知面积最大的诺木洪文化遗址，为第五批全国重点文物保护单位。

诺木洪文化的代表之一的塔里他里哈遗址的面积超过 5 万平方米，位于青海省海西洼河的西部，塔里他里哈村的东部。1957年的春天，有一个牧民骑马经过诺木洪农场附近的一片荒滩，不经意间发现三座小土丘上零星散落着一些碎陶片、松木柱子和明显高于周边的土坯围墙。1959 年春季，青海省文管会和中国科学院考古所组成的专家考古队对三座土丘及周边进行了试掘，发现这里幸存的遗址所处的文化类型，有别于其他遗址。三座土丘中间形成了一个天然广场。在正式挖掘中，出土了大量的文物和房屋、土坯墙、畜栏、墓葬等文化遗存。其中，出土了两个青海省迄今为止最早的松木制残车毂，这两个近 3000 年前的残车毂也佐证了当时青海境内人们已经能够开辟道路。车辆的行驶对道路有着严格的要求，需要道路相对平坦并有一定的宽度，而发现的残车毂外形凸起，长约 26 厘米，中间设有孔径为 6.5 厘米的圆孔，为穿轴所用，可安装 16 根辐条，圆孔内还涂有红色的颜料。有人推断羌族很可能是我国最早使用车辆的民族，因为中原大地出土的最早车辆约在商周时期，而诺木洪文化车辆所处时代正是这个时期。在西亚和西北地区发现的古人类岩画中展示的车辆最先起源于西亚，后西入欧洲和非洲，北经欧亚草原，传入中国和印度，所以中国古代最早的车辆也历经了自西向东由草原地区传入中原大地的演进过程。当然我国史书也有他说，认为"车辆本土造"。《考工记》等文献记载有"皇帝造车说""奚仲作车说"等说法。不论西传还是东学，直至现阶段的考古发掘而言，还未发现其他民族早于羌人使用车辆和制造车辆的证据。

遗址由黄土坯叠砌而成的长方形墙体和房间构成，墙体平面呈椭圆形或卵圆形以及矩形或不规则矩形样式，房间则以圆形或方形的木柱搭建而成，房屋旁边还建有大的椭圆形畜栏，残车毂就发现于畜栏外。遗址共发掘出房屋 11 座，土坯坑 9

个，围栏 1 个和瓮棺葬墓 3 个。

遗址出土了大量的石器、陶器、骨器、铜器、木器、毛皮缝制物等物品近千件。有农业生产用的工具，如石斧、石刀和骨铲等；有生活用的陶制器皿，如曲腹陶盆、圈足陶碗、深腹陶杯、带耳盆等；有狩猎防御用的铜制武器，如铜斧、铜刀、铜钺等；有制造用的工具、容器和材料，如青铜器及炼铜工具和残留的铜渣；有生活用品，如编织用的骨针、牛羊毛绳线、彩色毛席、毛带、牛皮制鞋等，这些出土的物件说明了当时已经有较发达的以制陶、炼铜、纺织、皮革为主的手工业。畜栏周边大量的牲畜骨骼、粪便、牛羊毛等，则说明当时畜牧业发展也颇具规模。压有波浪、三角、人字、平行、圆点等花纹彩绘的陶制品；装饰方格纹和乳丁形纹的铜钺；动物骨精雕细磨的骨笛、骨哨、骨制装饰品等等，这些精美的器物、精细的做工充分展现了当时诺木洪人高超而精湛的技艺，也考证了他们除制造日常生产、生活用品外，还能制造车辆及武器。

在出土的物件中，一件陶牦牛制品，腹大体肥，两只角和尾部略损，背部呈波浪状，腹部长毛垂地，栩栩如生，实为难得的艺术珍品。而发掘的毛带里夹杂的少量牦牛毛，也进一步证明了牦牛在古羌人的牲畜生产中起着举足轻重的作用。古羌人不仅能够驯养牦牛，而且还将牦牛皮、牦牛毛加工成生活用品，牦牛成为古羌人衣食住行的必需品。出土的一块彩色藏羊毛毛席残片，虽历经三千年岁月的洗礼，但用黄、棕、红、蓝等色编织的条纹图案依然清晰可见，这是迄今为止出土的最早的一块毛席残片，是青海藏毯的雏形，说明藏毯起源于青海，同时也印证了当时的古羌族人已经熟练掌握羊毛织造和染色技术，并能编织出带有几何图案的毛席。另外，在一些出土的羊毛绳上打有死结或活结，可能是古羌族人结绳记事的体现。还有出土的一个骨哨，采用动物骨头加工磨制而成，整体呈管状，一端有扁圆平孔，外壁中间有圆形凹槽，可以用于系绳携带。出土的一件骨笛，残长8厘米，有4个孔，直径0.4厘米，孔距分别为1.2厘米、1.3厘米、2.7厘米，此类骨笛在西宁市西郊朱家寨遗址的卡约文化墓葬中也出土过。从打击乐的石磬到吹奏乐的陶埙再到管乐的骨笛，都有力地说明了早在原始社会晚期甚至更早时期，西部高原的原始舞乐活动已经十分丰富。这些物件的出土，不仅仅记录了原始祖先辛勤劳作的足迹，也蕴藏了祖先的感情和思想，展现了祖先战斗的勇气和征服自然的信心，有其独特的社会功能。

从这些出土文物中，我们仿佛看到了热火朝天、挥汗如雨的劳动场面，看到了熙熙攘攘、嘈杂繁华的市场，也看到了休闲时刻的载歌载舞，听到了悦耳动听的器乐声。不难推断，当时诺木洪地区的农业、畜牧业、手工业及狩猎业都较为发达，颇具规模，先民们已经过上了安居乐业的生活。

塔温搭里哈遗址则是目前已知的面积最大的诺木洪文化遗址，它由四个大山包和三个小沙包围成的一个长约250米、宽约150米的大广场，广场的地面由黄土铺垫，主要用于宗教活动，广场上未见遗址和遗物，这种遗址文化层直接堆积于地面之上的布局全国首见。

诺木洪文化遗址文化堆积从新石器时代延续到青铜器时代，在发现的40处遗址中，第五层地层中出土的毛布经碳14年代测定及树轮校正后，估算距今3045—2765年，属西周时期，而其下限至少可伸延到汉代以后。[1]

---

[1] 《海西民族文化》，新浪网，2006年7月28日，http://bj.sina.com.cn/t/2006-07-28/162799222.shtml，2023年3月1日。

2021 年在都兰县巴隆乡河东村西三千米处发掘的夏尔雅玛可布遗址，是青海省目前发现的规模较大且遗物丰富的另一处极具代表性的诺木洪文化遗址，也是第三次全国文物普查中发现的公元前 1400—前 1050 年的一处诺木洪文化遗址，距今 3000 多年。夏尔雅玛可布遗址是居址、墓地兼有的诺木洪文化遗址，遗址分布以哈图河为界，河之南为居住区，河之北为墓葬区，两区距离如此之近，不免让我们对 3000 多年前居住在这一带的人们产生好奇。2021 年 6 月，青海省文物考古所与中国西北大学联合启动了对夏尔雅玛可布遗址为期四个月的发掘工作，首次发掘面积为 1000 平方米。在遗址发掘中，发现了七根木质建筑围成的圈栏类结构，据推测可能是当时的先民用于圈养牲畜所用；出土了一个残损的骨笛，只留存 4 孔，可以想象当时先民们的娱乐生活；还发现了铸铜遗址，说明当时的工艺水平已经达到了非常先进的程度。除此之外，在遗址范围内，还发现许多牛、羊、鱼、鸟，还有旱獭的骨头，这表明当时人们的食谱已经非常丰富，能够自由捕猎鸟类和鱼类进行食用。同时，发掘获取大量陶器、石器、骨、角、牙器、木器、毛织物等遗物，墓葬随葬品中有多件陶器、铜器和大量玉石珍珠串饰。

夏尔雅玛可布遗址规模大，内涵丰富，文化因素多样，保存较好，对于了解它与周边河湟谷地、河西走廊以及新疆、西藏，乃至中原内地的关联有重要意义。为什么那个时期的先民要上高原？他们如何一步一步地适应高原？这些问题的探寻对于我们维护中华民族大团结和文化认同具有现实意义。目前共发掘清理了 25 座墓葬，这对研究诺木洪文化的年代分期、聚落形态、丧葬习俗、手工业技术和文化互动交流等方面有着重要意义，夏尔雅玛可布遗址是了解诺木洪文化发展、区域交流、聚落社会的绝佳遗址。

古羌遗韵——卡约文化遗址

　　青海省的西宁市，有一个大名鼎鼎的地方，那就是湟中县李家山镇的卡约文化遗址。卡约为藏语，意为山口前的平地。卡约文化因安特生1923年首先发现于青海省湟中县卡约村而得名，它是中国西北青海地区规模最大、分布最广的青铜时代的土著文化，是羌戎部落的文化遗存，而这个时期的羌戎部落正处于史书所记的"西王母国"时期。

　　卡约文化遗址曾被列入寺洼文化系统。1949年，夏鼐先生在《临洮寺洼山发掘记》中指出："卡窑文化，严格言之，不能算是寺洼文化。二者的铜器形制互异，陶器也多不同，即其双耳罐的形状也稍异。"首次把卡约文化从寺洼文化中分出来单独命名（因"约"与"窑"音近，原称为卡窑文化）。后来，考古学家普遍认为，卡约文化与寺洼文化不仅在地理分布上有差异，而且在文化内涵上也各具特色，应该属于不同的文化谱系。

　　卡约文化遗址分布在东临甘青交界的黄河和湟水，西临青海湖，北临祁连山麓，南临阿尼玛卿山以北的广大地区。遗址散落在民和、乐都、平安、西宁、互助、大通、海晏、刚察、同仁、湟中等十多个县市，以湟水中游西宁盆地最为集中，密度最大，专家推测此处为卡约文化分布的中心带。现今已发掘的卡约文化遗址和墓地共计 200 多处，其中墓葬有 1000 多座。

卡约村是遗址发现最早的地方，它坐落在云固川河上游东西两支流交汇而成的三角形川地处，遗址主要就分布在整个卡约村庄及村北耕地，整个遗址可分为南、北、西三个区域，南部区域掩埋在卡约村村庄之下，主要为居住区，边缘伴有少量的墓葬，现在很多庄院墙内仍然夹杂有杂骨和陶片；北部区域距离村庄约 40 米，地势偏高，为先民们的居住区，1958 年被公布为省级文物保护单位，20 世纪 70 年代前保存完整，80 年代初因耕地需要，遗址消失；西部区域则为墓葬群，安特生曾在此发掘出数座墓葬，后因多次取土致使墓葬受到破坏。另外东部区域也曾清理出 1 座残损的长方形立坑偏洞墓葬，发掘出 3 件随葬陶器及一些装饰品。可以看到，云固川文化遗存密集，充分证实了这里曾经是古羌人的聚集地之一。

卡约文化分布广泛，1954 年湟中朱家寨村（今属西宁）北山根发现了卡约文化墓葬，挖掘出完整的铜戈等遗物。

1956 年，永靖县沿黄河岸发现的两处卡约文化遗址，发掘出了 8 件陶器。西宁古城台遗址中，也发现了卡约文化的陶器、铜戈、铜泡等文物，其中彩陶器的发现也纠正了卡约文化无彩陶的观点。

1959 年，西宁贺家寨和湟源县境内又发现了多处卡约文化墓葬。1963 年，大通宝库和东峡再度发现了 6 处卡约文化遗址。在西宁鲍家寨筑水渠工程中新发现了完整的卡约文化铜鬲，1966 年，在剑扎县马卡塘清理了 5 座卡约文化瓮棺葬墓。

20 世纪 70 年代以来，考古学家继续在甘青地区进行大量的调查和发掘，加深了对卡约文化的研究。相继在刚察县沙柳河、大通县后子河上孙家寨发现两百多座卡约文化墓葬，仅上孙家寨就发掘了 219 座。

20世纪80年代在循化县街子乡托隆都村、共和县合洛寺、循化县苏志苹果园、贵德县山坪台、湟中县下西河潘家梁、循化县苏呼撒村、大通县黄家寨杨家湾、化隆县半主洼和刚察县城郊等墓地进行发掘，又发现近千座卡约文化墓葬和上万件出土文物。仅湟中县下西河潘家梁墓地就发掘出244座卡约文化墓葬和6958件出土文物。

其中，卡约文化大华中庄类型是1983年在青海西宁市湟源县大华乡中庄村发掘出的有别于其他地区同类墓葬的卡约文化遗址。历经3个多月的发掘，共发掘出118座墓葬，其中属于青铜时代的卡约文化墓葬117座。共有78座，卡约文化墓葬为竖穴土坑墓，坑形以长方形为主，按殉葬人数可分为单人葬和多人葬，按年龄可分为成人墓和儿童墓；另外有椭圆形墓6座，角形墓23座，这两种形状的墓地均未有儿童墓。在117座墓中，有随葬品的共104座，内容多为各类装饰品，还有少量的生产、生活用品，共1000多件。随葬品主要为陶器、铜器、石器和骨、角、牙、贝器，其中"黄帝四面"铜像和"鸠首牛犬"杖首的发现令人惊喜。因墓葬群被部分专家认为，隶属西王母及其子民的墓葬，而湟源则可能为统治青藏高原羌戎民族的西王母建立的苏毗国中心地带，并推测此处发现的"鸠首牛犬"铜杖首应为其王杖。该杖首由青铜所铸，銎为圆筒形，上为鸠头，大眼如环，眼下一周联珠，在鸟超长的巨喙上，承托一犬，对着鸠首承托的母牛做吠叫状，而母牛下有一牛娃正在吸乳，母牛隆肩拱腰做防御状。此件杖首构思巧妙、造型生动、寓意深邃、铸造精美，既展示出气势恢宏、不可侵犯的王权又充满了生活的浓浓情趣，实属青铜佳品。

20世纪90年代，在化隆县西北村、上半主洼、雄先乡下半主洼和尖扎县直岗拉卡乡鲍家藏村等地发掘卡约文化墓葬一百多座，出土文物上千件。其中，尖扎县直岗拉卡乡鲍家藏村遗址发掘出房址 3 座、窖穴 23 个；化隆县雄先乡下半主洼墓地出土了一座成年男女合葬墓，双木棺，保存完好。

2010 年，考古专家在青海湖畔海北州海晏县境内又发现了 31 处卡约文化遗址，这些遗址位于青海湖东北岸，保存完整、遗存丰富，在环湖的广大地区内发现了多个较大的聚落群，按文化类型划分，主要为长廊遗址带、淡水湖遗址和湖边支流遗址带。从这些遗址带采集到的不同年代的标本，为我们描绘了青海湖沿岸兴衰更迭的民族发展史的壮丽画卷，再现了古羌族人逐水草而居、驰骋马背的游牧风情。

卡约文物遗址中出土了大量的生产工具和生活用品，如石器、陶器、铜器、骨器等，还发现了早期的粮食粟和麦类，以及牲畜的骨骸。透过这些文物，我们似乎看到了一个个繁忙的农耕场景，在农田四周的山丘和丛林里，男人打猎，女人采果，人们安居乐业……在如此广阔的地域内，黄土河谷地带更多的人在农耕生产；在一些林木茂盛、水草丰美的地方，人们选择畜牧和狩猎；也有游牧民族在马背上生活……

在卡约文化墓葬中最常见有三样陶器，一件用于储存粮食，一件用于储藏肉类，一件用于装水。这一现象说明当时的人们有一种原始的宗教信仰，无论生死，这些都是必需品。墓中也多次发现四块牛蹄骨和一根尾骨，周围还放着四只狗爪或一个狗头，似乎表明狗永远是牛群忠实的守护者！

在男性的墓葬中多随葬武器，如铜刀、斧、戈、矛以及石、骨、铜制的箭头、箭簇等物，女性墓葬中则多有生活用具随葬，如骨针、骨管、石纺轮等器物。这种现象反映出在卡约文化时期，男女社会分工已较为明确，男性主要负责畜牧、狩猎和部落保护，而女性主要从事农业生产和家务劳动。

　　卡约文化有其独特内涵，主要表现为房址为半地穴式和地面式的房屋，一些房屋设置河卵石墙；生产生活中常用石器和骨器；陶器已有彩绘；能铸造非常精美的青铜器；会用铜、石、骨、牙、金等多种材料以及玛瑙、琥珀等珍贵材料制作彩色装饰品；墓葬习俗以竖穴墓、土洞墓、带龛墓和二次扰乱葬式为特色，并存在人殉的现象，随葬牲畜种类因男女而有不同，男人主要随葬马、羊和狗，女人随葬牛。

草原金字塔——都兰古墓群

近几年，《鬼吹灯》《盗墓笔记》等盗墓小说极为畅销，光怪陆离的世界、云诡波谲的历程、满室金玉的璀璨和看不见的妖魔鬼怪满足了多少读者猎奇的心理。其中"九层妖塔"往往成为谜底揭开的地方，成为无数读者的心之所向。难道"九层妖塔"真的有创作原型？如果有，它又在何方呢？

时光回溯到 2017 年 11 月，一群不法分子将目光停落在了青海省海西蒙古族藏族自治州都兰县热水乡境内的一座传奇大墓之上，短短几日盗窃文物 646 件。2018 年 3 月 15 日，青海省成立"3.15"专案组，对案件开展全面侦查。同年 8 月，盗掘、幕后出资、销赃、倒卖文物等 26 名犯罪嫌疑人全部落网，被盗文物全部追回。随着盗墓案落下帷幕，"血渭一号大墓"的神秘面纱又一次被揭开，原来它就是传说中的"九层妖塔"。图 2-14 为血渭一号大墓远景图。

事情要从 1982 年说起，那时候在青海省藏族自治州都兰县察汗乌苏镇的东南方向约 10 千米处有一个叫作热水乡的地方。当年此地有村民上报说这里发现了古墓，考古专家马上赶往现场，到达后专家们震惊了，这里不是一座古墓，而是一群古墓。此墓葬群一经发现就轰动了国内外考古界，被学术界命名为

图 2 - 14　血渭一号大墓远景图

"热水古墓群"，1983 年被评为中国六大重要考古发现之一。热水墓群分为大型墓葬和中小型墓葬两种，中小型墓葬分布较广泛，大型墓葬以"血渭一号大墓"为代表。围绕"血渭一号大墓"，周围还分布着大大小小 200 多座古墓，但可惜的是这些古墓都已被盗。

热水墓群是青海境内规模最大的一处唐代早期吐谷浑、吐蕃文化大型墓葬群，均匀分布在察汗乌苏河两岸山间河谷地带，整体呈枝杈状分布。

由于墓群被盗严重，青海文物考古研究所曾多次组织大规模的抢救性考古发掘，如血渭一号大墓、QM1 陪葬墓、祭祀坑、南岸 99DRNM1 - 99DRNM4、官却和遗址等重要遗迹。

其中，在对"血渭一号大墓"进行抢救性发掘时，才发现它是一个不得了的宝贝。整座大墓依血渭山脚，与自然山体相连，南临察汗乌苏河，为梯形双覆斗式墓葬。大墓坐落于两条山脉的交会处，从远处看就像两条蜿蜒的巨龙，而"血渭一号大墓"就是"二龙戏珠"里的那颗宝珠，大墓坐北朝南，高 33

米，南北宽 37 米，东西长 55 米。一眼看去就像个"金"字，所以它又被称为"东方金字塔"。这是一个极好的"风水宝地"，墓葬封堆以梯形和圆形为主，墓室位于墓葬封堆梯形石墙的正中下方，皆为竖穴形制。在墓堆下有三层围墙，全部用混合泥石夯实，非常坚固。墓堆往上有六层，每隔一米就用粗细一样的柏木隔开，看上去错落有致，于是当地人给这座古墓取了个"九层妖楼"的称号。图 2 - 15 为血渭一号大墓历史文化简介。

图 2 - 15　血渭一号大墓历史文化简介

封土向下 11.5 米处有十字形陪葬墓及动物陪葬墓两座，这也是吐蕃贵族常用的墓室形制。大墓南面平地上由 27 个圆形殉葬坑和 5 条陪葬沟等组成了陪葬遗迹，规模极为宏大。

专家在一、二层发掘出了许多陪葬品，包括古藏文木片、古蒙古族文木牍、彩绘木片和丝绸以及粮食。在二层还发现了七百多具陪葬的牛、马、羊等动物的骸骨。按理说在开头的一二层就发现了这么多文物，更应该继续向下挖，但是后续的发掘工作被紧急叫停了，这是怎么回事呢？原来，当时的发掘和保护手段比较落后，很多文物在出土的时候还保留着陪葬的颜色，但没过多久就氧化了，很多的彩绘木片就这样失去了色彩。这些木片对这片古墓群有着重要的研究价值，为了保护它们，只能暂停考古作业。

针对2018年的"血渭一号大墓"被盗案件，文物部门从2019年开始对已遭盗墓贼破坏的"血渭一号大墓"第一、二层进行了抢救性发掘，历经三年又有了新进展和新发现。

"血渭一号大墓"，出土了近千件反映中西方经济文化交流的金银器、玛瑙珠、精美丝织品、绿松石、铜器、古藏文木简牍等珍贵文物，如图2-16所示。其中金锦、缂丝、素绫等均属国内首次发现。西方织锦中独具浓厚异域风格的粟特锦，数量较多。织锦图案有各种奇花异草、珍禽异兽、车马人物等。其中佛像、人物射猎、西域人图像、织锦袜等都是我国第一次发现的珍品。①

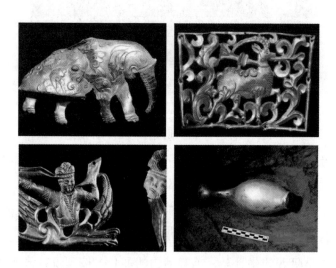

图2-16　热水墓群出土的部分金银器

① 《热水墓群》，百度百科，https：//baike. baidu. com/item/% E7% 83% AD%
E6% B0% B4% E5% A2% 93% E7% BE% A4，2023年3月1日。

考古专家在"血渭一号大墓"墓室内清理出一枚刻有骆驼纹、古藏文的银质印章，印章印面中央是一个骆驼纹，两个边缘有一行古藏文，翻译成汉语即"外甥阿柴王（阿夏王）之印"。通过藏学专家释读，结合敦煌吐蕃经卷等文献记载，初步推断"血渭一号大墓"墓主为吐蕃统治时期的一位吐谷浑王族。[①] 从形制来看，这是一枚吐蕃时期的印章，敦煌写卷中曾多次出现类似的吐蕃印章，印面中央有狮子、鸟、马等动物图案。结合史书记载和碳14检测，此墓主有可能是吐谷浑王的儿子莫贺吐浑可汗。

整个都兰古墓群由2000余座墓葬构成，其中以热水、沟里、巴隆、夏日哈四大墓群为主墓群，围绕在香日德河流域的王城周围，呈扇形拱卫状分布。而以"血渭一号大墓"为代表的热水墓群距香日德王城约20千米，因此处水源充沛，土地肥沃，环山绕水，被吐谷浑视为埋葬吉地。同时，热水墓群所在地区在吐谷浑时期也具有重要的军事地位。

热水墓群是6—8世纪的重要墓葬群，出土了大量反映丝绸之路经济文化交流的珍贵文物，包括有中西方文化要素的精美丝织品，兼具中原风格和西亚特色。其中，最具代表性的是钵罗婆文字锦，具有浓厚的异域风格，是世界上仅有的一件8世纪的波斯文织锦。这一文物的出土具有极高的科研价值，为波斯锦的研究提供了重要实物，是中亚纹样向东传播的典型例证。

出土的金银饰品与中原唐朝和中西亚金银器相比，已颇具吐谷浑特色，制作工艺十分精美，多用锤揲、压印、錾刻等工

---

① 尹杰：《2020年度全国十大考古新发现揭晓"一眼万年"，讲述丰富多彩的中国故事》，中国报道网，2021年5月26日，http://www.chinareports.org.cn/djbd/2021/0526/21678.html，2023年3月1日。

艺，图案以花鸟兽为主，常雕刻忍冬、莲花、团花、缠枝花草以及马、立鸟、翼兽、狮、大象等动物纹样。其中的粟特金银器、突厥银饰品、玛瑙珠、玻璃珠等都留下了唐代、粟特等多种文化交融的印记。

　　热水墓群的发掘，有力地证明了从北朝至隋唐时期，丝绸之路上的青海道就是当时对外交流的一条主干道，都兰则是东西方贸易的中转站，是一颗璀璨的丝路明珠。

吐蕃壁画——乌兰泉沟壁画墓

2019 年，青海省乌兰县惊现了吐蕃大墓——乌兰泉沟壁画墓，不仅成了当年度全国十大考古新发现，而且改写了整个青海的早期历史。

墓中不仅发现了青藏高原考古发掘史上首次出现的吐蕃时期壁画，还印证了史料记载中的丧葬制度。另外当考古人员将整个墓室提取出来时，意外地在墓室外面发现了暗格，这个暗格为什么会出现在这里，里面究竟又藏了什么？下面让我们一起走进这座神秘的大墓。

泉沟墓地位于青海省乌兰县河东村泉沟周边的山谷地带。2018 年，考古人员对发现于泉沟北侧 300 米处一座独立山丘东侧斜坡之上的一号墓进行了系统发掘。

当考古人员把表面泥土清理完之后，在地下三米深的地方发现了一个殉葬坑，坑里埋藏着一具骸骨，据史料记载，吐蕃时期非常流行这种殉葬方式，也就是说在贵族或者领袖死后，他们的随从会跟随自己的主子一同殉葬，这种方式称之为"共命人"。这种殉葬方式在以往的考古史上从未发现，并且只在《旧唐书》中有记载，如今的发现使这一丧葬制度得到了证实，从这具骸骨来看，他是在壮年的时候随着主人一起死去的。

经过清理得知，这座大墓的墓室有前室、后室和两个侧室。前室为砖墙结构，后室与两个侧室为柏木椁结构，表面有彩绘壁画，整个墓室以柏木封顶。墓顶上堆积 1 米厚大石封护。这些彩绘壁画是青藏高原首次发现吐蕃时期的墓室壁画。

前室墓门侧壁画内容为仪卫图，残留有执旗和牵马迎宾侍卫，其中左侧一人手持旌旗，在腰间还配有弯月形的虎皮弓囊。除此之外，旁边还绘有牛、骆驼、羊等动物，这幅画所描写的是一个驱使动物进献的场景。后室四面墙壁上绘有动物、宴饮以及汉式建筑、山水花卉等图案，顶部有祥龙飞鹤和各类飞禽走兽。因年代久远，画壁损毁严重。后室左侧的一座汉式木构建筑带有浓厚的中原特色。前后室内中央各立一根八棱立柱，表面彩绘莲花图。后室藏有大量彩绘漆棺构件，黑漆髹表，上绘彩色，有骑马人物、兽面、飞鸟、花卉、云团及几何图案等。有专家推测，彩绘漆棺或从中原地区运送而来，并且可能是做好后运送来的。随葬品有丝织残片、玉石金带、铜饰铁器、陶罐漆木、玻璃珠、粮食种子和动物骨骼等，可以判断墓主人的身份非常高贵。

为了更好地保护这些珍贵的文物，考古人员决定将墓室整体搬迁到博物馆中，就在提取整个墓室的时候，考古人员有了意外发现，即外侧的墓坑壁上惊现一个巨大的黑洞。有人猜测是一个盗洞，但是经过仔细检查后发现，这个黑洞并没有打穿椁板，并且周围也没有被盗掘过的痕迹，也就是说，它很有可能是原本就存在的，如此隐蔽且不同寻常的洞口，不由得让人怀疑这个黑洞下面很可能藏有惊天大秘密。经过考古人员仔细清理，这个看似和大墓毫不相关的黑洞却暗藏惊喜。

这是隐藏在墓室后室的一处暗格，是大墓中专门用来藏宝的密室。当考古人员将周围的泥土和木头清理干净后，一件件精美的金器马具和丝绸逐渐出现在众人眼前，从露出的金器局部来看，里面可能不仅仅只有金马具这种类型的文物，或许会有更大的秘密。当把暗格周围清理干净后，一个木箱呈现出来。当考古人员打开木箱的前挡板，眼前的景象令所有人员都惊呼不已，箱子里的绿松石、扳指杯等宝物除了用华贵、霸气来形容别无其他。经过清理，一顶珍珠冕旒龙凤狮纹鎏金王冠显露出了真容，这是一个造型比较奇特的冠，鎏金王冠前后各饰一对翼龙，龙身呈S形，在龙的肩部还长有翅膀，四爪还在上下舞动，双龙之间还镶嵌着绿松石和青金石，两侧有凤饰，后侧有双狮护颈饰，周身镶嵌绿松石、蓝宝石、石榴石、天青石珠等，龙嘴里还叼着东西。千年前的金冠被人虔诚地放在暗格之内，可见是墓主人最为珍视的物品。这件金冠不仅具有吐蕃贵族等级特色，而且融入了中原地区和中亚地区的一些装饰风格和制作工艺，反映了当时青海丝绸之路文化交流的盛况。

与金冠一起被提取出来的，还有一个鎏指金杯，四曲杯体和方形圈足，上面镶嵌着大量的绿松石，并且造型还是非常典型的中亚风格，内壁平滑、外壁纹饰繁复，制作工艺不但精美异常，且融唐朝、中亚和吐蕃之风为一体，同类出土器物中无出其右。

泉沟一号墓作为青藏高原唯一一座吐蕃时期的壁画墓，画风深受唐代影响；彩绘漆棺也是青藏高原发现的第一个独特的装饰性葬具，体现了两地不同文化的融合；墓葬内部设置密封暗格，这在中外考古史上都未曾发现。金冠的发现表明，墓主可能与吐蕃时期当地王室关系密切，地位很高。

第三篇　丝绸之路干线交会段

——新疆部分

千年王都——高昌故城

国学大师季羡林在论及敦煌和新疆在世界文化史上的价值时说道："世界上历史悠久、地域广阔、自成体系、影响深远的文化体系只有四个：中国、印度、希腊、伊斯兰，再没有第五个，而这四个文化体系汇流的地方只有一个，就是中国的敦煌和新疆地区，再没有第二个。"① 而吐鲁番盆地恰好处于丝绸之路要冲，是新疆地区文化荟萃的典型之一。其中的高昌故城，则是人们体验多元文化共存的一处历史胜迹，如图 3 – 1 所示。

在黄土遍布的残垣断壁间，高昌故城遗址上的建筑历经千年风蚀，有的像石笋，有的像蘑菇，有的像蜂巢，有的像宫殿，千奇百怪的形态与凋敝荒凉的气息似乎承载着往昔金戈铁马的嘶鸣呐喊，又映射出汉唐恢宏雄浑的历史气象。

高昌故城兴起于公元前 1 世纪，据说是汉武帝征伐大宛期间兴建的。汉武帝想要索取产自大宛国的汗血宝马，起初

---

① 季羡林：《敦煌吐鲁番学在中国文化史上的地位和作用》，《红旗》1986 年第 3 期。

图3-1　高昌故城入口处雕像

派遣使者携带金银财宝去大宛换取宝马，但他派出的使者不但被大宛国所杀，而且连钱财也被劫掠一空。盛怒之下，汉武帝遂令贰师将军李广利率数万兵马西征大宛国。谁知汉朝军队进入西域后，沿途的小国担心汉朝灭其国，纷纷闭门不出，也不给汉军提供粮草。缺少后勤补给的李广利只能用攻城劫掠的方式来取得给养，沿途长期的攻城作战使越来越多的士兵战死在去大宛的路上。耗时两年时间却没有丝毫进展，战士也仅剩十分之一二，无奈之下贰师将军李广利返回敦煌休整。在返回途中，部分身受重伤的士兵就留驻在高昌，《魏书·高昌列传》载："地势高敞，人庶昌盛，因云'高昌'。"高昌之名由此开始流传于后世。图3-2为高昌故城残存的佛塔建筑。

图3-2　高昌故城残存的佛塔建筑

高昌，因其地理位置险要，在丝绸之路上扮演着重要的枢纽角色，呈现出多元文化并存的面貌。西域的苜蓿、葡萄、香料、胡椒、玉石、宝马和中原的丝绸、茶叶等物品汇聚于此。高昌城内外，东来西往的使节、商旅、行人熙熙攘攘，呈现出人来车往、服装斑斓、马嘶驼吼的繁荣景象。高昌故城内的佛寺佛塔遗迹众多，墓葬出土的衣物上常有"左青龙、右白虎、前朱雀、后玄武"的字样，这是古代中国道教向西传播并和佛教并存发展的结果。高昌是一个多民族聚居的地方，早在汉代称作"高昌壁"的时候，这里就有土著的姑师人，到魏晋隋唐时期，来自中亚锡尔河和阿姆河流域的粟特人因经商而住居于此，其他如突厥、吐蕃、回鹘等族也是高昌地区常见的民族。1905年，德国的一支考古队在高昌故城发现了一座中世纪的"图书馆"，其中各类古代文书写本多达24种，分别用17种语言写成，足见当时民族成分之复杂。

高昌虽地处西域，但受中原文化的影响颇深。高昌王苦留玄奘的故事，就是高昌国钦慕佛教文化的反映。唐贞观三年

（629 年）玄奘从长安出发，过秦州、兰州、凉州、瓜州，跨过绵延 800 里的沙漠戈壁到达伊吾（今新疆哈密）。唐玄奘在伊吾停留歇息，高昌国国王麴文泰就派来使臣迎接玄奘。唐玄奘盛情难却，只好跟随使臣连夜抵达高昌王城。到达王城时，已是夜半三更，而麴文泰却列烛出迎，照得夜晚的高昌王城像白天一样明亮。高昌国文武百官皆虔诚顶礼，这让玄奘深受感动。一直到天亮，大家才去休息。在高昌国国王再三挽留下，唐玄奘在高昌停留了一个月，宣讲《仁王护国般若经》。临走前，高昌国国王麴文泰为玄奘法师准备了 30 套法衣，新备了遮蔽风沙的面具、手套、靴袜，还有黄金 100 两、银钱 3 万，另备有 30 匹马，力夫 25 人，以及绫绢 500 匹及两车果干。更为重要的是，麴文泰国王还亲自给沿途的其他西域国家写了 24 封书信，每封信都附大绫一匹为礼，为唐玄奘西行求法保驾护航。高昌国国王麴文泰这种事无巨细、倾心倾力的安排与考虑，既是对玄奘求法的大力支持，也是对唐朝时期佛教文化的推崇之至。帝王与高僧的情谊自此传为美谈。图 3 - 3 为高昌故城遗迹一角。

图 3 - 3　高昌故城遗迹一角

　　如今的高昌故城，是高昌回鹘时期在唐代高昌城的基础上改建而成的。古城呈方形，由外城、内城、宫城三部分组成，外城周约 10 里，平面大概呈不规则方形，城墙残高 5—11.5 米。内城大致位于外城中间，城周约 7 里，平面大概呈南北长方形。2014 年 6 月 22 日，第 38 届世界遗产委员会会议上，高昌故城作为中国、哈萨克斯坦和吉尔吉斯斯坦三国联合申遗的"丝绸之路：长安—天山廊道的路网"中的一处遗址点成功列入《世界遗产名录》。①

　　虽历经岁月的洗礼，但高大、厚实的高昌土筑城墙依然巍峨挺拔，仿佛诉说着高昌千余年的沧桑变迁。历史上高昌故城的记忆与那些鲜活的古圣先贤似乎已经化作默不作声的壁垒，始终默默地守望着这片大地。

---

　　①　《一百多年后的高昌故城——古代西域留存至今最大的故城遗址》，360 个人图书馆，2016 年 9 月 28 日，http://www.360doc.com/content/16/0928/00/32773547_594434044.shtml，2023 年 2 月 10 日。

丝路荣光——交河故城

在新疆吐鲁番盆地，有一座既没有城墙，也没有树木的城池，但它曾经是古丝绸之路上最繁华的城市之一，是世界上研究古代城市的著名标本，素有"东方庞贝城"的美誉，它就是交河故城。[①] 图3-4为交河故城入口。

图3-4 交河故城入口

① 丁振东：《世界上最完美的废墟——交河故城》，搜狐网，2017年10月18日，https：//www.sohu.com/a/198908939_738855，2023年2月11日。

　　吐鲁番是古代丝绸之路重镇，早在新石器时代就有人类活动。早期吐鲁番盆地一带的土著居民是姑师人，他们在这里建立了姑师（后称车师）国，而交河故城就是当时姑师国的都城所在地。《汉书·西域传》记载："车师前国，王治交河，河水分流绕城下，故号交河。"交河故城由姑师人于公元前2世纪开始兴建，西汉时期汉王朝和北边的匈奴"五争车师"，西域都护府设置后，车师归汉。东汉时期交河城是吐鲁番第一个政治、经济、文化中心。北魏时期高昌城成为高昌国国都。唐朝时期又在交河设置安西都护府，管辖吐鲁番及西域地区。9—14世纪吐鲁番地区的吐蕃、回鹘、蒙古等先后在此交战，交河故城在战火频仍中遭到损毁，田园开始荒芜，人烟逐渐稀少。至明代陈诚看到的交河故城已经是"沙河二水自交流，天设危城水上头。断壁悬崖多险要，荒台废址几春秋"① 的景象了。

　　交河故城位于吐鲁番市以西13千米的一座黄土台地上。因河水切割，交河故城外观土崖呈柳叶状，地势西北高，东南低，南北最长1650米，东西最宽处300米，建筑遗址面积约37万平方米。② 整个崖岸如刀削一般，高达30余米，形成一个地势险峻、易守难攻的天然壁垒。故城四周河谷环绕，恰似一艘被搁浅的巨轮。站在交河故城高处，迎着夏日的阳光远望，金黄色的光芒直刺眼帘。交河故城的南门，是军需粮草运送、军马出入的主要通道，西门地势险要，有"一人守隘，万夫莫开"的山崖。东门巍然屹立在30米高的峭壁上，是城内居民汲引河水的门户。城址类似一个军事堡垒，人在墙外，犹如处在深

---

① 张波等：《千年泥城——交河故城》，《中华文化画报》2008年第7期。
② 贺云翱等：《交河故城：中华五千多年文明史上的一个重要见证》，《中国民族报》2022年8月5日第5版。

沟之中，无法得知城内情况。人在墙内则可以居高临下，一览无余，掌握内外动向。交河故城城内建筑以中心大道为轴，东部为官署区，西部为住宅区，北部为佛教寺院区。1965年考古发掘时，发现在东部官署区整整齐齐地排列着一处奇怪的墓地，在半米长的长方形墓穴中发现了二百多个婴儿，整片墓地完全一样，这些婴儿没有姓名、没有墓志。为什么会有这么多的婴儿集中于此呢？它是破城前，交河人自己杀死的孩儿，还是破城后被屠杀的残骸，抑或是天灾疾病造成的死亡……迄今，这仍是交河留给世人的千古之谜。① 图3-5为交河故城部分建筑遗存。

图3-5　交河故城部分建筑遗存

---

① 《探秘故事：揭秘新疆交河故城遗址200座婴儿墓，晚上竟有神秘哭声》，https：//www.sohu.com/a/349052729_120271744，2023年4月17日。

　　交河故城最为奇特的地方，不是我们往常所见到的用土石砖瓦从低往高堆砌垒筑，而是从高台的地面向下"挖"。最早的居民开始从高耸的台地表面一寸一寸向下挖，一层一层硬挖出来一座城，即所谓的"减地留墙法"。因而形成的街巷狭长而幽深，像蜿蜒曲折的战壕。别具一格的建筑风格，在中国国内仅此一家，国外也十分罕见，古代劳动者的才智和创造力不得不令人拍案叫绝。

　　交河故城还发现了地下寺院和车师国贵族的墓葬，出土有泥塑、壁画残件、陶器、铜器、木器、石器、海珠、舍利子等一批珍贵文物，其中舍利子是新疆地区首次发现。文物无言，历史有声。一件件文物的出土亮相见证了交河故城及吐鲁番地区在中华文明起源和东西方文明交流互鉴中的重要贡献。图 3 – 6 为交河故城远景。

图 3 – 6　远眺交河故城

　　历史的烟云似乎已经散去，只有这些文物依旧暗含"白日登山望烽火，黄昏饮马傍交河。行人刁斗风沙暗，公主琵琶幽怨多"的情愫，① 见证了"交河城边飞鸟绝，轮台路上马蹄滑"的景象。② 古丝绸路上的喧嚣已成为过往，唯有坚挺矗立的交河故城身披历史的荣光，经受岁月的洗礼，变成了记载古丝绸之路的活化石。

　　① 王昌龄：《从军行七首·其四》，古诗文网，https：//so. gushiwen. cn/shiw-env_ d1129db241ec. aspx，2023 年 3 月 11 日。

　　② 岑参：《天山雪歌送萧治归京》，古诗文网，https：//so. gushiwen. cn/mingju/juv_ a9c736c9dddf. aspx，2023 年 2 月 11 日。

龟兹佛光——克孜尔千佛洞

古龟兹，被誉为"中国佛教文化的摇篮"。克孜尔千佛洞，就是古龟兹佛教文化发展，乃至繁盛的时代见证，它不仅是龟兹石窟的典型代表，也是中国历史上最早、地理位置最西的大型石窟群，是古龟兹人的惊世之作。

佛教自汉代传入中国后，很快在社会中生根发芽，得到了广泛传播。新疆古称"西域"，曾有"小西天"的美誉。由于新疆是丝绸之路必经之地，因此，无论是在佛教传入中国河西走廊以及中原内地的进程中，还是在佛教典籍翻译史上，新疆地区都有至深且远的影响。克孜尔千佛洞所在之地在古代属于西域的龟兹国，龟兹国历来是中西交流的中枢地带，所以来自古印度的佛教及其文化艺术传入龟兹后，发展迅速，几乎是举国信仰，佛寺庙宇遍布各地，高僧大德代有人出。其中，克孜尔千佛洞就是龟兹佛教文化的典型代表。

克孜尔千佛洞，位于新疆拜城县。它地处天山南麓、葱岭以东，介于阿富汗巴米扬石窟和敦煌石窟之间，背依明屋达格山，面朝木扎提河和雀尔达格山，洞窟在克孜尔镇东南7千米的河谷台地上。[①]。克孜尔千佛洞坐落于悬崖峭壁之上，洞窟鳞

---

① 《领略"中国第二敦煌"克孜尔千佛洞的苍凉与壮美》，大公网，2014年4月16日，http://bodhi.takungpao.com/buddha/2014-04/1381478.html，2023年2月11日。

图 3 – 7　远眺克孜尔石窟

次栉比，错落有致，绵延数千千米。现存洞窟 349 个，壁画近
10000 平方米。克孜尔千佛洞是西域地区现存最早、规模最大、
持续时间最长、洞窟类型最齐备、影响广泛的佛教石窟寺遗存，
是公元 3—9 世纪佛教艺术在龟兹地区的杰出创造和高度成就的
体现。①

　　来到克孜尔千佛洞的山脚下就有白杨萧萧、荒谷寂寂的感
觉。但步入一个小广场，映入眼帘的则是一尊高大的鸠摩罗什
青铜佛像。佛像高 3 米，立于 1.8 米的石基之上，周围有一圈
石栏杆，每个栏杆上都有一尊小铜狮子。坐落在大石头上的鸠
摩罗什大师的整体形象，是参考洞窟中思维菩萨的姿势设计
的，身着僧衣、俯视前方、身躯清秀、神情安详，呈凝思状，
如图 3 – 8 所示。

---

　　① 徐永明：《丝路上的克孜尔：中国石窟艺术的起始点》，澎湃新闻，2020 年
9 月 15 日，https://www.sohu.com/a/418450869_120550067，2023 年 2 月 11 日。

图3－8　克孜尔石窟广场鸠摩罗什佛像

　　鸠摩罗什出生于公元4世纪的龟兹。当时佛教传入西域已有200余年，龟兹已成为西域的佛教中心。龟兹的苏巴什佛寺吸引了遥远国度的僧侣们，鸠摩罗什的父亲鸠摩炎原是古印度婆罗门种族的一个国家的宰相，深受龟兹佛寺文化的影响，从印度来到龟兹，被龟兹王聘为国师。仪表堂堂、经学满腹的鸠摩炎和龟兹王貌美聪慧的妹妹罗什一见钟情，二人结为夫妻后生下鸠摩罗什。鸠摩罗什的母亲本来就是一位虔诚的佛教徒，她陪伴9岁的鸠摩罗什跋山涉水到印度学习佛教经典。鸠摩罗什12岁时，与母亲一起返回了龟兹。龟兹王听说鸠摩罗什回来了，亲自远迎，以上宾之礼请其弘法讲经，鸠摩罗什在龟兹的地位可见一斑。鸠摩罗什佛像以克孜尔千佛洞为背景，人窟合一，饶有韵味。

　　走进克孜尔千佛洞，里面的壁画色彩艳丽，着实令人惊叹，如图3－9所示。但那些毁坏痕迹又确实令人痛心。19世纪末20世纪初，一批批所谓的英、德、日等西方“探险家”在新疆大肆盗掠，克孜尔石窟的主体塑像多已被毁。尤其是德国柏林民俗博物馆考古队的勒柯克，从这里盗走的壁画、塑像和其他艺术品，以及手抄或印刷的汉文、梵文、突厥文、吐火罗文的文书，达上百箱。[1] 他们将石窟内的壁画切割成方块状，一块块地运回德国重新拼接。仅德国探险家盗走的壁画就有200多平方米。[2] 可惜的是，有一部分毁于二战。如今，在德国的亚洲艺术博物馆内就能看到这些被盗取的壁画。

图 3 - 9　克孜尔石窟壁画

克孜尔石窟建筑包括中心柱窟、大像窟、方形窟、僧房窟、龛窟、异形窟等洞窟类型。克孜尔石窟在形制方面最大的创新是中心柱式窟，这种中心柱式窟也被称为"龟兹型窟"，数量达60余个。以10米以上的大型立佛为特征的"大像窟"，是世界同类洞窟中现存开凿年代最早者，对新疆以东地区石窟的开凿

---

① 《神秘独特的—龟兹（克孜尔千佛洞）》，360个人图书馆，2015年3月24日，http：//www.360doc.com/content/15/0324/04/15553007 _ 457554249. shtml，2023年2月6日。

② 《中外携手保护克孜尔千佛洞四大文明交汇处的新融合》，中新网，2015年7月30日，https：//www.sohu.com/a/25027003_ 115428，2023年2月6日。

产生了重大影响。犍陀罗佛教艺术以及波斯文化对克孜尔石窟壁画中的因缘故事、佛传故事、天宫伎乐等艺术影响较大。当然，中原地区汉代以来流行的各种纹饰和波斯萨珊王朝流行的联珠纹饰都在壁画中有所体现。壁画反映的乐器类型十分丰富，有弓形箜篌、竖箜篌、五弦琵琶、曲颈琵琶、阮咸、曲颈阮咸和里拉等弦乐器，也有长筒形鼓、鸡娄鼓、腰鼓、毛员鼓、达腊鼓、铃和铜钹等打击乐器，还有长笛、横吹、排箫、羌笛、筚篥和贝等吹奏乐器，汇集了来自印度、中亚、西亚、中原及龟兹本地的乐器。① 其展示了丝绸之路上多种艺术风格在龟兹地区的交会融合。

2014 年 6 月，克孜尔石窟入选《世界遗产名录》，② 这座承载世界文明的千年佛寺更好地展示在了世人面前。

---

① 徐永明：《丝绸之路上的克孜尔石窟》，百度新闻，2021 年 8 月 7 日，https：//baijiahao. baidu. com/s？id = 1707368495751510775&wfr = spider&for = pc，2023 年 3 月 1 日。

② 《在克孜尔石窟　见证丝绸之路和文化多元》，环球网，2019 年 5 月 30 日，https：//world. huamqiu. com/article/9CaKrnKkLQ0，2023 年 2 月 12 日。

双寺并峙——苏巴什佛寺

苏巴什佛寺是古代西域龟兹国佛教重地，也是鸠摩罗什学法、玄奘大师讲经之地。曾经，一条铁路支线为其更改路线，使其得到了更好的保护。在佛塔之下还发现过女尸。这究竟是怎样一处神秘的文化遗产呢？

苏巴什佛寺所在的库车市是古代龟兹国的中心地，也是龟兹常年经营的国寺。龟兹是古代西域三十六国之一，位于天山南麓、塔里木盆地北缘，是丝绸之路新疆段中线的重要枢纽。公元前60年，汉宣帝在龟兹东部的乌垒城（今轮台县）设置西域都护府，自此龟兹与中原汉文化开始有了直接交流。魏晋时期，龟兹的佛教文化达到顶峰，《晋书》卷九十七《四夷传》云："龟兹国西去洛阳八千二百八十里，俗有城郭，其城三重，中有佛塔庙千所……王宫壮丽，焕若神居。"直到公元14世纪，随着伊斯兰教在龟兹等地势力的发展壮大，佛教文化开始式微，苏巴什古城及其佛寺也走向萧条。

"苏巴什"是维吾尔语，意为"水的源头"。苏巴什佛寺大约建于公元3世纪，又名"昭怙厘佛寺"，是魏晋到隋唐时期龟兹乃至西域的佛教文化中心。苏巴什佛寺地处却勒塔格山南麓，

位于库车城区西北 23 千米处的库车河东西两岸的冲积台地上。^①
如图 3 - 10 所示。佛寺遗址群被库车河分为东寺和西寺两片遗
址群，两厢并立，隔河相望，西寺遗址南北 992 米，东西 265
米，遗址大部分保存较好，周长约 318 米，残高 10 米以上；东
寺遗址南北 835 米，东西 215 米，残存的墙壁最高的有 10 多米，
还有重楼。苏巴什佛寺遗址布局上最大的特征是寺中有寺。佛
寺建筑遗迹大部分暴露于地面上，含有佛殿遗址、佛塔遗址、
僧房遗址、洞窟等，均由土坯垒砌而成，方形的土塔保存完好，
造型奇特，禅窟内残存部分壁画和石刻古龟兹文字，如图 3 - 11
所示。曾出土过汉朝、南北朝、唐代钱币，波斯萨珊朝库斯老
二世银币，铜器、铁器、陶器、木器、壁画、泥塑佛像以及绘
有乐舞形象的舍利盒，写有古民族文字的木简及残纸等。

图 3 - 10　苏巴什佛寺遗址

① 《新疆最大佛教文化遗址文物保护利用设施建设项目开工》，县域经济网，
2020 年 7 月 8 日，https：//www. xyshjj. cn/detail - 1482 - 30509. html，2023 年 2 月
9 日。

图 3 – 11　苏巴什佛寺遗址内景一角

　　据说，苏巴什佛寺是著名佛经翻译家鸠摩罗什的学法之所。鸠摩罗什生于龟兹，7 岁的时候就被母亲送到苏巴什佛寺学习小乘佛教，潜心研读佛学，终成一代名家。成年以后的鸠摩罗什精通大小乘佛法，多次在苏巴什佛寺开坛讲经。前秦的苻坚仰慕鸠摩罗什的声名，不惜派遣十万大军攻打龟兹，迎接罗什到中原弘法。前秦大将吕光把鸠摩罗什带到凉州居住长达十六七年之久，后来到长安专心翻译佛经十余年，名留青史。时至唐朝，苏巴什佛寺仍旧香火鼎盛，僧侣云集。玄奘在《大唐西域记》中有专门记载，并且深受吸引，曾在此逗留两个多月，一边学习一边讲经，据推测当时听玄奘讲经的僧侣大概有一万人之多。

　　令人惊诧的是，10 世纪 70 年代末库车地区暴发洪水后，在对佛寺中的塔庙进行清理和维护时，意外地在塔座里面发现一处墓葬。墓葬的主人是一名身高 175 厘米、年龄约 20 岁的女子。该女子的形象装扮与玄奘在《大唐西域记》中对龟兹风俗的一些描述完全吻合，因此她也被人们称为"龟兹美女"。后来，有人根据小说《西游记》演绎说这位"龟兹美女"就是女儿国国王。① 而最让人意外的是，该女子的腹部竟然还存有婴儿的骨头。一座千年寺庙下面竟然埋葬着一个怀有身孕的女性！着实令人费解，迄今仍是不解之谜。

苏巴什佛寺是新疆地区保留至今规模最大、保存最完整、历史最悠久的佛教建筑群遗址，2014 年成功列入《世界遗产名录》。② 苏巴什佛寺遗址常年裸露在旷野中，国家十分重视对其保护维修。2008 年 5 月至 2009 年 10 月，原本计划在苏巴什佛寺遗址的西寺与东寺之间修建一条库车至俄霍布拉克的煤矿铁路支线，但如果开工实施将会对文物本体造成损毁，后经国家文物局等多个部门的反复研究论证，最终将铁路线在原来基础上西移，成功避开苏巴什佛寺遗址，使其依然翘首观望着库车日新月异的变化，不断在历史积淀中增强自身的文化底蕴。图 3 - 12 为苏巴什佛寺遗存佛塔建筑。

图 3 - 12　苏巴什佛寺遗存佛塔建筑

① 王瑟：《苏巴什：一座藏着龟兹王陵的佛寺》，《光明日报》2018 年 5 月 19 日第 12 版。

② 《遗产介绍——苏巴什佛寺遗址》，丝绸之路世界遗产网，2016 年 3 月 3 日，http：//www. silkroads. org. cn/portal. php？aid = 1379&mod = view，2023 年 2 月 10 日。

沙湮文明——小河墓地

　　小河墓地、罗布泊、微笑公主、孔雀河……每当人们看到这些字眼的时候，心底总会不由自主地泛起一丝神秘和向往之情。

　　在中华民族数千年的历史长河中，总有一些灿烂的文明如同昙花一般存在后随即消失。但随着历史尘埃渐渐消散，它们又适时地露出了神秘的面庞，重新把人们的目光聚焦起来，让我们领略它们美丽的一角。小河墓地就是这样的一个典型。

　　1934年6月2日傍晚，瑞典考古学者贝格曼在当地罗布猎人奥尔德克的带领下，沿着孔雀河向南的一条小河道前行，穿过低矮的沙丘，来到了一个覆盖着沙子的圆山前。看着山顶长长的木柱，贝格曼欣喜万分，因为他终于看到了那个传说中有"一千口棺材"的著名墓地。贝格曼临时把这条无名的小支流命名为"小河"，因此就有了"小河墓地"的称呼。贝格曼在这里挖掘了12座墓葬，带回了200件文物。在这儿，贝格曼发现了"世界上保存最完好的木乃伊"，并且第一次向世人介绍了小河墓葬中的"微笑公主"："高贵的衣着，中间分缝的黑色长发上戴着一顶装饰有红色带子的尖顶毡帽，双目微合，好像刚刚入睡一般，漂亮的鹰钩鼻、微张的薄唇与露出的牙齿，为后人留下一个永恒的微笑。"① 1939 年，贝格曼公布了这次考察报告以后，立刻引起了国际学术界的关注。在这片神秘阴森的墓地上到底生活着怎样一种奇特的人类，他们创造了什么样的文明，小河墓地和同样为世人关注的楼兰文明又有怎样的联系或区别？这些都成为文化界热议的一个重要话题。1946 年，贝格曼病逝，有关小河墓地的一切都消失隐藏在混乱的年代里。之后数十年，这些问题始终萦绕在许多中外考古学家的脑海中，小河墓地也成为中亚考古史上和沙湮文明中最难解的一个谜。图 3 – 13 为沃尔克·贝格曼。

图 3 – 13　沃尔克·贝格曼

---

① 《小河公主 3800 年肉身不腐之谜》，360 个人图书馆，2013 年 2 月 8 日，http：//www.360doc.com/content/13/0208/21/5511420_264884353.shtml，2023 年 2 月 12 日。

此后的几十年，再也没有人来过小河墓地。当世人们逐渐淡忘这个地方，以为小河墓地必将消失在历史的烟云中时，它却奇迹般地重新在沙海中现身，为世人揭开小河墓地的神秘面纱提供了新的契机。2000 年 12 月 11 日，新疆文物考古研究所的王炳华终于再次找到小河墓地，① 这引起国内外历史、考古界的高度关注。2002 年年底，考古人员对小河墓地进行了试掘，通过跨 4 个年度的沙漠考古，共计发掘墓葬 167 座，获得服饰保存完好的干尸若干，出土的珍贵文物数以千计。小河墓地被评为 2004 年中国十大考古发现。2021 年，小河墓地入选全国"百年百大考古发现"。

小河墓地，给人的第一印象就是墓地沙山上密密麻麻矗立的 140 多根高出地表 2—4 米的多棱形、圆形、桨形的粗壮胡杨木桩。② 墓葬结构基本一致，一般是沙坑放置胡杨木棺，一墓一棺，棺材由两根胡杨树干加工成棺木侧板，并将挡板楔入棺板两端的凹槽中加以固定。③ 现场宰杀活牛剥皮之后，马上用新鲜的牛皮把整个棺木包裹起来，在干燥过程中，牛皮不断紧缩，最后将棺木紧紧缠裹起来。所以不需要棺底，棺盖是十多块宽度依棺木弧形截取的小挡板。

考古工作者在小河墓地的一座船形棺木内，发现了一具保存完好、脸带微笑的年轻女性干尸，这就是有名的"小河公

---

① 《神秘的"小河墓地"：小河墓地六大未解之谜》，360 个人图书馆，2017 年 5 月 10 日，http://www.360doc.com/content/17/0510/07/11532035 _ 652588252. shtml，2023 年 2 月 12 日。

② 《小河墓地之谜，六大谜团到底隐藏什么秘密（极度崇拜柱形生殖）》，探秘志，2018 年 7 月 7 日，https://www.tanmizhi.com/html/4024.html，2023 年 2 月 12 日。

③ 《小河墓地的千古之谜——夸张的生殖崇拜是为什么?》，https://www.360kuai.com/pc/962a65392c70dca2e? cota = 3&kuai _ so = 1&sign = 360 _ 57c3bbd1&refer _ scene = so_ 1，2023 年 2 月 12 日。

主"，也有人称其为"微笑公主"。通过技术鉴定，"小河公主"属于印欧人种，生活在距今 4000 年前后的青铜时代。"小河公主"虽然经历了 4000 余年，但整体保存十分完好，头戴尖顶毡帽，一根羽毛斜插在帽子上，棕色长发、双目微闭、睫毛翻卷、鼻梁高挺、嘴唇轻抿，极具欧洲白种人的特征。"小河公主"一经发现，便惊艳了世人。据研究，小河墓地的干尸是同时拥有欧洲和西伯利亚的混血，他们既有西方的遗传特征，也有东方的遗传特征。① 也就是说，早在 4000 年前，这里就已经是东西方人往来驻留之地，并且有血缘互动了。这也意味着小河地区东西文化的交流交融比我们传统认为的丝绸之路早了近 2000 年。图 3 – 14 为小河文化简介。

图 3 – 14　小河文化简介

---

① 《小河公主是混血儿》，《大科技》（科学之谜）2010 年第 6 期。

据考古调查，在小河墓地周围 5 千米范围内，竟然没有发现任何同时期人类活动的遗迹和居民遗址。面对那些巨大的船桨，如今的我们只能联想当年这里的先民泛舟荡漾的画面。看着荒漠深处规模庞大的墓地，难以想象先民究竟是怎样把木料运到此处的？小河地区是不是存在一个被历史遗忘的王朝？是沙漠、是瘟疫还是战争毁灭了这个文明？沙海之中的这一个个谜团或许正是人们驰而不息进行探究的动力源泉。

丝路枢纽——楼兰古城

罗布泊这个名字，总会对人产生一种莫名的、强大的、神秘的吸引力，牵引着探险家和文史爱好者的目光。汉代的张骞、唐代的玄奘、瑞典的斯文·赫定、科学家彭加木、探险家余纯顺……"探险罗布泊"并非只是为了探究生命的禁区，无数的探险家、科学家为之着迷甚至付出生命实际上更多是为了触摸历史的印痕。

如今，地处塔里木盆地东部的罗布泊，早已被漫漫黄沙掩盖了昔日的繁华。唯有西北方向的楼兰古城能使人感受到罗布泊跳动的脉搏。

楼兰，正好处于丝绸之路新疆段中道与南道的交会点上，对沟通古代中西文明具有重要作用。随着丝绸之路文化热度的不断升温，楼兰古国的神秘面纱也逐渐被人揭开。旁依烟波浩渺的罗布泊，四周环绕清澈的河流，优越的自然地理条件奠定了楼兰兴起繁盛的基础。据记载，楼兰古国兴建于公元前176年，消失于630年，前后历经800余年。值得一提的是，距今2000年的楼兰国盛极一时，在历史上留下了许多佳话。

汉代的楼兰，是西域三十六国之一。《汉书·西域传》

载："鄯善国，本名楼兰，王治扞泥城，去阳关千六百里，去长安六千一百里。户千五百七十，口万四千一百，胜兵二千九百十二人。"古楼兰地处新疆巴音郭楞蒙古自治州若羌县北境，地接敦煌阳关，是西出河西走廊的第一站，为汉朝政府控御西域的战略要地。西汉前期，丝绸之路北道国家常常受到实力强大的匈奴的侵扰。汉朝的使者、商人等为了避开匈奴的迫害，出敦煌，经白龙堆，过楼兰，然后沿着塔里木盆地南缘西去，即途经今天所说的丝绸之路南道开展对外交流交往。由于楼兰恰巧处于南北丝路的中间地带，因此也常常受到匈奴的欺凌。为了自身安全，楼兰国国王把自己的两个儿子分别送到匈奴和汉朝当作人质，以求取安宁。但是在匈奴的不断攻击下，楼兰国屡次背叛汉朝，经常截杀汉朝使臣，抢夺财物。汉朝皇帝在诏书中说："楼兰王安归尝为匈奴间，候遮汉使者，发兵杀略卫司马安乐、光禄大夫忠、期门郎遂成等三辈，及安息、大宛使，盗取节印、献物，甚逆天理。"随后就有了傅介子出使西域刺杀楼兰王的典故。唐代诗人王昌龄用诗句"青海长云暗雪山，孤城遥望玉门关。黄沙百战穿金甲，不破楼兰终不还"来赞扬傅介子的勇敢果断。①之后，楼兰改国名为鄯善，汉朝在楼兰驻军屯田，自敦煌至楼兰沿途设置烽燧亭鄣，保障了丝绸之路的通畅。

据郦道元的《水经注》记载，东汉以后，由于塔里木河支流改道，造成楼兰严重缺水。驻守敦煌的索勒曾经召集西域各国士兵不分昼夜往楼兰引水，但最终楼兰古城还是因断水而逐渐被废弃。

---

① 王昌龄：《从军行七首·其四》，古诗文网，https：//so. gushiwen. cn/shiw-env_ d1129db241ec. aspx，2023 年 3 月 11 日。

　　千余年之后，瑞典人斯文·赫定在罗布泊沙漠考察。他雇佣的当地向导在寻找一把丢失的铁斧的过程中，竟然意外地发现黄沙之下有一座古代的城堡。斯文·赫定等人在罗布泊西北岸的这片古城遗迹上发现了散布的木雕、织物和一些钱币。经过一年的悉心准备，1901 年 3 月 3 日，斯文·赫定再次来到古城发掘，获取了不少的钱币、丝织品、粮食、陶器、古代文书、竹简和毛笔等遗物，通过对文书中写有"楼兰"字样文字的鉴定研究，确认此处就是消失了千余年的楼兰古城，如图 3 – 15 所示。

图 3 – 15　楼兰出土文书复原示意图

　　曾经活跃了几个世纪的楼兰古城，在公元四五世纪以后忽然消失于历史记载。据考古研究发现，楼兰地区发掘的古墓沟墓地，将楼兰文明推进到了 3800 年前的青铜器时代。这里首次发现了带有长墓道的洞室墓和壁画墓；1980 年在罗布泊铁板河发现了轰动世界的"楼兰美女"；1997 年楼兰西北的营盘墓地被评为"全国十大考古新发现"。这些沉睡在大漠风沙中的遗迹遗物，到底还隐藏着楼兰多少不为人知的秘密？

　　如今的楼兰古城遗址散布在罗布泊西岸的雅丹地貌之中，整体呈正方形，面积约十万平方米。有土坯建筑的官衙，也有红柳、芦苇搭建而成的民居，还有高高矗立的佛塔。尽管四周墙垣多处坍塌，建筑四壁几近不存，但从其宏大的布局中依然能够感受到曾经的繁华与美丽。

且末古民——扎滚鲁克墓群

丝路悠悠，驼铃声声。人是丝绸之路永葆活力的第一要素，在丝绸之路南道重镇且末，就有这样一个墓群——扎滚鲁克墓群见证了当地的沧桑变迁。这里出土了距今 2800 年的红柳烤羊排及各式各样春秋战国至汉代多达一千余件极具特色的珍贵文物。这些出土的文物，表现出古且末文化与丝路文化及北方草原文化交流融合的鲜明地域特征，是了解丝路南道尤其是且末上古文明的重要参考。[①]

扎滚鲁克墓群，位于且末县扎滚鲁克村西约 2 千米的高堆积戈壁台地上，地处阿尔金山前的车尔臣河流域。墓葬区南北长 1100 米，东西宽 750 米，距离且末县城西 5 千米处。1930年，扎滚鲁克墓群首次被发现，由 1—5 号墓地组成，分为东西两区，总面积约 3.5 平方千米，是昆仑山北麓发现的最大的墓群之一，有 2700—3500 年的历史，是古代且末国文化的典型代表。[②] 图 3 - 16 为课题组考察扎滚鲁克墓群。

---

① 唐玉华：《新疆文物资源的保护》，硕士学位论文，华东师范大学，2006 年。

② 《扎滚鲁克古墓群——醋睡千年的且末文化代表》，搜狐新闻，2017 年 11 月 23 日，https：//www.sohu.com/a/206206785_ 457105，2023 年 2 月 18 日。

图 3 – 16　课题组考察扎滚鲁克墓群

　　且末，汉语意为"河边的城市"，是"玉石之路"的发祥地，也是西域三十六国之且末国和小宛国所在地。图 3 – 17 为且末县博物馆藏玉笔筒。《汉书·西域传》载："且末国，王治且末城，户二百三十，口千六百一十，胜兵三百二十人。"扎滚鲁克墓群地表无任何植被，为砂质土壤。放眼望去，只有一些高低不平的沙丘、稀疏的芨芨草和早已干涸的车尔臣河故道静静地矗立在风中。其中，一号墓地墓葬分布相对集中，共发掘出 169 座墓葬，最典型的是一个家族好几代人合葬在一起的家庭式墓葬。多次出土梳子、篦子八十余件，有骨质、角质、木质等，反映了古且末人生活的社会经济和自然生态环境状况。墓葬中出土的两件木竖箜篌乐器是中国目前发现年代最早的珍贵文物，不仅填补了文物考古界有名无实物的空白，而且以"最古老的拨弦乐器"载入吉尼斯世界之最。

图3-17　且末县博物馆藏玉笔筒

令人称奇的是，扎滚鲁克墓还出土有距今两千八百多年的羊排。羊排串在红柳枝上，其一所串羊肋骨长18厘米、宽13厘米，由10根组成，红柳枝长58厘米；其二有5根肋骨，长18厘米、宽5厘米，所串红柳枝长52厘米。这可能是目前所见最早的烤肉食物。这里出土的木乃伊也同样具备极高的研究价值。在一处小小的坟墓中曾发现了一个特殊的木乃伊，他还是一个襁褓中的婴儿，被考古专家称为"扎滚鲁克婴尸"。扎滚鲁克婴尸呈仰卧姿势，头部枕有一件毛毡枕，以蓝、红色相缠的毛绳交叉捆紧，全身上下只露出面部，与现代婴儿的包裹方式相似。在婴儿头部的左右两侧，放置有牛角及用羊皮制成的袋子。经过鉴定发现，陪葬牛角的内部，存在水浸的痕迹，应该是一件用于饮水的容器。而羊皮袋应该是以羊乳袋制成的"奶瓶"，其内部所盛放的应当是新鲜的羊奶。① 婴儿的父母将清水与羊乳放

---

① 《扎滚鲁克墓群出土婴儿木乃伊，看罢他两侧的陪葬品，让人感动》，搜狐网，2020年11月24日，https://www.sohu.com/a/433866031_411416，2023年2月19日。

在其身边，既是古代"视死如生"观念的表现，也充分表达了父母对婴儿的爱护关切之情。

值得一提的是，在距离扎滚鲁克墓葬区 5 千米处还有一个"来利勒克遗址"。遗址地域已经没有绿色植被，属于完全沙化状态。"来利勒克遗址"的沙层地表随处可见古代遗留的大量陶片，以手制的红褐色和灰褐色为主，地表陶片散布密集的地方每平方米可达 116 块，如图 3 - 18 所示。2001 年以"面积最大的古陶片散布遗址"载入"大世界基尼斯之最"①。

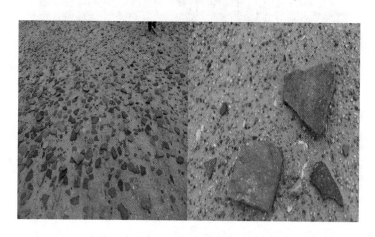

图 3 - 18　"来利勒克遗址"碎陶片

扎滚鲁克古墓群中出土的带有浓郁西域风格的文物和"来利勒克遗址"的海量碎陶片，是古且末人历史、艺术、生活的完美诠释，更是西域文明史中具有代表性的一处重要的文化遗产。

————————

① 《玉都且末抒写全域旅游新篇章》，中国日报网，2019 年 1 月 3 日，http：//xj. chinadaily. com. cn/a/201901/03/WS5c2daeeda3106072a9033e1c. html，2023 年 2 月 12 日。

精绝古国——尼雅遗址

新疆民丰县城北，塔克拉玛干沙漠南缘，至今遗留着一处内陆荒漠绿洲城邦聚落遗址——尼雅遗址。中外学者百年综合研究表明，这是西汉至晋前凉时期著名绿洲国精绝国遗址。公元前60年，精绝国归属西域都护府管辖，属西汉王朝管辖下的古西域三十六国之一，繁盛时期大约是公元初至公元4世纪末。

《汉书·西域传》记载："精绝国，王治精绝城，去长安八千八百二十里，户四百八十，口三千三百六十，胜兵五百人。"《新唐书·地理志》记载："于阗东七百里有精绝国。"从史书记载来看，精绝国起讫时间从汉代延续到唐代，唐代以后，关于精绝国的记载几绝于经典，直到尼雅遗址被发现。因为该遗址出土过带有"汉精绝王"字样的汉简，所以尼雅遗址被认为是西汉时期的精绝国遗址。

1901年，匈牙利人斯坦因（1904年入英籍）在尼雅河畔发现了尼雅遗址，这座古城才惊现于世。斯坦因的四次中亚探险都调查了尼雅遗址，斯坦因在尼雅遗址挖掘出土并悉数运回英国的七百多件佉卢文木牍、汉文简牍以及木雕等珍贵文物佐证了一个绿洲古国的实际存在。自1959年起，我国考古工作者就开始进行考古发掘。1995年，中日考古学家联合考古，发现了数量众多的佉卢文木简函牍和织锦，其中来自东汉的"五星出东方利中国"织锦护膊保存完好，是汉代成熟精湛的丝绸制作技艺的绝佳反映，揭示了西域古代文化是中华文化不可分割的一部分的重要事实，如图3-19所示。"西亚的器皿、印度的图案、中国的漆器、罗马的木雕，在尼雅古城，都看得见。"①

图3-19　尼雅遗址出土"五星出东方利中国"织锦

精绝古国规模很大，遗址东西宽约5千米，南北长约30千米（包括周边），以佛塔为中心，散布着房屋居址、城址、冶铸遗址，以及水渠、涝坝、果园、林地、畜圈、墓地、田地、林荫路等多处遗迹，还有枯树林、河床等，这些都是珍贵的文化遗产，因此被人们称为"丝绸之路的庞贝城""梦幻的古代城市"。尼雅遗址出土的汉文木简和"司禾府印"煤精印证明汉晋王朝对精绝古国进行了有效管辖和治理。佉卢文被称为西方的甲骨文，是贵霜帝国的文字，出土的佉卢文木简函牍，是佛教向外传播的明显例证。精绝国崇尚佛教，佛教占有重要地位，

———————

① 陶襄、刘玉生：《尼雅古城沙漠中的精绝往事》，《中华遗产》（丝绸之路专辑）2018年第3期。

现存尼雅遗址中心广场前面的佛塔标志最为明显，如图 3 – 20 所示。佉卢文书和大量织锦证实了精绝国和西方、印度以及中原的联系。精绝古国之尼雅遗址见证了历史上新疆地区和中原地区、西方和东方经济文化的交融和变迁，彰显了中华民族开放包容的气质和风采。

图 3 – 20　尼雅佛塔遗址

精绝古国突然消亡的原因不明，一种说法是被其西南方向的强大部落所消灭，另一种说法是尼雅河干涸，古城水源断绝，整族可能迁徙而去。前者的问题在于在尼雅遗址看不到战争的遗迹，后者的问题在于从尼雅遗址遗留物来看，许多官方文书、生活用品原封未动，不符合迁徙的实境。根据《大唐西域记》记载，玄奘法师取经回来时路过尼雅城，那时的城池已是非常荒凉。"泽地热湿，难以履涉。芦草荒茂，无复途径，唯趣城路，仅得通行。"① 可见环境变迁迫使他们迁徙的可能性不大，是不是一个突然事件使得他们匆忙离开，再也没有回来？精绝

---

① （唐）玄奘述，辩机撰：《大唐西域记》，广西师范大学出版社 2007 年版，第 192 页。

古国的消失的确是个谜!

尼雅遗址是塔克拉玛干现存最大的遗址群,为研究西域文明和丝绸之路人文地理变迁提供了新的依据,具有重要价值。1995年,尼雅遗址被评为"全国十大考古发现"。1996年被评为全国重点文物保护单位。2021年,入选中国"百年百大考古发现"名单。

绿洲消亡之后,尼雅遗址曾经的繁华一去不返,昔日的古国故城便与黄沙做伴。打开风沙掩埋的历史,追寻散布于域外的珍贵文物,才能拼凑起对一段历史的零星记忆。古希腊、古印度、古中原风格的文物遗存诉说着东西方文明交会的故事,精绝人一去不返的决绝令人扼腕叹息。作为绿洲城国,又处于丝路咽喉之地,精绝古国在为生存空间争斗的年代注定不能岁月静好。一度富庶繁华,几度沧海桑田,1600年前的尼雅遗址终成废墟,风沙之下,精绝古国的传说却始终绵延不绝。

疏勒国都——喀什噶儿古城

在广袤的中国西北地区，历史上有三个地方曾经以"疏勒"命名，分别是疏勒河、疏勒国和疏勒城。疏勒河是发源于祁连山，流淌在河西走廊的一支内陆河。疏勒国是历史上的西域三十六国之一，学界认定其故址位于今天山南部的喀什。疏勒城是汉代西域三十六国之一车师国境内的一座城。疏勒在古突厥语中是"有水"的意思。图 3-21 为喀什古城墙遗迹。

图 3-21　喀什古城墙遗迹

疏勒国于公元前60年归属西域都护府管辖，王莽新朝时称"世善"，为匈奴所役使，三国时属曹魏西域长史府和戊己校尉二十道之一，隋唐仍称"疏勒"，唐为安西四镇之一——疏勒镇，清设立疏勒直隶州。历史上，疏勒国（后为行政区域名）所辖区域大致是今新疆喀什地区疏勒县和喀什市。自东汉至唐，史书及佛教经典对疏勒国多有记载。《汉书·西域传》："疏勒国，王治疏勒城，去长安九千三百五十里，户千五百一十，口万八千六百四十七，胜兵二千人。疏勒侯、击胡侯、辅国侯、都尉、左右将、左右骑君、左右译长各一人。东至都护治所二千二百一十里，南至莎车五百六十里。有市列。西当大月氏、大宛、康居道也。"《大唐西域记》："旧谓疏勒者，乃称其城号也。"① 意即过去称其为"疏勒"，是以其都城称其国。从一些宗教典籍来看，佛教和伊斯兰教东传过程中，首先到达西域的疏勒国，然后沿着丝绸之路向着中原地区一路传播。"王治疏勒城"一直是西域的军事重镇，历史上班超经营西域三十年，打通丝绸之路南北线，主要是以疏勒作为根据地的。

喀什噶儿古城今称喀什，古称疏勒。公元前2世纪西汉时期至公元7世纪末的唐代中期，古疏勒国以此作为国都，距今已有两千一百多年的历史。早在张骞第二次出使西域返回经过疏勒国时，这里就已经是一座"有市列"的城市了。喀什噶儿原意是"统治者的王都"。自唐以后，疏勒城的称谓逐渐被"喀什噶尔"所代替。"喀什噶尔以确切名称的表达方式出现在历史上的时间是公元10世纪喀喇汗王朝时期，这有《世界境域志》

---

① （唐）玄奘述，辩机撰：《大唐西域记》，广西师范大学出版社2007年版，第186页。

等史料来证实。"① 清末至民国初，新疆省设喀什噶尔道，中华人民共和国成立后设喀什市。图3-22为喀什古城街道转角。

图3-22　喀什古城街道转角

喀什噶儿古城是古丝绸之路北、中、南线中国境内最西端的交会处，具有"五口通八国，一路连欧亚"的地缘优势，古城遗址位于今喀什市中心，现保留有规模庞大的生土建筑群。古城文化资源丰富，主要有唐中晚期著名的佛寺遗址莫尔佛塔、始建于明代的艾提尕尔清真寺、始建于明代的香妃墓、班超驻守17年的城堡遗址盘橐城、建于清乾隆年间的徕宁城、距今600多年历史的高台民居、老城区最高处的耿公祠等，以及主体至今仍然保留欧式风格的建筑物"秦尼巴克"英国总领事馆、沙皇俄国领事馆。相关历史人物主要有11世纪中国维吾尔族的语文学家马赫穆德·喀什噶尔，喀喇汗朝时期维吾尔族诗人玉素甫·哈斯·哈吉甫，维吾尔族女音乐家、诗人阿曼尼莎罕，

---

① 高永久：《喀什噶尔地名考辨评议》，《中国边疆史地研究》1994年第1期。

阿里和卓之女香妃，法显、玄奘、张骞、班超等历史人物也都
曾留下足迹。图3-23为盘橐城班超像。

图3-23　盘橐城班超像

　　喀什噶尔古城是保存较为完整且具有典型古西域风格的城
市街区。2015年7月20日正式挂牌成为国家5A级旅游景区。
古代西域三十六国大都成为历史遗址遗迹，只有古疏勒国及其
都城在历史的演变中依然常变常新，"永远的西域，活着的古
城"是人们对喀什噶尔古城非常形象的描述。

悠悠古刹——七个星佛寺

在佛教东传线路上的龟兹至吐鲁番之间，遗留着一处极具价值的佛寺遗址——七个星佛寺遗址。该遗址位于新疆焉耆回族自治县七个星镇七个星村，"七个星，蒙古语希格辛的谐音，意为三角叉，因七个星镇地形上窄下宽，形似蒙古长袍的衣叉，故名"①。

七个星佛寺遗址是晋唐时期焉耆国的佛教中心，也是佛教文化东传的一个重要枢纽。遗址占地面积超过 4 万平方米，由洞窟和地面佛寺组成，洞窟依山开凿，共残存 11 窟，佛像今已全无，仅有片段壁画和佛像基座残存于部分洞窟。洞窟南边是佛寺遗址，分南北两区，两区残存佛塔、僧房、大小殿堂等建筑 93 处。遗址为土坯垒筑的建造工艺，部分为夯筑。南区寺院建筑矮而小，北区寺院建筑高且宽，南区早于北区。七个星佛寺遗址时间跨度约为两晋至元代，距今已有 1700 多年的历史，佛塔、佛殿和石窟保存较好，是珍贵的佛教遗址建筑群。

古代西域三十六国之一的焉耆国，是丝绸之路上的重镇，

---

① 百度百科，https：//baike. baidu. com/item/七个县镇？fromModwle = lemma – seach – box，2023 年 3 月 18 日。

也是西域诸国中最早信奉佛教的国家之一。七个星佛寺遗址是焉耆最大的佛教遗址，在佛教的传播过程中，形成了"焉耆类型"的独特的造像艺术，"从遗址的规模和出土品的规格判断，这里曾是古代焉耆的佛教中心"①。遗址出土了吐火罗文纸质文书《弥勒会见记》等一批极具研究价值的佛教文物。七个星佛寺遗址亦是佛教文化、回鹘文化、汉文化融合发展见证者。

七个星佛寺遗址自发现以来就命运多舛，19 世纪末 20 世纪初，大批文物因欧美、日本等国探险人员的考察测绘调查而流失海外。瑞典斯文·赫定、德国格伦威德尔和勒柯克、英国籍匈牙利人斯坦因、俄国奥尔登堡、瑞典贝格曼等都曾到达此地进行调查或盗掘，大量精美的壁画被切割。20 世纪 50—70 年代，七个星佛寺遗址难逃厄运，人为和自然破坏严重。2001 年，七个星佛寺遗址被评为全国重点文物保护单位。2013 年实施了佛寺遗址保护和考古发掘，出土近千件文物。2014 年对遗址保护及服务设施进行完善，遗址风化、雨水侵蚀不断恶化的趋势得到根本改善。2016 年七个星佛寺遗址正式对外开放。

悠悠古刹，晋唐遗风。作为焉耆佛教的象征，七个星佛寺遗址无疑是多元文化荟萃的结晶。其辉煌的过往，也昭示着一段失落的文明，虽历经岁月的剥蚀，但至今仍然散发着佛教艺术的独特魅力。这座佛寺遗址曾被外国探险家们大肆窃掘，大量文物流失海外，令人痛惜，这也昭示我们，落后就要受欺辱，只有国家强盛，民族独立，我们的文化才能更加兴盛繁荣。

---

① 李永康：《新疆焉耆佛教雕塑初探》，《美术》2018 年第 12 期。

丝路重镇——北庭故城

北庭故城位于新疆吉木萨尔县城北约 12 千米的护堡子村，当地称其为"破城子"或"唐朝城"。从史书记载和考古发现来看，其前身可能是西汉时期车师后城长国的镇守之地，后来相继被称作可汗浮图城、庭州（城）、别失八里等。唐代北庭故城所在地被设为庭州，后为北庭都护府治所，宋代为高昌回鹘的夏都所在，元代为别失八里宣慰司的驻地。自有唐一代至元朝，北庭故城一直是丝绸之路天山北麓的军政和文化中心，地理位置非常重要，对古代西域的繁荣稳定以及古丝绸之路的畅通具有重要意义。

两汉时期在庭州地区活动的民族主要是乌孙、匈奴，庭州地区基本上属于西域民族游牧地。西汉时，车师后部在今护堡子故城建立了车师后城长国，庭州地区出现了小国政权，并形成了著名的跨天山南北的车师古道。魏晋时期，庭州地区的民族活动以车师族为主，车师后国是主要政权。曹魏正元三年（256），车师后国为鲜卑吞并。东晋元兴元年（402），柔然统一漠北，虽史载不详，但可能在庭州地区有所活动。"汉晋时期的庭州，从乌孙、匈奴的停留到车师部的立足，再到鲜卑、柔然的进入，这里慢慢成为诸民族参与的焦点，并逐渐在历史的舞台上活跃起来。"① 事实上，汉魏以来，伴随丝绸之路的发展，庭州逐步被纳入丝绸之路交通网，其地理位置的重要性也日益凸显，并最终成为丝绸之路上重要的驿站之一。

西突厥时期，在今吉木萨尔兴建了可汗浮图城，是西突厥的重要据点，大体就是北庭故城遗址。唐代政局稳定后全面经营西域，公元702年设立北庭都护府，作为唐王朝控驭西域的重要军政机构，改原庭州城为都护府治所，管辖天山以北包括阿尔泰山和巴尔喀什湖以西的广大地区。公元711年，北庭都护府升为北庭大都护府。唐显庆年间，在原来可汗浮图城的基础上，对故城进行了改建，至今从残留遗址亦可窥其宏大气象。唐德宗贞元六年（790），北庭大都护府被吐蕃占领，后回鹘占据此城，改名为别失八里，回鹘时期的庭州仍然保持着繁荣。宋代此城为高昌王的行宫，元代在此设立过别失八里宣慰司和北庭都元帅府，这座古城的繁荣一直持续到元明时期。直到"永乐十六年（1418），瓦剌兵逼城下，歪思汗率众西迁亦里把里。自此，千年故城别失八里荒废，化作夕阳荒草中的一片废墟"②。

北庭故城遗址保存较好，故城分内城、外城，平面均呈不规整的南北向长方形。外城始建于唐代初年，后经两次修补，周长4596米，东墙长1686米，南墙长850米，西墙长1575米，北墙长485米。其核心遗址是北庭故城和北庭西大寺。故城的内外两城均建有护城河，城池坚固险要，城内昔日的衙署、塔庙、街市依稀可辨。内城大约建于高昌回鹘时期。清代地理学家徐松曾对该城出土的唐金满县残碑做过考证，认为这里是唐代的北庭大都护府治所。"这个城市的格局基本是唐代通过庭

① 燕焕焕：《西域"庭州"与丝绸之路——以汉唐时期为主》，硕士学位论文，陕西师范大学，2018年。
② 薛宗正：《北庭历史文化鸟瞰》，《文史知识》2010年第2期。

州、北庭都护府为代表的机构统治西域 150 多年间不断建设完成的，大小两套城墙的变化应当反映了故城从庭州到北庭都护府、伊西北庭节度使的发展演变历史。高昌回鹘和元时期基本沿用唐代北庭大的形制布局，仅做局部的修补和更改。"① 北庭西大寺是北庭故城遗址重要的一处附属建筑，位于都护府遗址向西大约 1 千米处，是一处历经唐、宋、元时期的佛寺遗址，残存壁画、题记等实物极其珍贵。

千百年来，北庭故城以其交通便利、商贸繁荣、文化荟萃而成为古丝绸之路的著名重镇。"唐代的李白、岑参，清代的纪晓岚等历史名人都曾在这里留下足迹和诗文。"② 19 世纪末 20 世纪初，日本大谷探险队、英国籍匈牙利人斯坦因、瑞典人斯文·赫定等都曾考察过北庭故城。北庭故城大约在清末和民国时期遭到比较严重的人为破坏，多为内地逃荒饥民所致。延至今天，能看到的只是相对清晰的轮廓和难以确定的许多细节。1988 年，北庭故城遗址被评为全国重点文物保护单位。2013 年，北庭故城入选第二批国家考古遗址公园名录。2014 年，该遗址作为丝绸之路：长安—天山廊道路网中的遗址点之一被列入《世界遗产名录》。

岁月易逝，山河常在。昔日的北庭故城经历了汉晋的纷争、隋唐的鼎盛、宋元的平稳以及明清衰败的千年时光。西域众多民族在庭州历史上轮番登台，争夺厮杀，政权势力此消彼长。岁月黯淡了刀光剑影，但历史的星光依然闪烁。北庭故城作为中原王朝经略西域的一个战略要地，见证了丝绸之路的拓展，承载着西域民族的发展史，使历史的车轮缓缓前行。

---

① 郭物：《重现北庭城》，《文史知识》2018 年第 11 期。
② 郑丽媛：《北庭古镇的今与昔——来自吉木萨尔县北庭镇的蹲点报告》，《昌吉日报》（汉文版）2019 年 8 月 15 日第 4 版。

丝路明珠——米兰古城

　　在新疆若羌县城东北约80里，塔克拉玛干沙漠东南部，罗布泊和阿尔金山的交会处，分布着一处著名的文化遗址——米兰遗址。米兰遗址，一般被称为米兰古城遗址。古城遗址坐落于今天的青新公路边，离今天的米兰镇大约有7千米，属古丝绸之路南道上的重要城池。"米兰遗址在西汉时以屯城'伊循'之名首见于史，3—4世纪为其兴盛期，5世纪时鄯善国被灭，米兰城亦毁于战乱，隋灭吐谷浑从内地徙民居之以屯田，延续至唐尚未完全恢复，后被吐蕃民族占据近百年，9世纪后期荒废。"① 现存遗址应是吐蕃修筑的要塞。"从纵向上来看，自汉迄唐，米兰的历史特征呈现出一种兼容性，但基本上呈现出一种由屯垦重地发展为文化场所，进而为军事基地的清晰的演变脉络。"②

　　米兰古城遗址主要由佛塔佛寺、水利工程、烽燧戍堡三大块组成。保存较为完整的共有15处，其中，残存戍堡1座，佛

---

　　① 李亚萍：《汉唐时期米兰遗存与历史角色研究》，硕士学位论文，上海师范大学，2018年。
　　② 李亚萍：《汉唐时期米兰遗存与历史角色研究》，硕士学位论文，上海师范大学，2018年。

塔 8 座，佛寺 3 座，烽燧 2 处，浇灌水利渠道 1 处。早期米兰古城遗址略呈正方形，周长 308 米，城墙夯筑，厚 6—9 米，东西两端绵延 4 千米，古城内有众多佛寺、佛塔和大量的耕地遗迹。考古学家认为，寺院建立于 3—4 世纪，其时为鄯善国的兴盛期，唐以前即已废弃。主要文物遗迹是佛塔佛寺和灌溉渠道，佛寺佛塔多已残破不堪，其中的东大寺和西大寺相对而建，也是古城的代表性佛教建筑，两座寺庙的文化表现，足以证明米兰是古代中西文化交汇中心。高僧法显、惠生、玄奘在西去求法的途中都曾驻足于此弘扬佛法。米兰古城遗址区内完整的水利灌溉系统属于汉唐遗址，由总干渠、支渠、毛渠和斗渠组成，自南向北呈扇形展开，灌溉范围较长，东西长达 6 千米，南北宽约 5 千米。

晚期米兰古城的文物遗迹主要有吐蕃的烽燧、戍堡和墓葬遗迹，两座烽燧均已残塌。米兰古城遗址中最具代表性的建筑是建于唐代的古戍堡，因此，人们也常常把古戍堡遗址称作米兰古城。古戍堡的东西两侧，依次排列着建造于汉魏时期的许多佛塔和佛寺，戍堡东部可见一处大型房屋群，古戍堡以南大约 800 米处是吐蕃墓葬，为竖穴掏洞式。古戍堡出土了 300 多件吐蕃文木简和文书、兵器、窑址、冶址等遗存以及一些日常生产生活用具。

1906 年、1907 年、1914 年，英国籍匈牙利人斯坦因曾三次来到米兰遗址。第二次，他从西大寺回廊内壁上揭走了带有浓烈犍陀罗佛教艺术风格的"有翼飞天像"壁画以及佛头等珍贵文物，该壁画现存放于英国国家博物馆，是极其珍贵的佛教遗物。1911 年，日本大谷探险队盗走了戴双翅人物画，现存放于东京国立博物馆。1928 年，瑞典贝格曼来到米兰废墟，发掘出吐蕃古墓，一批精美的壁画、塑像都被外国探险者盗走，流失海外。2001 年，米兰遗址被评为全国重点文物保护单位，文化遗址的保护研究得以加强。

米兰古城曾经是丝绸之路南道上的贸易中心，商贾云集，驼铃声声，也曾是中原进入中亚的重要通道，僧侣往来，经声阵阵。曾几何时，一片绿洲，物阜民丰，繁华几度。中原汉地风格、古希腊罗马艺术、犍陀罗佛教艺术、吐蕃文化在此交相辉映。历史的脚步渐行渐远，昔日一串串明珠般的寺院、戍堡、水利工程在战争中、在自然侵蚀中渐次坍塌，只留下苍凉而幽远、古老而神秘的残垣断壁伫立在阿尔金山脚下的荒漠中。大漠孤烟，长河落日，丝路明珠——米兰古城遗址在塔克拉玛干沙漠的阵阵风沙中依稀可辨。

西域都护府——轮台古城

天山南部，塔里木盆地北边的新疆轮台县，是南北疆的交通要道，也是古丝绸之路的重镇，轮台古城遗址就坐落于轮台县境内。考古界一般认为，这座古城遗址就是汉代西域仑头国（轮台国）都城，也可能是西域都护府所在地。

公元前60年，匈奴日逐王降汉，西汉设立西域都护府管辖广大西域三十六国，以保护丝绸之路安宁。这是西汉中央政府派出管理西域的最高军政中心，标志着新疆正式纳入中国版图。《汉书·西域传》记载，西域都护统辖西域诸国，其治所设在乌垒城（即今新疆轮台县境内）。"西域都护府的设立，结束了西域地区四分五裂的状态，极大地推动了当地经济社会发展。"①也有力地保障了丝绸之路的持续畅通，加强了西域与中原的联系。因此，其治所轮台古城在西域古代城址中的地位及意义就非同寻常。

西域都护长期驻守之地就是西域都护府的治所，历史上，其治所并非固定不变。公元前102年，轮台国被贰师将军李广利所灭。公元前72年，轮台国复国为乌垒国，"乌垒，户百一

---

① 王珍：《西域都护府：开创中央王朝有效管理西域的先河》，《中国民族报》2020年12月29日第5版。

十，口千二百，胜兵三百人。城都尉、译长各一人，与都护同
治。其南三百三十里至渠犁"①。西汉末期，由于治理的需要，
西域都护府的治所改设在乌垒城向西 200 千米左右的它乾城
（今新和县境内），东汉沿袭此治所，班超为西域都护时治所就
在它乾城。

乌垒城，西汉时名为轮台国，轮台国是一个城郭之国，受
西域都护直接统辖，亦称轮台城。西汉政府将西域都护府治所
设在乌垒城，缘于乌垒城当时地理位置的重要性，既能屯垦积
聚实力，又可作为北伐与西进抗击匈奴的重要基地。西汉西域
都护府治所于乌垒城，南通渠犁国，西通校尉城，乌垒城外烽
燧相望，在军事攻守上十分便利，史书称"七连城"，形成对匈
奴的威慑，匈奴设在西域的管理制度也因此逐渐被废，势力日
渐衰弱。岁月沧桑，古城建筑多已坍塌毁坏。1955 年，轮台古
城被认定为省级文物保护单位。

自清代以来，学术界对于轮台古城遗址一直存有争论，如
清代地理学家徐松认为，轮台古城遗址应位于今轮台县策大雅
乡，考古学家黄文弼则认为应在今轮台县野云沟乡，《中国历史
地图集》则将轮台古城标识在策大雅和野云沟之间，也有学者
认为轮台古城遗址很可能是奎玉克协海尔、阔纳协海尔或卓尔
库特古城遗址中的一个。事实上，轮台境内古代城址、烽燧、
戍堡有十多处，西域都护府的城址必居其一。我们相信，随着
考古工作的深入，总有一天这些谜团会真相大白。

事实上，自有汉一代，靠着西域都护府的庇荫，西域各族
人民过上了比较安定的生活，虽然东汉时都护府亦时置时废，
但古老丝绸之路也曾一度繁华，使者相望于道、商旅不绝于途

---

① 《汉书》卷 96 下《西域传》第 66 下，中华书局 1962 年版，第 3911 页。

的景象也经常出现。轮台是古丝绸之路中道上的重镇和重要支撑点，也是西汉时西域诸国政治、军事、经济、文化中心，在历史上的作用不可估量。

千年古城，曾经旌旗猎猎，边马嘶鸣，演绎了怎样的悲壮故事？无论是绿洲城国还是游牧行国，如今都踪迹难寻，但关于这座古城的历史与故事却绵延不绝，历久弥新。

河湖聚落——海子沿遗址

20世纪80年代末第二次全国文物普查时，考古人员在新疆巴里坤县海子沿乡海子沿村北发现了一处古聚落遗址，当时该遗址被命名为"二村北遗址""海子沿石房遗址"。2008年第三次全国文物普查时对这一遗址进行了复查，2017年、2019年，"在哈密市文物局和巴里坤县文物局的大力协助下，西北大学文化遗产学院和新疆文物考古研究所对遗址进行了发掘"①。"两个年度共清理大型房址1座、墓葬12座、人工平台2处、灰坑328座、灶18座、灰堆8座、柱洞70个，出土陶、石、骨、金属等各类遗物7000余件，以及丰富的人骨、动植物遗存。"② 碳14测定海子沿遗址所属年代为公元前1300—前800年，考古界断代为青铜时代晚期至早期铁器时代。

海子沿遗址坐落在新疆巴里坤盆地腹地，周围被巴里坤草原包围。遗址土丘的主体是一座大型房屋建筑，东西长约45米，南北宽约40米，总面积约1240平方米。房屋残留墙体高

---

① 西北大学文化遗产学院、新疆文物考古研究所、哈密市文物局、巴里坤县文物局：《新疆巴里坤海子沿遗址2017年发掘简报》，《文物》2020年第12期。

② 任萌等：《新疆巴里坤海子沿遗址考古发掘收获与思考》，《西域研究》2021年第4期。

达 2 米，有 12 个大小不一的房间，可以说是东天山地区已发掘的同类遗存中规模最大、结构最完整的单体建筑遗迹。遗址挖掘出土了陶瓮，石磨盘，人骨，牛、马、羊骨骼残块，木雕兽，权杖头，成堆的大麦，石砌灶等遗物。从海子沿遗址大型房址的地层堆积、建筑结构及形成过程、出土遗迹遗物来看，海子沿遗址聚落民众起初是定居农业兼营畜牧业，所居住的房屋高大固定。后来，由于气候的变迁等原因，耐旱的草原植物增加，居民在废弃房址上搭建帐篷，说明当时居民正向游牧的生产和生活方式转化，再后来，房址被彻底废弃，原址作为墓地使用。可见，海子沿遗址聚落民众的生存方式存在明显的演化轨迹。考古表明，海子沿遗址大型房址遗迹"第一次建造和使用的年代约在公元前 1300—前 1100 年，第二次约在公元前 1100—前 900 年，第三次约在公元前 900—前 800 年，前后约沿用了 500 年"[1]。

海子沿遗址是东天山地区山间盆地河湖沿岸史前聚落的典型代表。遗址的考古发掘，向我们展示了青铜时代晚期和早期铁器时代的社会状况与聚落形态，对于研究东天山地区史前时期房址的结构和功能、居住和生活方式、聚落形态及演变规律、环境变迁与生产模式转化等问题均提供了丰富资料和关键线索。[2]

古环境史表明，距今 4000—3000 年的巴里坤盆地气候温暖湿润，水草丰美的巴里坤草原和碧波荡漾的巴里坤湖泊，给海子沿聚落人群提供了适宜的生存环境。可以想象，河湖聚落一

————————

① 任萌等：《新疆巴里坤海子沿遗址考古发掘收获与思考》，《西域研究》2021 年第 4 期。

② 西北大学文化遗产学院、新疆文物考古研究所、哈密市文物局、巴里坤县文物局：《新疆巴里坤海子沿遗址 2017 年发掘简报》，《文物》2020 年第 12 期。

定是居住固定、牛羊成群、生活安定的样子。距今3000—2000年，随着气候趋向寒冷干旱，聚落人群则逐渐分散开来以谋求生存。山海相接处，碧草埋墟丘，昔日的河湖聚落不可避免地走向衰落，只留下一处遗址向我们诉说着海子沿的沧海桑田和聚落的生存往事。残破而厚重的城墙，一件件饱经沧桑的文物，令人遐思无限、浮想联翩。

天山关隘——奇台石城子

　　1972 年，考古人员在新疆奇台县半截沟镇麻沟梁村东北约1.4 千米处发现了一处两汉时期大型军镇遗址——奇台石城子遗址，全国第一次和第二次文物普查时，对该遗址进行了详细的调查。截至 2019 年，新疆文物考古研究所已进行了 5 次考古发掘，遗址的整体情况已基本摸清。

　　奇台石城子遗址依山建于山前的丘陵状地带，遗址所处地形独特，"遗址的东部营建城址区，西部建手工业作坊区和墓地。城址营建在遗址东部一处崖体上"①。城址由外城和城内西北角子城组成，因遗址东面山涧边有大量岩石，故当地居民将此城称作"石城子"。古城北高南低，南北向高差最大达 200米，制高点位于东北部，东面和南面以深涧为障，麻沟河绕城而过，地势险要，易守难攻，军事要塞性质非常明显。

　　该遗址"平面呈长方形，东西长约 280 米，南北长约 380米，总面积约 11 万平方米，北部和西部城墙保存较完整"②。遗

---

　　① 田小红：《新疆奇台县石城子遗址考古发掘及收获》，《文物天地》2021 年第 7 期。
　　② 董宁宁等：《新疆奇台石城子遗址的动物资源利用》，《西域研究》网络首发论文，网络首发地址：https://kns.cnki.net/kcms/detail/65.1121.C.20210615.1045.002.html。

址出土文物丰富，有 2000 多件。现存遗迹主要有城门、城墙、房址、墙外通道、排水沟、回廊、凹槽等。出土遗物主要有砖瓦等建筑材料，碗、盆、罐、盏、瓮、甑、钵、缸、灯盏、纺轮、陶饼等陶器，臼、磨盘和柱础石等石器以及铁器、骨器、铜钱等。栓销、箭镞、铠甲片、铁刀等兵器遗物，凸显了石城子遗址浓厚的军事防御色彩。其中，出土的一件炊煮器类似今天的火锅或气锅，令人惊叹。还在城西坡梁上发掘墓葬 9 座、窑址 1 座。城门遗址有建筑物坍塌和木柱燃烧痕迹，焚毁和重建痕迹明显。

学术界推测，石城子遗址有可能为疏勒城旧址，因为考古发现与文献记载西域都护府戊校尉耿恭"疏勒城"保卫战在遗址地理环境，乃至时间跨度上高度契合。地势险要，旁有涧水，符合《后汉书·耿恭传》中"恭以疏勒城傍有涧水可固，五月，乃引兵据之"的记载。有井口痕迹，符合《后汉书·耿恭传》中"恭于城中穿井十五丈"的记载。另外，出土的典型的汉代风格建筑材料以及边城形制等都是明证。"遗址是汉代在天山以北设立的一处军事要塞，是迄今为止新疆地区发现的唯一一处年代准确可靠、形制基本完整、保存状况完好、文化特征鲜明的汉代古遗址。"① 从遗址清理出的城墙、城门、护城壕等遗迹来看，无疑是两汉时期天山以北地区的一处重要军事要塞，也是一处典型的屯垦戍边城址。

石城子遗址是天山北麓重要的战略通道，北控奇台、吉木萨尔等地，往南经车师古道穿越天山可直抵吐鲁番盆地，石城子扼守古道北口，是汉王朝经略西域的一处重要军事设施，实

---

① 田小红：《新疆奇台县石城子遗址考古发掘及收获》，《文物天地》2021 年第 7 期。

证两汉时期中原王朝对西域的管理。石城子遗址的军事功能，对于研究新疆及丝路沿线两汉时期军政建制的设置以及边城形制规模等具有重要的借鉴作用。2013 年，石城子遗址被评为全国重点文物保护单位。2020 年，该遗址入选 2019 年度全国十大考古新发现。

站在古城的最高点，遥想当年耿恭茹毛穷海的艰辛，他据险守城，以单薄兵力抵挡数万匈奴大军的悲壮场景，依然令人动容。千年风云，弹指一挥间，我们能真切地领悟到中华民族波澜壮阔的历史是无数民众和英雄人物前赴后继、舍生忘死所铸就的。赓续文明，尊崇英烈，凝聚文化力量，增强文化自信，才能创造中华文化的新辉煌。

草原画卷——吉仁台沟口

    吉仁台沟口遗址位于新疆尼勒克县科克浩特浩尔蒙古族乡恰勒格尔村喀什河岸边的台地上。2015 年、2016 年新疆文物考古研究所对尼勒克县吉仁台沟口遗址和墓地进行了抢救性挖掘。由于考古发现颇丰，该考古发掘被纳入"考古中国"边疆重大研究项目。① 2018—2020 年，新疆文物考古研究所和中国人民大学先后 3 次对该遗址进行考古发掘，最终确认该遗址墓地"属于高等级大型墓葬，是目前为止在新疆乃至欧亚草原发现的史前时期面积最大、规格最高、保存最完整的石构墓葬建筑遗存"②。

    吉仁台沟口遗址处于山前台地，两侧高山环绕，南面的喀什河奔流不息，相对独立的盆地状聚落单元，适宜的气候条件有利于农耕、狩猎、游牧、渔捞和防卫，对于早期人类聚落生存来说，无疑是非常适宜的。"从遗址及墓地所发掘的墓葬来看，年代跨度较大，上至青铜时代，下至隋唐，还有零星宋元时期的墓葬，这也充分说明遗址所处环境是人们聚居活动的理想场所。"③

---

① 阮秋荣：《新疆尼勒克吉仁台沟口遗址的发现与收获》，《文物天地》2021 年第 7 期。

② 阮秋荣：《新疆尼勒克吉仁台沟口遗址的发现与收获》，《文物天地》2021 年第 7 期。

③ 阮秋荣、王永强：《新疆尼勒克县吉仁台沟口遗址》，《考古》2017 年第 7 期。

考古发现吉仁台沟口遗址总面积约 50 万平方米，发现房址 37 座，编号 F6 的房屋室内面积 240 平方米，可同时容纳 100 多人。发现墓葬 80 多座，岩画 10 余处，并发现了迄今为止人类最早使用燃煤的遗存。采集动物骨骼 1170 件，出土陶片 1165 片，发现炭化农作物种子 12153 粒，出土了 10 余件浇铸铜器的陶范以及炼炉、铜矿石、铜锭、风管等冶金遗物。还发现了新疆最早的"窑址"和王陵级别的大墓以及早期畜牧人群墓葬窑址等。考古专家对吉仁台沟口遗址进行碳 14 测定，证明该遗址"距今 3600—3000 年，是目前伊犁地区发现的年代最早、规模最大的以青铜时代为主体的聚落遗址"①。

吉仁台沟口遗址出土文物多样，文化内涵丰富，对于研究青铜时代西天山草原聚落的生存状况以及和中亚文化的联系等具有极为重要的价值。吉仁台沟口遗址入选"2018 年度全国十大考古新发现"，2019 年被国务院公布为全国重点文物保护单位。② 2021 年，吉仁台沟口遗址入选"十四五"时期大遗址名单。

追溯历史，3000 多年前，西天山草原的吉仁台沟口是一幅厚重的生活画卷。岁月沧桑，斗转星移，繁复的墓葬、神秘的洞坑、久远的陶范、第一缕煤火、完整的冶金证据链等出土文物令人惊叹，聚落遗留的丰富呈现无时无刻不在向我们诉说这里往昔的繁华，粟黍类农作物向西传播和西方青铜文化东向传播的事实呈现于此，这里是文化的繁衍场，是文明的聚散地。我们期待更多的考古探索，我们也期待更多让人惊艳的发现。

---

① 阮秋荣：《新疆尼勒克吉仁台沟口遗址的发现与收获》，《文物天地》2021 年第 7 期。
② 阮秋荣：《新疆尼勒克吉仁台沟口遗址的发现与收获》，《文物天地》2021 年第 7 期。

第四篇　丝绸之路西端终点段

——国外部分

商贸之城——塔尔加尔

　　塔尔加尔城，位于哈萨克斯坦南部塔尔加尔山脚下，距离阿拉木图州大约 2 小时车程。塔尔加尔城修建于公元 8—13 世纪，不仅是突厥部族发展历史的见证，也是伊犁河流域的重要贸易城，中国、伊朗、印度、日本等地的物产通过丝绸之路都会聚在这里，此处也是中世纪时期这个地区与周边其他国家贸易联系的重要之地。①

　　塔尔加尔城在塔尔加尔河右岸的峡谷入口处，城池遗址的总面积是 28 万平方米，古城遗址居民区的面积约 20 万平方米。遗址发掘出了保存完整的鹅卵石街道、房屋地基和圆顶帐篷痕迹，有住宅区、商业区和走廊等建筑，整个古城的规划如同一座大庭院。因为塔尔加尔城是古代中国中原地区与中东地区及中亚各城市之间的重要贸易城市之一，为了保障贸易和居民的安全，塔尔加尔城的四周都建立了高大的围墙和四角塔楼。

　　塔尔加尔遗址在丝绸之路交通体系中占据着重要地位。它把土耳其东部、西伯利亚和哈萨克斯坦中部及穿过伊犁河谷的

---

　　① 李尔吾：《对跨国系列世界遗产中单点濒危的几点思考——以"丝绸之路：长安—天山廊道的路网"中塔尔加尔遗址为例》，《遗产与保护研究》2022 年第 2 期。

几条路线都连接起来。比如在塔尔加尔古城遗址中发现的聚落遗迹，就是曾经交通的中心区域，所有的货物贸易路线都集中在这里。这些聚落大致出现于8—9世纪，是塔尔加尔通往外部的交通枢纽。这些聚落经过较长时期的发展，最后逐渐形成了城市。

经过考古发掘与研究，塔尔加尔古城的文化脉络愈加清晰，文化特色愈加显著。

商贸氛围浓郁。这从考古发现的文物中就能看出来，例如有来自中国的用象牙制成的筷子以及带有装饰图案的铜镜和有刻印符号的陶器；有来自11—13世纪伊朗地区的很多黄铜和青铜艺术品；有来自12—13世纪日本制造的陶碗；还有来自印度等南亚地区用象牙制造的象棋子，等等。这些都充分证实了塔尔加尔城是东方、西亚、南亚以及中亚商品贸易的重要场所。

手工业和农业发展水平较高。在塔尔加尔古城聚落的发掘过程中出土了数量不菲的当地生产的陶瓷、玻璃、黄铜、青铜和铁制品等，在这些挖掘出来的陶瓷、石材和金属工艺品上，发现了古突厥语、鄂尔浑、阿拉伯语等文化要素，说明这里曾是一处重要的手工业生产中心。经探测发现，塔尔加尔山脚下的泥土里含有丰富的铁元素，这为当地铁制品工艺的快速发展提供了有利条件。在出土的种类众多的铁制品中还发现了不锈钢成分，因此历史上的塔尔加尔城也是著名的"铁匠中心"。在塔尔加尔古城的挖掘工作中，还发现了铁质的农耕用品和一些粮仓遗迹，其中粮仓的储存量超过了一般家庭用量，这也证明了塔尔加尔地区农业发展程度较高。

各种宗教文化遗存丰富。由于塔尔加尔古城特殊的地理位置和繁荣的商业贸易，这里经常会聚着来自四面八方的人口，于是也带来了各种宗教文化，形成了多元宗教文化并存的局面。

通过墓葬风格和出土工艺品的形制可以看出，基督教、佛教、摩尼教和伊斯兰教都在此传播发展，比如象牙上的佛陀雕像，陶器和青铜器上精美的阿拉伯语铭文，陶瓷灯具上面的十字架，等等。

　　塔尔加尔古城，是古丝绸路上著名的贸易城之一，连接起了沿线的民族与文化，展示了各地文明互鉴的成果。尽管千年的风沙已经吞噬了古城的主体，但规模宏大的遗址和数量丰硕的出土物品依然支撑着考古工作的持续进行，我们也期待更多的新发现揭开塔尔加尔古城神秘的面纱。

丝路名城——铁尔梅兹古城

铁尔梅兹古城位于乌兹别克斯坦最南端，地处阿姆河畔，与阿富汗隔河相望。这里曾经是汉朝张骞出使西域、唐朝玄奘西行的途经之地，从公元前2世纪到公元8世纪，在丝绸之路繁盛的近千年里，铁尔梅兹一直是中亚地区阿姆河右岸的佛教中心。

现如今的铁尔梅兹城是第三次改址所建的新城，它处于"布哈拉—杜尚别"铁路和"撒马尔罕—阿富汗"公路的交叉点上，是乌兹别克斯坦苏罕省的首府城市，与铁尔梅兹古城遗址相距百余里。①

历史悠久的铁尔梅兹古城可以分为以下三个发展时期。

第一，希腊化—大夏时代（公元前3—前2世纪）。据考古发掘证明，公元前3世纪铁尔梅兹就有希腊人修建的城堡，在亚历山大东征后，铁尔梅兹就成了希腊化—大夏时期的一个中心城邑。有研究认为，铁尔梅兹这个名称就是希腊—大夏王名字翻译后的称呼。铁尔梅兹地区的"喀拉—特佩""哈恰扬"

---

① 毛民：《重寻玄奘之路——中亚古城铁尔梅兹考古札记》，《内蒙古艺术学院学报》2022年第1期。

等遗址以及出土的钱币和艺术品都具有明显的希腊化—大夏时期的文化风格。其中，铁尔梅兹古城的"达尔维尔津—特佩"遗址出土的一幅壁画尤其具有代表性。这幅壁画现收藏于铁尔梅兹博物馆，其内容是一个壮硕的武士把一个美女高高举过头顶，美女两只手臂张开，流露出哀伤的神情。有学者认为这描述的是特洛伊战争之前，大将阿伽门农把爱女伊菲革涅亚当作贡品奉献给神灵的神话祭祀故事。

第二，贵霜帝国时期（公元前2世纪—7世纪）。这一历史阶段佛教文化十分盛行，在铁尔梅兹地区"达尔维尔津—特佩"遗址、"法耶兹—特佩"遗址、"喀拉—特佩"遗址、"哈恰扬"遗址的考古发掘中，发现了数量众多的佛教文物。比如"喀拉—特佩"遗址发现的佛教寺院的柱头形制，就是贵霜时期的典型款式。唐朝初期，玄奘大师途经铁尔梅兹的时候，这里的佛教僧侣还有千余名。后来，随着佛教的东向传播，贵霜帝国管辖下的铁尔梅兹地区的佛教文化也逐渐与古代中国产生了紧密联系。

第三，伊斯兰化时期（7—17世纪）。约在唐朝武则天时期，阿拉伯帝国征服了铁尔梅兹地区，伊斯兰文化渐趋兴盛，佛教逐渐凋敝。9—12世纪，铁尔梅兹地区已经发展成为中亚伊斯兰文化、科技、贸易、手工业的一个中心。另据《世界征服者传》记述，1210年前后，成吉思汗西征军占据了这座古城，此地开始接受蒙古人的管辖。可惜的是，受战乱影响，古老的铁尔梅兹古城也被蒙古铁骑所毁。如今，当地人把成吉思汗毁城后所遗留的一片废墟称作"成吉思遗址"。到了14世纪，这里的伊斯兰文化已经占据主导地位。据元朝末年摩洛哥旅行家伊本·白图泰的《伊本·白图泰游记》所记："我们来到了铁尔梅兹，这是一座雄伟的大城，有巨型的清真寺建筑和大集市，周围运河环绕。此地葡荫连架，香料丰美，羔羊肥鲜，乳浆醇浓。古城原在阿姆河岸边，被蒙古人所毁，现在的新城遗址是在离河两英里处。"①

由此可见，铁尔梅兹地区在古代东西方文化交流中扮演着十分重要的角色。2002 年 4 月 2 日，乌兹别克斯坦举行了庆祝铁尔梅兹成立 2500 周年的活动，表达了人们对这座古城历史文化的崇敬。无论是追忆千年前的汉唐雄风，还是领略中亚在东西方文明十字路口的角色，铁尔梅兹古城往昔的荣光都是不可磨灭的。

---

① 毛民：《我在中亚做考古：三国交界处的铁尔梅兹，曾接待过唐玄奘》，网易新闻，2021 年 6 月 17 日，https://www.163.com/dy/article/GCLQFEGH0521SI8E.html，2023 年 3 月 1 日。

工艺城镇——阿克托贝

阿克托贝遗址，位于哈萨克斯坦的江布尔州，其时代为公元7—13世纪。阿克托贝遗址地处楚河和塔拉斯山谷游牧与农耕文明的交汇地，是丝绸之路上的大型工艺城镇之一。①

历经岁月的洗涤，阿克托贝遗址现存城堡、宫殿、造币厂、酿酒厂以及基督教、伊斯兰教墓地等遗迹遗存。古老的阿克托贝聚落是了解这座古城发展史的重要参考。该聚落发展形成于6世纪初至13世纪，聚落中央位于阿克苏河的左侧河岸，但是不幸被毁。阿克托贝遗址发现的城堡像一座矩形的大山，高度为15米，根基面积为12000平方米。普通居民的生活区位于城堡附近，外形像一个矩形。城堡和居民生活区都被墙壁包围起来，这些墙壁显然具有一定的防御作用。②

像大多数哈萨克斯坦中世纪的城市一样，阿克托贝遗址建筑结构也是高高的外墙，城堡中央是居民生活区。城堡是用黄土泥砖混合石块建筑而成，这些有纪念意义的建筑都被视为精

① 《斯坦国之世界遗产大盘点》，搜狐网，2019年8月14日，https://www.sohu.com/a/333720735_814345，2023年3月1日。
② 《"丝绸之路：长安：天山廊道的路网"33处遗产点巡礼》，《丝绸之路》2014年第15期。

美的人工制品。阿克托贝古城所在区域气候条件舒适，水资源充足，是人们居住生活的绝佳选择。考古队在对阿克托贝遗址的发掘过程中，发现了十分完善的城市供水系统。在比古城更加古老的阿克托贝聚落中也曾挖掘出长 1000 米和 500 米的水管，在阿克托贝周边其他大城市的遗址中也都发现了水管，这说明当时阿克托贝地区的居民巧妙地利用了当地的水利条件，极大地促进了古城水利技术的发展，修建的供水系统为生产生活创造了更加优越的环境。

阿克托贝遗址上还发现过三个葡萄酒庄园。根据发现的铭文可以判断，索格狄亚那人是葡萄和葡萄酒的主要生产者，酿造的葡萄酒除了生活消费，也用在基督教教派的宗教仪式上。阿克托贝遗址出土的多种多样的钱币及其铸造遗迹，证实了这里曾经还存在造币厂。

由于阿克托贝所处的地区是天山廊道上游牧文化与农耕文化交流共生的典型区域，因而阿克托贝遗址对于研究古代这一地域游牧文化与农耕文化交流交融过程中的手工业生产、城镇贸易、民族文化融合等具有十分重要的价值。2014 年，在第 38 届世界遗产大会上，该遗址成功入选"丝绸之路：长安—天山廊道的路网"《世界遗产名录》。① 现如今，阿克托贝遗址多元并存的文化面貌依然为我们提供着历史的借鉴与智慧的启迪。

---

① 陈同滨：《融合交流对话：全球视野中的"丝绸之路：长安—天山廊道的路网"》，《世界遗产》2015 年第 5 期。

丝路交会——木鹿古城

　　木鹿古城，也叫梅尔夫古城，位于土库曼斯坦的马雷州，地处古代丝绸之路交通要道，如今是土库曼斯坦的一处名胜古迹。

　　木鹿古城是古代丝绸之路两条主干线的交会点。[①] 汉代的丝绸之路从京城出发向西穿过河西走廊，然后分为两路，一路沿新疆塔里木河北边经喀什西行越过葱岭到达大宛和康居，即今天的费尔干纳盆地和撒马尔罕一带；另一条路线沿着塔里木河南面前行，在莎车之西翻过葱岭到达大月氏，即今天中亚阿姆河中上游一带。沿着丝绸之路继续西行，就由木鹿向南进入伊朗或向西沿大不里士到达特拉布宗，或穿过安娜托利亚高原到达今土耳其伊斯坦布尔，这是丝绸之路的主干线，而木鹿正好是交会点。[②]

　　木鹿地区最早的居民点建于公元前 6 世纪，在波斯—阿契

---

① 莫任南：《汉代"丝路"北道西段究竟如何走》，《湖南师范大学学报》2022 年第 3 期。

② 黄建忠：《中亚丝路古城——土库曼斯坦的"木鹿 – Merv"遗址》，创意星球—星球国际旅行社，2022 年 5 月 24 日，http：//travelers.tw/blog/4/111，2023 年 3 月 1 日。

美尼德王朝时期，木鹿城市被战火所毁，居民惨遭屠杀。[①] 不过因为地理位置独特，这里的城市得以再次兴起。亚历山大帝国时期修建了亚历山大城，木鹿古城也是其中之一。希腊化时期木鹿古城参照希腊城市正方形的规划原则，扩建为一个边长2000米类似棋盘式的城市。公元前 2 世纪木鹿属于安息帝国统治，卡雷大战时，安息因采用木鹿生产的优质兵器而歼灭了罗马三巨头之一的克拉苏军队，此役让安息得以站稳脚跟，国家得以安定。

历经千余年的发展，地处丝绸之路交会点上的木鹿俨然成为一座商业兴盛、交通发达、文化荟萃、人口众多的国际名城。早在 4000 年前，木鹿就已经是上古时代的交通要地，并且已经具有城市结构，这样遥远的年代有点像在述说一段"神话故事"[②]。12 世纪，木鹿地区进入鼎盛时期，木鹿古城一度与大马士革、巴格达和开罗等名城齐名，并成为当时世界上最大的城市之一。记录中亚历史文化的琐罗亚斯德教经典《阿维斯陀》描述木鹿是"天下美好之地"。1221 年，蒙古军西征，成吉思汗的儿子拖雷率军攻入木鹿城内，木鹿几乎被夷为平地。

木鹿古城是丝绸之路中亚段最宏伟的建筑之一，据考古发掘情况推算，总面积达到 60 平方千米，遗址中的宫殿面积为 4 平方千米。对比现存耶路撒冷旧城 1 平方千米的面积，我们就能想象到在历史上木鹿古城的盛况。木鹿古城见证了几千年的人类文明，目前仍然拥有非常多的历史遗迹遗存，对了解当地

① 程军：《13—14 世纪陆上丝绸之路交通线复原研究》，硕士学位论文，陕西师范大学，2017 年。

② 《木鹿 Merv》，星球国际旅行社"星球旅游"，http：//travelers. tw/en/channel/123，2023 年 3 月 1 日。

文化、建筑、装饰、科技发展等具有重要的参考价值。[①] 例如1965 年考古团队在木鹿古城内发现了一座高为 4 米，直径为 6 米，内部供奉有小佛像的佛塔，这是当地佛教文化兴盛的反映。值得一提的是，中国佛教史上的著名高僧安世高，就曾是木鹿地区佛教僧团中的一员。安世高被人们尊称为"安侯"，他在中国居住期间，翻译了数量众多的佛教经典，为佛教在古代中原地区的传播做出了重要贡献。由此可知当时木鹿地区佛教的蓬勃发展与佛经经典造诣之深。[②] 1221 年，蒙古大军摧毁木鹿古城时幸存下来的塞尔柱王朝建于 12 世纪中期的陵寝，高 38 米，外壁厚 5 米，地基深 6 米，形如圆筒，中亚建筑特色鲜明。另外，像萨珊王朝所建的宫殿，整栋建筑由夯土筑成，使用的建筑材料都是未烘焙的生砖，宫殿遗址大约有 15 米高，绕一圈需要 10 分钟，外墙如同超大型的管风琴，层层相叠，从侧面看有如规律的海浪，这样的形状究竟是为了美观还是防风已不得而知。这些遗存为研究以袄教为国教的萨珊王朝文化提供了实物例证。[③]

1999 年，联合国教科文组织将木鹿古城列入世界文化遗产，木鹿地区所载录的丝绸之路历史文化交流融汇的状况步入了新的阶段。

① 刘末：《丝绸之路中亚段古代城市之考察》，载《北方民族考古》第 4 辑，科学出版社 2017 年版，第 221—264 页。

② 李铁匠：《安世高身世辨析》，《南昌大学学报》2022 年第 2 期。

③ 林悟殊：《火袄教的葬俗及其在古代中亚的遗痕》，《西北民族研究》2022 年第 3 期。

西辽都城——虎思斡耳朵

虎思斡耳朵亦称虎司窝鲁朵，是西辽王朝的都城。公元1133年，由西辽国主耶律大石所建。故址在今吉尔吉斯斯坦托克马克以东的楚河南岸。

西辽国主耶律大石，生于1087年，辽太祖耶律阿保机八世孙。他本是个温文尔雅、饱读诗书的辽国翰林，在家国危亡时，他担负起了历史重任，决定用自己的力量再造河山，重建故国。

耶律大石为治理中亚丝绸之路要地和边疆区域，实施了一系列巩固策略，有力地促进了现有绿洲丝绸之路与草原丝绸之路的便捷通畅和繁荣发展。具体措施有以下几点。第一，西辽统治者对臣属的邦国采取羁縻政策。这个政策在多地实行，包括天山南北、七河地区、河中等地。第二，西辽派"少监"或"监国"等官吏常驻各地，执行监督，但是不直接干预本地的行政事务。此外，对边远地区只派官吏前往征收赋税，或者委派当地宗教首领治理并代为征收赋税。对于隶属他的属国国君，只需用一种银牌系于衣衫上，标明是他的臣属就可以了。西辽"因俗而治"的举措，既维护了西辽帝国对中亚地区统治的稳定性，也促进了多民族和谐、共生与文明的交融，推动了丝绸之路的畅达和繁荣。

　　西辽对统辖的地区实行轻税政策，丝绸之路再次焕发出勃勃生机，丝绸之路沿途出现了一些热闹的工商业城镇，西辽都城也成为名噪一时的经贸文化中心。由于西辽境内有契丹、回鹘、汉、葛逻禄、吐蕃、蒙古等多个民族，因此佛教、儒家、祆教、景教、萨满教、伊斯兰教、摩尼教、犹太教等文化会聚于虎思斡耳朵。西辽统治者对当地的各种文化及宗教实行开明宽容的政策，提倡信仰自由，允许各文化及宗教在当地自由传播。这不仅使西域、中亚区域的多个宗教文化和谐相处，而且也推动了丝绸之路区域各文明间的对话和交融，促进了区域文明的发展进步。①

　　耶律大石作为中国古代杰出的政治家，在中亚地区建立了西辽，统治期间本着兼收并蓄的思想，使契丹文化、汉文化在中亚地区得到了弘扬，促进了欧亚文化的交流，并且维护了中亚地区近百年的稳定，推动了中亚地区社会经济的发展。② 由此可见，西辽都城虎思斡耳朵，在丝绸之路东西方文明交融下的重要地位。

---

　　① 《耶律大石与西域丝路》，搜狐网，2019 年 4 月 1 日，https：//www.sohu.com/a/305263252_ 501362，2023 年 2 月 12 日。

　　② 杜娟：《耶律大石西迁对中亚地区的影响》，《云南民族大学学报》2014 年第 3 期。

丝路要站——苦盏城

苦盏城亦作忽禅城、忽毡城、忽缠城，以在忽毡河即锡尔河南岸而得名。始建于公元前 4 世纪，曾为古代中国与地中海沿岸各国间的商道要站，故址在今塔吉克斯坦北部的苦盏附近。

传说苦盏城的建立者是来自欧洲东南部巴尔干半岛上的马其顿国王亚历山大，该城在希腊语中意为"最遥远的亚历山大里亚"，但是没有任何考古证据可以证明。波斯帝国崛起后，该城成为其北部边境的一部分，也是丝绸之路上的一个重镇。公元 8 世纪，苦盏被阿拉伯帝国占领，12 世纪被蒙古帝国征服。1939 年 10 月 27 日，苦盏更名为列宁纳巴德，以纪念列宁。①

苦盏，位于塔吉克斯坦北部索格德州，地处乌兹别克斯坦、塔吉克斯坦、吉尔吉斯斯坦三国接壤的山峦中，正对着费尔干纳山间隘口。苦盏源远流长的历史，可追溯至五千多年前的青铜时代前期，贸易和手工业在该地的核心聚落和古城中获得蓬勃发展。苦盏地处古丝绸之路上的山谷中，是泽拉夫善河（奥什）—费尔干纳山谷长廊（片治肯特和撒马尔罕）的主要组成部

---

① 《"一带一路"名城——苦盏》，360 个人图书馆，2019 年 1 月 13 日，http：//www.360doc.com/content/19/0113/11/8716899_808541684.shtml，2023 年 2 月 19 日。

分，历史上此地曾是古丝绸之路在今塔吉克斯坦以北路线的必经之处。穿过苦盏和泽拉夫善谷口，这条古代的贸易道路向西能延伸到地中海国家，向南贯穿巴基斯坦和印度，向东可以到达中国和更远的东亚区域，源于不相同区域的技能、知识和宗教思想在此对话、碰撞，融汇发展。

依据苦盏区域的考古发掘材料获悉，该地历史文化厚重，以中世纪的聚落和伊斯兰建筑物而知名。其中比较有代表性的四处人文遗址分别为公元5—9世纪的土建筑群赤勒胡伽格堡垒；公元5—12世纪的聚落彭吉卡特古堡；公元前5—8世纪的遗迹和墓葬群科尔凯特地穴与锡林聚居地，又称锡林古代的聚居地与墓葬群；公元9—12世纪的宗教陵园建筑物哈兹拉提绍陵园。根据上述文化遗产地的遗迹概况、历史人文价值和文物遗存等，我们就能获悉本地源远流长的历史与多种人文遗存的文化风貌概况。①

苦盏坐落于东西方人文交往的十字路口，当地的许多历史遗迹都与丝绸之路息息相关。维护好我们最珍贵而不可再生的人文遗产，不仅是塔吉克斯坦的历史使命，亦是"一带一路"国家和地区的共同责任。对苦盏等遗址遗迹进行合理保护，是"一带一路"倡议下，实现中国与塔吉克斯坦以至中亚民心相通的重要纽带。

---

① 李尔吾：《塔吉克斯坦苦盏地区丝绸之路相关遗迹价值研究》，《中国文化遗产》2020年第4期。

塞人遗迹——拉哈特古城

　　拉哈特古城遗址位于哈萨克斯坦境内天山北麓，是丝绸之路北线上的一处重要遗址，[①] 东距中国霍尔果斯约 250 千米，西距阿拉木图约 50 千米，传说是塞人王族的居住遗址，著名的伊塞克金人墓葬就在该遗址附近。

　　哈萨克斯坦这片土地，是古丝绸之路经过的地方，曾经为沟通东西方文明，促进不同民族、不同文化相互交流和合作作出过重要贡献。东西方使节、商队、游客、学者、工匠川流不息，沿途各国互通有无、互学互鉴，共同推动了人类文明进步。其中，拉哈特古城就是了解丝绸之路早期东西方文明互动的一处重要参考点。2017 年 5—7 月，陕西省考古研究院联合哈萨克斯坦伊塞克国家历史文化博物馆，对拉哈特古城遗址进行了全面的考古调查与发掘工作。此次发掘面积 980 平方米，调查面积 50 万平方米，包括发掘居址遗址 200 平方米、墓葬遗迹 4 座计 780 平方米，测绘遗址约 5 万平方米，调查遗址 9 处约 45 万平方米。发掘清理房屋 1 座、灰坑 23 座、墓葬 4 座等多个遗

　　① 田进：《哈萨克斯坦拉哈特古城遗址出土文物约 70 件》，中国新闻网，2020 年 01 月 12 日，https://baijiahao. baidu. com/s? id = 1655509356034816891&wfr = spider&for = pc，2023 年 2 月 14 日。

迹，出土可辨铁器、陶器、骨器等文物约 70 件。[①] 遗址房屋居址为半地穴式，平面大概呈凸形，斜坡门道向南突出，地穴壁面较直，有加工痕迹，地穴地面有活动痕迹，有灶坑 1 处、础石（坑）9 个，壁面现高约 0.9 米，直径 4.6 米，面积约 16.6 平方米。清理的 23 座灰坑，圆形灰坑较多，多数坑体保存较浅，坑内堆积多淡灰色疏松土，包含少量陶片、石块、骨块等。位于拉哈特东南墓地的一座石封堆土圹墓，随葬陶罐 1 件，铁锥 1 件，羊椎骨 6 节。

这些遗存、遗物，有的在公元前 5—前 3 世纪的塞人至乌孙时代，有的在公元 9—10 世纪的突厥时代，晚期可至 13 世纪前后。这对于寻觅、揭示先秦至西汉丝绸之路开辟之前，发生在哈萨克斯坦这片广袤而古老土地上的文化交流意义重大。

依据目前考古发掘的陶器文物，推测拉哈特遗址时间初期可至"早期铁器时代"（公元前 7—前 3 世纪）。依托文物证据，可以肯定，在伊塞克地区东西长约 30 千米的天山北麓地区空间内，在图景、文化内涵相似的遗迹中，拉哈特遗迹的空间、界限最大，是具备核心地位的聚落遗迹。拉哈特古城遗址的发掘和保护工作对于研究丝绸之路中亚区段古代游牧民族，尤其是塞人的历史文化与文明交往具有重要的价值和意义。

---

① 马虎振：《中哈联合考古发掘　拉哈特古城遗址出土公元前 5 至前 3 世纪器物》，《华商报》2020 年 1 月 12 日。

远古祭坛——泰姆格里岩刻

　　泰姆格里景观岩刻在哈萨克斯坦东南部天山山脉的西部尽头，位于泰姆格里大峡谷中。在群山环抱间，有一组聚集多达五千多件的岩石雕刻，其超大的尺寸、独特的形象以及图像布局的高超技艺令人惊叹，堪称中亚岩画艺术的精品，为自铜器时代以来的早期游牧民族生产、社会组织和祭祀仪式提供了丰富的参考信息。

　　岩刻作品遍布古人类栖身的房屋和墓穴的旧址附近，生动体现了该地的农业收获、社会组织和宗教活动等状况。泰姆格里景观岩刻内容极其丰富，其中在没有遮挡的岩石表面所刻的画像，是遗产中最为神秘的部分。

　　具体来看，"泰姆格里景观岩刻"群中的这些神秘的画像可以分为48组，其中有5组最为特殊，生动展示了三千多个人物形象。画像创作时间大致是早期青铜文明时期，篇幅巨大、印记明晰、活灵活现，集中体现了一系列独特的古代游牧民族人物形象。譬如，当地神秘的太阳神、穿戴兽皮的人物，以及各种姿态的人物和动物形象等。

　　"泰姆格里考古景观"历史悠久，石刻遗存的核心区和外围居住地与太阳神形象、祭坛以及密闭的祭祀区域相互连接，① 布局独特，为探寻生活在铜器时期直至今日的中亚游牧民族的生活和信仰留下了历史实物证据。

---

　　① 《哈萨克斯坦：泰姆格里考古景观》，《文明》（"一带一路"上的文明记忆）2017 年第 1 期。

军事要地——库尼亚 – 乌尔根奇

库尼亚 – 乌尔根奇地处土库曼斯坦西北部、阿姆河的南边。乌尔根奇是阿契美尼德王朝管辖下可兰次姆区域的首府城市，是中亚区域最古老的都市之一。①

2005 年，该遗址作为世界文化和自然遗产被纳入《世界遗产名录》。库尼亚 – 乌尔根奇古城还拥有 11—16 世纪的纪念碑、一座清真寺、客栈的门、城堡、墓园和一座尖塔。这些遗存的文物建筑的技艺展现了传统建筑和手工艺领域的突出造诣，对伊朗、阿富汗和 16 世纪后期南亚的建筑风格产生重要影响。库尼亚 – 乌尔根奇是当地伊斯兰文化兴衰的时代见证，虽然它早就不是此地的文化核心，但仍有许多游客前去那里朝觐。

库尼亚 – 乌尔根奇又名玉龙杰赤，是古代花剌子模王国的都城，亦是中亚区域最重要的贸易城市之一。② 12 世纪，花剌子模王国崛起，玉龙杰赤变成了该国的首府城市，但后来由于政治的缘故，花剌子模王国的都城由乌尔根奇迁到撒马尔罕。因为地处丝绸之路沿线，玉龙杰赤逐渐兴盛起来，变成了中亚

---

① 施秀芬：《领略全球自然文化精粹——2005 年度〈世界遗产名录〉全新出炉》，《科学生活》2005 年第 5 期。

② 张永铭：《环游中亚五国》，《旅游》2019 年第 11 期。

区域的核心都市。1220 年，玉龙杰赤遭成吉思汗统帅的蒙古士兵进攻，成吉思汗命术赤为主帅，察合台、窝阔台为副帅，率军围困玉龙杰赤。蒙古军围城六个月后陷入僵局，成吉思汗改命窝阔台统帅三军，规定时限攻下玉龙杰赤。公元 1221 年 4 月，玉龙杰赤守城残军及百姓誓死抵抗，坚守七天七夜，被蒙古大军攻陷。

成吉思汗逝世后，蒙古帝国分崩离析，花剌子模区域被金帐汗国所统辖。玉龙杰赤在原城邑的南方重修，到了 14 世纪再次变成花剌子模区域最大的城市。然而 1372—1388 年，玉龙杰赤又一次被中亚地域的新掌权者帖木儿帝国所降服。由于对花剌子模的畏惧，帖木儿于 1388 年迫使玉龙杰赤的定居者搬离此地并捣毁了城池，随后该区域便渐显没落。

库尼亚－乌尔根奇拥有众多历史悠久的建筑遗址，如今游人所能见到的这座历史文化名城大约 3.5 平方千米，散落着大量的堡垒和古迹，以制砖修建而成的陵园和用釉面砖、切割砖以及灰泥装饰成的清真寺居多。其中，库特卢－帖木儿清真寺是一座伊斯兰式的宣礼塔，高约 60 米，由砖砌成，有亮蓝色的飞檐，是中亚区域较高的宣礼塔之一。塔内有梯子盘旋而上，梯子一共有 144 个台阶。该建筑穹顶内 365 个细瓷部分象征一年 365 天，穹顶竖直下方的 24 个弧形象征一天 24 小时，再下面 12 个较大的弧形象征一年 12 个月，4 扇大窗户象征一个月 4 个星期。

土库曼斯坦历史悠久，遗迹丰富，自然风光绚丽多彩，民族风情古朴浓郁，拥有独特而丰富的旅游资源和文化资源，[①] 库尼亚－乌尔根奇便是其中一颗耀眼的明珠，吸引着全世界的目光。

---

① 熊关：《中亚旅游知多少》，《中亚信息》2013 年第 1 期。

丝路要塞——尼莎帕提亚

尼莎帕提亚要塞，是帕提亚帝国现存最古老的遗址，该遗址在今土库曼斯坦首都阿什哈巴德西 15 千米的巴杰尔村。①

在近两千年的漫长历史中，尼莎帕提亚地区未曾遭受过严重摧毁，古代文明的遗存被妥善保留了下来。帕提亚帝国是伊朗古代的奴隶制帝国，建于公元前 247 年，帕提亚起源于波斯游牧民族帕尔尼部落，帕提亚人源于白匈奴人种。公元前 3 世纪早期，游牧的达海部落联盟的帕尔尼部从锡尔河沿岸迁移到帕提亚地区，与本地的定居者混居融合。帕提亚地域大概相当于今伊朗的呼罗珊，在波斯帝国和塞琉西王朝时期是一个区域。公元前 247 年，帕尔尼部的首领阿尔萨息斯杀死塞疏西帝国的行政长官，以尼莎即今土库曼斯坦阿什哈巴德为都城，创建了阿尔萨息斯王朝。当时中国的汉朝称其为"安息"，西方史学界则称其为帕提亚。公元 226 年，帕提亚帝国被波斯萨珊帝国所替代，尼莎帕提亚地区成为萨珊帝国的一部分。

20 世纪，世界各国探险队在古尼莎的旧址"方宫"里看到

---

① 首都文明工程基金会：《土库曼斯坦尼莎帕提亚要塞》，《文明》2017 年第 1 期。

了知名的尼莎象牙角杯和其他许多精致的艺术品，于是人们推测"方宫"大概就是安息国王的藏宝室。实际上"方宫"在安息王朝衰亡后，遭到了萨珊军人的频繁抢掠，劫后剩下的珍宝十分稀少。即便如此，挖掘的成果依然让考古学家欣喜若狂。"方宫"旧址发现的艺术品中最特殊的便是角杯，大约有40个。

角杯是盛酒的容器，最早是用动物的角制成的，随后也有石质或金属仿制的角形杯。这类酒具起初出现在中国，随后传入了希腊。同时，被发现的还有一尊大理石雕塑，属于希腊化时代亚历山大派，称作"罗多古娜"，被人们视为雕塑极品。其外形犹如希腊的阿芙洛狄女神，即古罗马的维纳斯女神雕塑，上半身以白色大理石刻成，取裸体神态，下半身以深灰色大理石刻成，取着衣状态，头微微向前倾，两手朝上。这尊雕塑的样式不禁使人想起那尊大名鼎鼎的希腊雕塑《米洛的维纳斯》，但是，它两手朝上高抬似握头的姿态，却使人想到安息历史上一位有名的公主，即安息王密特里达斯一世（公元前171—前139年在位）之女罗多古娜。据传，有次她在洗发之时突闻敌兵进犯的消息，她便祈愿待她洗完头后敌军能被击败。从此世人称此形态为"罗多古娜"，以纪念她洗发之际祈祷御敌制胜的爱国之情。

尼莎帕提亚要塞由两组台形旧址组成，呈现了帕提亚帝国最早和最重要的一处城市遗址，该遗址几乎从未遭到破坏，它所保留的文明体现了自身文化传统与希腊罗马文化的融合，呈现了它作为帕提亚帝国首都的政治、经济和文化实力。

文化熔炉——撒马尔罕古城

撒马尔罕是古代丝绸之路的必经之地。陆上丝绸之路东起长安，西至欧洲各国，地处丝路中心点的撒马尔罕也成了东亚文明、印度文明、希腊文明和欧洲文明的交汇点。2000 年，联合国教科文组织把撒马尔罕这个有着 2750 年历史的文化遗址列为《世界遗产名录》，称为"文化交汇之地"。

公元前 6 世纪，撒马尔罕已有文字记载。公元前 3 世纪，马其顿帝国亚历山大大帝攻占了撒马尔罕。公元前 2 世纪以后，撒马尔罕先后成了康居、贵霜帝国、嚈哒汗国和波斯萨珊帝国的属地。

1965 年，著名的粟特壁画在阿弗拉西阿卜的大使厅（或称拂呼缦王宫）被偶然发现。有趣的是，壁画中表现的是唐高宗在上林苑猎豹，武则天在曲江池划龙舟。专家认为，这些绘制于公元 656 年前后的壁画，是目前国外唯一存世的，由中亚画家创作的中国帝王形象。[①] 图 4 – 1 为撒马尔罕阿弗拉西阿卜遗址馆。

---

① 毛铭：《中亚最精彩的古城群是在乌兹别克斯坦》，《中国国家地理》2016年第 6 期。

　　阿拉伯人在7世纪后期占领波斯之后，就开始往粟特进军。8世纪征服布哈拉、撒马尔罕等地。公元8世纪中叶，撒马尔罕的粟特人开始改信伊斯兰教，数十年后，当地基本完成了伊斯兰化进程。成书于9世纪后半叶到10世纪前半叶的《道里邦国志》一书赞美道："世上最神圣、最美丽的高地就是撒马尔罕，她像天空，她的宫殿像星星，她的河水像银河，她的城墙像阳光。"

图4-1　撒马尔罕阿弗拉西阿卜遗址馆

　　1220年4月，成吉思汗率军来到撒马尔罕。撒马尔罕城墙外围筑有多处斜坡，斜坡外又设立了若干外垒防线，城墙和壕堑分别得到了增高和加深。花剌子模国君摩诃末派了11万军队驻守撒马尔罕，其中6万是突厥人、5万是大食人。撒马尔罕虽然兵多将广，固若金汤，但它覆灭的命运似乎已经注定。蒙古军采用了"因粮于敌""借兵于敌"的策略，将战争得来的各类物资作为后勤补给，逼迫从花剌子模各地征集来的青壮年随军攻打撒马尔罕。[①] 最终，撒马尔罕被成吉思汗攻破。

蒙古帝国时期杰出的政治家耶律楚材随成吉思汗西征，他在撒马尔罕城留居数年，在其写作的西域诗《壬午西域河中游春十首》和《西域河中十咏》中多处描写河中地区的风景，对河中地区的高山大川和平原绿洲发出由衷的赞叹。1228 年，耶律楚材完成《西游录》一书的撰写，《西游录》以纪实的手法，优美的文辞，细致地描绘了阿尔泰山至河中一带的自然景观、交通地理、风俗民情、物产经济，是公元 13 世纪初期中亚历史最为翔实的资料。据其记载，当时的撒马尔罕城："环郭数十里皆园林也，家必有园，园必成趣，率飞渠走泉，方池圆沼，柏柳相接，桃李连延，亦一时之胜概。"[②]

1370 年，撒马尔罕成为帖木儿帝国的首都，帖木儿使用最精巧的工匠在撒马尔罕城里修建起辉煌的宫殿和清真寺，撒马尔罕因此也被欧洲人称为"东方古老的罗马"。

1414 年，帖木儿帝国使团到明朝都城北京朝贡，明成祖朱棣命中官李达、吏部员外郎陈诚、户部主事李暹等护送帖木儿使臣回国，陈诚一行于 1415 年正月出发，于同年秋返回。陈诚著述的《西域行程记》和《西域番国志》是其回国后呈送明成祖的西使报告。《西域行程记》记录了使团行程及道里；《西域番国志》记录了沿途各地的山川地貌、风俗人情。据其记载，撒马尔罕城"东西广十余里，南北径五六里"。"城内人烟俱多，街巷纵横，店肆稠密，西南番客多聚于此。货物虽众，皆非本地所产，多自诸番至者。"[③] 撒马尔罕城呈现出繁华的商贸景象。

据陈诚记载，撒马尔罕城"地势宽平，有溪水北流，居城

---

① 杨军：《邱处机与成吉思汗》，商务印书馆 2014 年版，第 95 页。
② 蓝琪：《金桃的故乡——撒马尔罕》，商务印书馆 2013 年版，第 95 页。
③ 蓝琪：《金桃的故乡——撒马尔罕》，商务印书馆 2013 年版，第 109 页。

之东，依平原建立"。城市中心的列吉斯坦广场有一组宗教建筑群，广场有六条主街，通向六个城门。北门附近形成了巨大的集市，其余区域为低层传统居住区。这一基本格局较为完整地保持至今。[1]

在帖木儿远征印度期间，他的爱妻比比·哈内姆王后去世，帖木儿为了悼念王后，于1399—1404年建立了一座以王后之名命名的清真寺。700年过去了，撒马尔罕大清真寺不仅是帖木儿爱情的象征，也是撒马尔罕城的美丽地标之一。[2]

列吉斯坦广场位于撒马尔罕城市的中心，庞大的建筑群由三座神学院组成，分别是建于1417—1420年的兀鲁伯宗教学院、建于1619—1636年的舍尔·多尔宗教学院和建于1646—1660年的季里雅·卡利宗教学院。[3] 这些古迹交相辉映、浑然一体，诉说着昔日撒马尔罕城的兴盛和奢华。[4]

位于撒马尔罕城的古尔·埃米尔陵是帖木儿家族的墓地。陵园于1403年开始建造，当时是为猝死的帖木儿之孙穆罕默德·苏尔丹建造的墓，之后发展为帖木儿家族墓地。[5] 如图4-2所示。在蓝色的穹顶下，帖木儿家族陵墓中的每一个墓穴都有一段故事。

兀鲁伯天文台修建于1428—1429年，是中世纪具有世界影响力的天文台之一。这里的天文学家对一千多颗恒星进行了观测，于1446年编成《兀鲁伯新天文表》，是16世纪以前的最高水平。图4-3为兀鲁伯天文台兀鲁伯像。

---

[1]　蓝琪：《金桃的故乡——撒马尔罕》，商务印书馆2013年版，第109页。
[2]　蓝琪：《金桃的故乡——撒马尔罕》，商务印书馆2013年版，第113页。
[3]　蓝琪：《金桃的故乡——撒马尔罕》，商务印书馆2013年版，第137页。
[4]　蓝琪：《金桃的故乡——撒马尔罕》，商务印书馆2013年版，第137页。
[5]　蓝琪：《金桃的故乡——撒马尔罕》，商务印书馆2013年版，第116页。

图 4 – 2　帖木儿家族陵墓一角

图 4 – 3　兀鲁伯天文台兀鲁伯像

作为历史名城和兵家必争之地，撒马尔罕虽经历了很多战火，却千年不废。如今，虽然少了昔日的喧嚣和辉煌，它却以厚重的历史沉淀继续焕发出动人的光彩！

博物馆城——布哈拉古城

布哈拉城坐落于紧临沙赫库德运河的绿洲地区，距乌兹别克斯坦首都塔什干约 450 千米，距撒马尔罕约 250 千米。[①] 布哈拉因蕴藏丰富的历史古迹而获得了"城市博物馆"之名；因以蓝色为基调的建筑，有了"蓝色布哈拉"的浪漫之名；因曾经给穆斯林带来了荣耀，又被誉为"中亚的麦加——圣城布哈拉"；因出了世界级学者和艺术家，又有了"布哈尔"之称，意为"知识的源泉"；因大学者布哈里对伊斯兰教理论的突出贡献，又获得了"伊斯兰的穹顶"的盛名。[②] 1993 年，联合国教科文组织将布哈拉旧城中心作为文化遗产列入《世界遗产名录》。

最早有文字记载的布哈拉城史是古罗马史学家阿里安（公元 96—175 年）的《亚历山大远征记》。中国史书对布哈拉城的记载始于《汉书》，《汉书》在论述西域的游牧政权康居国之时，提到康居国属国中有一个名叫罽王的国君，他的居地在罽城。成书于 11 世纪的《新唐书》对罽城做了解释，认为布哈拉城是康居属臣罽王的故地。尽管这一推论还有待进一步考证，

---

① 旷薇、邵磊：《丝绸之路商贸城市布哈拉古城保护与利用》，搜狐网，2021 年 6 月 9 日，https://www.sohu.com/a/471333177_121124392，2023 年 3 月 1 日。

② 蓝琪：《知识的源泉——布哈拉》，商务印书馆 2021 年版，第 1 页。

但通过它们可以判断，布哈拉城在 1 世纪是康居的属地。①

康居国衰落之后，布哈拉城接受了贵霜帝国的统治。贵霜帝国衰落以后，嚈哒人统治了布哈拉。大约在嚈哒汗国统治时期，河中地区形成了许多被中国史书称为"昭武九姓"的城邦国家，其中，以布哈拉为中心的政权被称为安国。②

709 年，布哈拉成了巴格达哈里发的主要文化中心之一。892—999 年布哈拉是萨曼王朝的国都。

11 世纪喀喇汗王朝统治时期，布哈拉城修建了规模宏大的建筑。狮子汗穆罕默德于 1121 年开始建造卡梁清真寺，卡梁清真寺在建成一百年之后，于 1220 年被成吉思汗的一把大火烧毁，今天的卡梁清真寺是 1514 年重建的。狮子汗穆罕默德于 1127 年在卡梁清真寺旁边建造了卡梁宣礼塔。卡梁宣礼塔高 45.6 米，宣礼塔的外形古朴雄浑，塔身用烧砖和无釉赤陶砌成 14 个不同的呈几何图案的装饰带，装饰带的图案各不相同。巍然挺立的卡梁宣礼塔除召集穆斯林祈祷外，曾经还是疲惫的沙漠旅行者的灯塔和监视各地的瞭望台。③

1220 年蒙古人入侵，成吉思汗洗劫了这座古都，直到 13 世纪后半叶该城才开始恢复生机。1370 年，布哈拉被并入帖木儿的帝国版图，这一时期，西班牙使臣罗·哥泽来滋·克拉维约访问过布哈拉城。1403 年，西班牙卡斯提亚国王亨利三世派使臣克拉维约前往东方各地考察。克拉维约于 1404 年 9 月抵达帖木儿帝国都城撒马尔罕。回国之后，克拉维约将日记整理成书，汉译书名为《克拉维约东使记》。克拉维约在回国途中游历了布哈拉城，正是他的日记让人们了解到帖木儿帝国时期布哈拉城

---

① 蓝琪：《知识的源泉——布哈拉》，商务印书馆 2021 年版，第 21—22 页。
② 蓝琪：《知识的源泉——布哈拉》，商务印书馆 2021 年版，第 23 页。
③ 蓝琪：《知识的源泉——布哈拉》，商务印书馆 2021 年版，第 95 页。

的一些情况。据他记载："11 月 25 日（星期五），我们自撒马尔罕动身之后，循一条良好之大道行；6 日之中，经过许多人口稠密之村镇。食宿皆取于村中，各处皆承其招待，款以宴席，代备下榻之处。11 月 27 日至名布哈拉之大城。城位于广袤之平川上，墙垣系砖所垒。"①

15 世纪后半叶，布哈拉成为布哈拉汗国的都城。16 世纪是布哈拉发展的黄金时期，修缮与新建了一些清真寺和经学院，如 1509 年建造了中亚最大的经学院库克尔达什经学院，1535 年建造了米尔·阿拉布经学院（原名阿拉伯亲王经学院），它们不仅是伊斯兰教研究中心，而且其伊斯兰式建筑也极负盛名。②

从 2500 年前建城开始，布哈拉古城多次遭到破坏后又重建，但城址几乎从未变动，城市格局至今保存完好。"阿里巴巴与四十大盗"的故事传说也发生在布哈拉。

2017 年 5 月 12 日，洛阳市与布哈拉市在北京人民大会堂签署了缔结友好城市备忘录。不同的地域、不同的历史、不同的文化、不同的人们，虽相隔千万里，但自古就借由丝路联结在一起。

---

① 蓝琪：《知识的源泉——布哈拉》，商务印书馆 2021 年版，第 138 页。
② 蓝琪：《知识的源泉——布哈拉》，商务印书馆 2021 年版，第 154 页。

太阳之城——塔什干古城

塔什干是乌兹别克斯坦的首都，中亚地区第一大城市，交通运输枢纽。塔什干位于乌兹别克斯坦东部、恰特卡尔山脉西面，地处锡尔河右岸支流奇尔奇克河谷绿洲的中心，海拔440—480米，面积256平方千米，是中亚地区人口最多的城市。[①]

塔什干历史悠久，始建于公元前2世纪，有文献记载的历史超过1500年。公元6世纪时，它便以发达的商业和手工业著称，是东西方贸易的交通要道。塔什干地区，当时被称为石国，或译为柘支、柘析、赭时。西突厥十姓部落在其东北，南距俱战提二百里，西南五百里即撒马尔罕，西南临锡尔河。其国王姓石，其都城为柘析城。据伊斯兰地理家的叙述，塔什干地区的城镇甚多。伊斯塔赫里说有二十七城，马克狄西说有三十四城。[②]

塔什干在乌兹别克语中意为"石头城"，因它地处山麓冲积扇形地带，有巨大的卵石而得名。11世纪，乌兹别克斯坦著名的文学家别鲁尼和卡什卡里编纂的一部百科全书中，第一次称

---

① 《乌兹别克斯坦的历史名城之塔什干》，《中亚信息》2009年第5期。
② 王治来：《中亚史》，人民出版社2010年版，第66页。

该城为"塔什干",从此沿用至今。

虽地处中亚的干旱地带,但乌兹别克斯坦却很幸运,大部分国土位于中亚的两大河流阿姆河与锡尔河之间,这两大河流发源于帕米尔高原与天山山脉,水源主要是高原、高山的冰雪融水。两河之间,即中国古代史籍所称的"河中地区",占据了古代丝绸之路的要冲,集中了当时中亚最大规模的人口与发达的农业灌溉工程,以及在此基础上形成的高度发达的粟特商业文明与农业文明。塔什干是河中地区的门户所在,也是中亚最富庶的地区。

1865年塔什干被俄军和布哈拉汗国联军攻破,1867年成为俄罗斯帝国突厥斯坦总督区的行政中心,由此也较早地开启了工业化的先河,成为中亚第一大城市。

1958年,著名作家萧三在塔什干开完亚非作家会议之后,写下了《重游塔什干》:"一别二十年,重游塔什干。艳阳照万里,新屋起千檐。男女多花衣,老少尽笑颜。最喜葡萄美,花香味亦甜。"①

塔什干是一个非常古老的城市,但是它又非常年轻。1966年4月26日的大地震,让这个城市差点成为一片废墟。清真寺、古代陵墓等遗迹大多位于老城区,如今我们仅凭城堡的沙丘遗址、16世纪的大门以及库凯尔达什清真寺等几处遗迹,就可以看出这座古老城市的痕迹。虽然仍有许多阿拉伯式的建筑物,但大多数都已重建。图4-4为塔什干哭泣母亲塑像。

在塔什干老城,乔尔苏集市已经有一百多年的历史了。这是一座以蓝色为主色调的庞大的帐篷式建筑。上面镶嵌的瓦片

---

① 萧三:《重游塔什干》,《诗刊》1958年第12期。

图 4 - 4 塔什干哭泣母亲塑像

极具乌兹别克斯坦特色，寓意着从古老的蓝帐汗国传承下来的乌兹别克斯坦文明。

阿里舍尔·纳沃伊雕像站在纳沃依公园的斜坡上，他是乌兹别克民族的先驱，著名诗人和思想家，也是乌兹别克"精神之父"。纳沃依公园的周围保存着 500 年以前帖木儿王朝时期的经院，现在大多数已经变成了手工作坊和店铺。

乌兹别克斯坦国家历史博物馆坐落在塔什干中心，始建于1876 年，后来改名为"人民历史博物馆"。乌兹别克斯坦政府于 1992 年将该馆改建并改名为乌兹别克斯坦国家历史博物馆。这里有中亚地区考古学、钱币学、民族学等方面的收藏，以及乌兹别克斯坦各时代的史料。展出的文物包括公元前 2000 年的费尔干纳盆地的石刻避邪物，公元前6—前5世纪的青铜锅，公元前5—前4世纪的布哈拉的陶瓷；14—15世纪的帖木儿及其以后的货币、兵器等。同时也展出了乌兹别克斯坦独立后的工业、农业、教育、文化、艺术、外交等各方面的成绩。①

　　塔什干城中心广场上矗立着帖木儿的雕像。周围绿树环绕，帖木儿跨在马上，马的一只前蹄跃起，帖木儿一手向前伸出，似在指挥千军万马，如图4-5所示。整座雕塑气势非凡，表现了大帝指引着帖木儿帝国前进的方向，再现了帖木儿金戈铁马的一生。

图4-5　塔什干城中心广场帖木儿像

① 李垂发：《风情万种的千年古城塔什干》，《中亚信息》2011年第1期。

令人不禁想起了俄国著名诗人普希金的长诗《青铜骑士》。

> 高傲的骏马，你奔向何方？
> 你将在哪里停蹄？
> 啊！威武强悍的命运之王，
> 你就如此在深渊之底，
> 在高峰之巅……①

①　蓝琪：《金桃的故乡——撒马尔罕》，商务印书馆 2013 年版，第 117—118 页。

中亚明珠——希瓦古城

　　希瓦古城位于乌兹别克斯坦花剌子模州，是中亚古建筑保留最完好的城市之一，当地古谚说出了它的魅力——我愿出一袋黄金，但求看希瓦一眼。希瓦是乌兹别克斯坦西南部的一座古老的城市，它和撒马尔罕与布哈拉一样，是乌兹别克斯坦古代丝绸之路的城市，1990 年被列入《世界遗产名录》。

　　透过古老的希瓦城，可以隐约看出昔日的繁华。4 世纪，希瓦隶属于波斯的花剌子模王国，得益于良好的灌溉体系，从阿姆河中汲取水分来灌溉庄稼。花剌子模，在波斯语中意思为"低平之地"。花剌子模原是位于阿姆河下游低平地带的一个古国，在阿拉伯兴起以后，包括花剌子模在内的中亚各地都成为阿拉伯帝国的组成部分。9 世纪后期，阿拉伯帝国陷入分裂割据之中，花剌子模先后臣属兴起于阿拉伯帝国东部的萨曼王朝、哥疾宁王朝和塞尔柱王朝。11 世纪末，塞尔柱王朝的苏丹任命奴隶出身的突厥大臣阿努思惕斤的儿子护都不丁为花剌子模地区的长官，并允许他沿袭使用花剌子模沙也就是花剌子模王的称号。花剌子模开始逐渐成为伊斯兰世界东部地区一个新兴的地方势力。在契丹人进入中亚地区以后，花剌子模成为西辽的属国。到 1200 年摩诃末成为花剌子模国王的时候，在前人领土扩张的基础上，乘西辽实力大为衰落之机，大肆发动吞并周边地区的战争。1210 年，摩诃末战胜西辽，花剌子模，不再是西辽的附属国成为独立的国家。1212 年，摩诃末袭杀了撒马尔罕（今乌兹别克斯坦撒马尔罕）的统治者斡思蛮汗，撒马尔罕成为花剌子模新的首都。花剌子模开始以中亚强国的姿态出现在世界历史舞台上。①

乌兹别克斯坦科学院的瑞德维拉扎院士指出，"花剌子模"这个地名与早期斯基泰人崇拜太阳和火有关，意为"太阳的土地"。汉唐史料多次将"花剌子模"译为"火寻国"，似乎音译之外还有意译。语言学家马迦特、恒宁教授据波斯古经《阿维斯陀》推测，拜火教创始人琐罗亚斯德就出生于花剌子模，这里是最早信仰拜火教的国度之一。2015 年法国葛乐耐院士在此发现的青铜时代的人鸟祭司图像，就是有力证据。

瑞德维拉扎院士认为，花剌子模是一种"绿洲 + 草原 + 渔业"的混合文明，非常独特。既有阿姆河下游的绿洲文明，孕育出希瓦、玉龙杰赤和诸多城堡（托普拉克 – 卡拉、科伊 – 科雷尔干卡拉）；又有咸海周边的草原文明，所有花剌子模男人都戴着标志族群的皮帽；阿姆河与咸海曾经发达的水系，造就了渔业文明，使得花剌子模一度有数万人靠打鱼和航运为生。古希腊史料多次提到，花剌子模人早在公元前 500 年就已出海航行，经咸海、里海、黑海、爱琴海进入地中海。不过，花剌子模更为世人熟知的，还是骁勇善战的武士。②

希瓦于 712 年被阿拉伯人征服，1221 年被蒙古人征服，14世纪末与花剌子模国一起被帖木儿征服。1512 年，乌兹别克人

---

① 杨军：《邱处机与成吉思汗》，商务印书馆 2014 年版，第 82 页。
② 毛铭：《中亚最精彩的古城群是在乌兹别克斯坦》，《中国国家地理》2019年第 6 期。

征服这片土地后，建立了布哈拉汗国和花剌子模汗国。1643 年，希瓦又成为希瓦汗国的首都，一直到 1740 年。[①]

"卡拉"是城堡的意思，花剌子模拥有多座卡拉，比如科伊－科雷尔干卡拉，它始建于公元前 4 世纪，是阿姆河下游一座令人震撼的圆形城堡。该遗址到底是墓葬还是城堡，学界还有争议。

古城希瓦厚实的城墙，经常是细密画的好题材——城墙采用未经烘焙的泥砖砌成，每隔一段就有一个巨大的圆拱形瓮城。历史上，花剌子模王国强悍而倔强地生存了近 800 年，到公元 755 年被阿拔斯王朝征服。之后花剌子模又一度繁盛自治，成为成吉思汗西征路上最为觊觎的肥美之地。这一切都与花剌子模人引以为傲的厚重城墙有关。离希瓦不远的占巴士－卡拉城堡，就有双层城墙，内外城垣上都有守城士兵用的箭孔，三孔一组，密密麻麻。从外城要迂回五次，才能进入内城。

不过如此坚固的城墙仍然没能挡住成吉思汗的铁蹄。《世界征服者史》记载，遭到蒙古兵洗劫后，一位幸存者诉说了布哈拉的劫难："他们到来，他们破坏，他们焚烧，他们杀戮，他们劫掠，然后他们离去。"[②]

有些人一听到"玉龙杰赤"（今译"乌尔根奇"）这个地名，就不免想起成吉思汗西征。1219 年，成吉思汗长子术赤率兵攻打玉龙杰赤，战况惨烈。如今玉龙杰赤城一分为二，一部分在乌兹别克斯坦，另一部分在土库曼斯坦。阿姆河从城中浩浩荡荡穿过，河畔的房屋五颜六色，倒有几分威尼斯风光。市

---

① 毛铭：《中亚最精彩的古城群是在乌兹别克斯坦》，《中国国家地理》2019 年第 6 期。

② 毛铭：《中亚最精彩的古城群是在乌兹别克斯坦》，《中国国家地理》2019 年第 6 期。

中心广场矗立着英雄扎兰丁的铜像，他头扎发带、衣襟飘飘，深情地凝望着阿姆河。面对蒙古大军，花剌子模的摩诃末虽有40万大军却束手无策，最后逃到里海的一座小岛上悲愤而终。其子扎兰丁独自战斗，因不愿被活捉，最终跳入阿姆河逃走。对此成吉思汗惆怅良久，感叹生子当如扎兰丁。

19世纪，希瓦的发展达到顶峰，许多宏伟的建筑物相继建成。穆罕默德·阿明可汗在1851年建造了卡塔宣礼塔，但只建到29米就被搁置了，因此被称为"未完工之塔"。

1717年俄国首次对希瓦远征，直到1873年才征服希瓦，使其成为附庸国。①

1976年，当时的苏联为保护内城将大部分居民迁到外城，只留下少量民房和世代生息在这里的居民。现在，希瓦的保护性修复工作集中了当地众多技艺精湛的工匠，许多古迹得到新生！

---

① 鹤鸣：《希瓦印象》，《世界博览》2003年第10期。

冶金中心——萨拉子目古城

塔吉克斯坦萨拉子目古城，是中亚地区最早的城市之一，也是青铜时代中亚地区最大的冶金中心。萨拉子目的意思是"土地开始的地方"，它见证了公元前4—前3世纪末中亚人类居住区的发展。根据碳14年代测定法显示，萨拉子目古城的历史从公元前3500—前2000年，大致从铜石并用时代到铜器时代早中期。

2010年，联合国教科文组织世界遗产委员会第34届会议正式将塔吉克斯坦萨拉子目古城列入《世界遗产名录》。2020年9月在塔吉克斯坦彭吉肯特举行了"萨拉子目——塔吉克民族早期农耕定居文化发源地"5500周年庆祝活动。考古学家认为，萨拉子目坐落在比"丝绸之路"更加悠久的"玉石之路"上，"玉石之路"后来发展为欧洲到中国和印度的"丝绸之路"。

1976年，当地村民在种地时无意中发现了一把青铜斧，并交给了考古学家。考古工作于1977年启动，至1994年，共进行了30多次挖掘和勘探，消失了3000多年的萨拉子目古城得以再度现身。

萨拉子目古城位于泽拉夫尚河谷的河中平原农业区与帕米尔阿赖山脉牧区之间，平均海拔910米，从地理位置上看，非常适合山区的牧民和平原的农民在这里进行货物的交换与技能、文化的交流。泽拉夫尚河，意思是带金子的河。从金矿里流出来的水汇入这条河里，传说当地人会把整张带羊毛的羊皮固定在河床中，任流水冲刷羊毛，几天后把羊皮收回来用清水冲洗，能冲出金粉，所以这条河就有了这个霸气的名字。泽拉夫尚河谷还拥有其他丰富的矿物资源，这些得天独厚的资源使得萨拉子目古城逐渐成为一座金属冶炼中心。随着人口的增长，也开始出现陶器、石材加工等手工业。

公元前 3000 年前后，萨拉子目古城成为以锡出口为主的贸易中心。贸易范围向北可达咸海和欧亚大草原，向西可达土库曼斯坦、伊朗高原和美索不达米亚，向南可达俾路支和印度河流域。

1977 年到 1994 年的 17 年间，考古团队对古城进行了 11 次挖掘和 20 次勘探。1984—1991 年，法国考古团也对这里进行了考古勘探。

1984 年，在萨拉子目发现了一件公牛圆柱形印章，印出来的公牛带着明显的美索不达米亚特点。这里出土的另外的重要文物是在一座叫"萨拉子目女士"的墓葬里面发现的，这座墓葬里有一位女性的骨架和几千串珠子以及各种首饰，包括来自印度洋或阿拉伯海的贝壳和来自印度文明的金手镯。[1]

据考古发掘，萨拉子目古城当时没有清晰的都市规划，它占地 50 多亩，以天然的方式向周围扩展，没有围墙，包括 10 个高低不一的小山和 5 个凹地。这座古老的建筑区包括住宅、寺庙和作坊。在城市建设初期，它采用了一种混合麦秆的长方形

---

[1] 《【明明的旅行】边境线上的世界文化遗产，萨拉子目古城（2019 年璀璨古丝路，明媚中亚行之十九）》，搜狐网，2020 年 10 月 27 日，https://www.sohu.com/na/427514015_562871，2023 年 2 月 12 日。

陶制砖块，到了后期才用石料建造。平顶木梁由一根或数根枝条和芦苇搭起。居住庭院由储藏室、工作间、厨房和生活区组成，大部分由篱笆围成，手工作坊大多设在庭院中。

作坊以金属冶炼为主，考古现场发现了熔炉、黏土模具、坩埚以及许多金属制品。还有陶器制作，早期是手工制作，公元前2700年后出现了陶钧（制陶用的转轮）。此外据考古发现，这里还有绿松石、天青石、红宝石、玛瑙等多种宝石的加工作坊。

据推测，萨拉子目古城最盛时人口超过3000人。公元前3300年后，房间内出现了进行祭祀活动的家庭祭台，中间有圆炉祭坛。从公元前2900年开始，祭台变得更大，开始出现带有圆形祭坛的方形壁炉，里面还发现了烧焦的种子。

萨拉子目遗址的考古发现，说明该地区原始城市化的早期兴起，反映在住宅、基础设施和考古发现的复杂性上。最初是畜牧业与早期农耕业相辅相成，后来是矿产资源开发与手工业发展相辅相成。这是一个持久而繁荣的原始城市，证实了中亚地区间长距离贸易和文化交流的存在。

丝路驿站——吉萨尔古城

　　吉萨尔古城位于吉萨尔盆地，塔吉克斯坦首都杜尚别市以西26千米处，它曾是丝绸之路上的重要驿站。1982年，塔吉克斯坦政府颁布命令，将吉萨尔区的古建筑确定为历史文化遗产。

　　吉萨尔古城所处的阿姆河上游、帕米尔高原与兴都库什山脉之间的平原被古希腊人称为巴克特里亚，中国古代文献称其为大夏。早在远古时期，这里就是各种文化相互碰撞、交融的地带。几千年来，吉萨尔地区一直处于波斯人、希腊人、印度人、蒙古人和阿拉伯人的轮流统治之下。吉萨尔古城，可以说是塔吉克斯坦历史的一个缩影。历史上吉萨尔古城曾多次被毁，并多次重建。

　　吉萨尔古城是一个古老的建筑群，在方圆86公顷的土地上散布着古代遗迹，包括吉萨尔要塞、要塞拱门、砖砌驼队客栈、旧宗教学校、新宗教学校、洗礼所、大广场、马赫杜米·阿扎姆陵墓和石砌清真寺等。这些石头和黏土建筑自公元8—19世纪相继被建造。[①]

　　天山山脉横亘在亚洲腹地干旱的大地上，凭借其便利的交

---

① 张春友：《吉萨尔古城寻踪——塔吉克斯坦吉萨尔古城游记》，《光明日报》2008年8月7日第12版。

通条件和丰富的水草，成为丝绸之路在西域最便捷的高速公路，也是古代商队和旅行者永恒的路标。塔吉克斯坦北部山脉属于天山山系，自古就是天山丝绸之路的重要咽喉和最为璀璨的明珠之一。塔吉克斯坦总统拉赫蒙曾这样评价，"丝路"穿越塔吉克地区，给人们带来了丰富的物质生活，同时也为人们提供了丰富的文化和心灵资源。

吉萨尔古城的居民生活于公元前4—前3世纪。巴克特里亚是塔吉克人的祖籍，也就是现在的吉萨尔。那时，巴克特里亚的商人以他们的骏马、双峰驼和旅店而闻名于世。

吉萨尔要塞是东布哈拉总督的行宫，它的存在超过2500年。吉萨尔要塞城堡通体都是用红砖垒起来的，在要塞的拱门两侧各有一排尖顶，上面有几个可以作为防御工事的洞口，这说明了这座要塞曾经的军事用途。

老宗教学校是一座两层楼的建筑，始建于17世纪初，20世纪初，仍有100—150位信徒在这里接受宗教教育，直到1921年这里才结束了它的宗教仪式。

马赫杜米·阿扎姆陵位于老宗教学校的南部，在中亚的土地上，坐落着一些以这个名字命名的陵墓，孰真孰假，学术界尚无定论，但这并不影响当地百姓对这里的崇拜。不仅是杜尚别，整个塔吉克斯坦人结婚的时候，新人们都要到这里拜祭，祈求他们的婚姻幸福。

随着历史的变迁，吉萨尔昔日的荣耀已经荡然无存，为我们留下了众多的遗址，沉淀成了宝贵的财富。

粟特之城——彭吉肯特古城

　　塔吉克斯坦境内90%以上的地区都是高原和山区，因此被称为"高山之国"。索格帝安、卡那特格姆、帕米尔三条主要的古代道路穿越塔吉克斯坦，它把中国、印度、欧洲和其他一些地方联系在一起。位于塔吉克斯坦的彭吉肯特古城已经有2500年的历史，在5世纪已经是一个繁华的经济和商贸中心。

　　彭吉肯特是中国内陆去往亚洲以西及欧洲的必经之路。粟特人在丝绸之路上从事商业活动，他们把西方的香料、药材、金银器皿等运到中国，又把中国的丝绸等运到西方。要说名震大唐和萨珊波斯帝国的中亚技艺，不得不提及粟特工匠的联珠纹锦。

　　从新疆吐鲁番的阿斯塔那唐代墓葬，到青海都兰的吐谷浑唐代大墓，从塔克－伊－布斯坦的萨珊波斯帝王狩猎摩崖，到日本奈良东大寺正仓院的宝藏，从埃及安丁诺伊的毛织品，到撒马尔罕古城大使厅的壁画，从拜占庭教堂的圣骨盒，到敦煌莫高窟壁画上隋代菩萨的裙裤，到处都有联珠纹锦的身影。这种联珠纹锦曾被大唐人民所钟爱，广泛流传。在唐代宫廷画师阎立本所绘的《步辇图》里，觐见唐太宗的吐蕃大相禄东赞，也穿有单兽联珠纹锦，当时称为"番客锦袍"。①

彭吉肯特古城遗址坐落在泽拉夫尚河南岸的平台上，距塔吉克斯坦彭吉肯特市约 1.5 千米。这座城市建立于 5 世纪，在 8 世纪末达到鼎盛时期，722 年在阿拉伯人的侵略下，遭到了局部破坏，并于 760 年被彻底摧毁。彭吉肯特古城遗址发掘工作从 1946 年开始，由苏联的雅库博夫斯基和别列尼茨基主持。

彭吉肯特是一座防御城堡，环绕着城墙的内城、商业和手工业的外城以及南部的公墓。内城区占地 22000 平方米，四周都是 5 世纪修建的高墙。城市里有许多街区，有广场，有袄教神庙，有贵族住宅，有工坊。大广场位于市中心的东北方向，占地 10000 平方米。在广场的西面，有两个巨大的建筑区，这是一片古老的康居时期的寺庙。②

在 60 多年的考古挖掘中，发现了大量的壁画、泥塑、木质雕刻以及陶器和石器。在生产和日常使用的铁制器具中，还有具有特色的"粟特舞娘"。中亚舞在 6—7 世纪已发展为一种独特的艺术形式，以胡旋舞、胡腾舞等最为著名。

胡旋舞是一种以转动迅速、运动有力而闻名的女子舞蹈。白居易的长诗《胡旋女》这样描述："胡旋女，胡旋女。心应弦，手应鼓。弦鼓一声双袖举，回雪飘飘转蓬舞。左旋右转不知疲，千匝万周无已时。人间物类无可比，奔车轮缓旋风迟。"《新唐书》上说，康国、史国、米国等国把胡旋女献给了唐朝，于是胡旋舞就流传到了中原，并成了最受欢迎的一种舞。

---

① 毛铭：《中亚也有"两河流域"乌兹别克斯坦占据了精华地带》，《中国国家地理》2019 年第 5 期。
② 西北大学丝绸之路文化遗产保护与考古学研究中心、中国国家博物馆、陕西省考古研究院：《塔吉克斯坦、乌兹别克斯坦考古调查——粟特时期》，《文物》2019 年第 1 期。

胡腾舞舞者为男子，其特征为刚健、迅捷、轻盈、诙谐有趣。舞者以迅雷不及掩耳之势，展现出中亚民族粗犷的个性。李端的《胡腾儿》有云："扬眉动目踏花毡，红汗交流珠帽偏。醉却东倾又西倒，双靴柔弱满灯前。环行急蹴皆应节，反手叉腰如却月。"胡腾舞盛行于北朝到唐朝，在中原的贵族中很受欢迎。

九姓胡音乐、舞蹈、戏曲的盛行，在中国掀起了一场"胡化"热潮。唐玄宗之后，胡化倾向更浓，元稹的《和李校书新题乐府十二首·法曲》曰："自从胡骑起烟尘，毛毳腥膻满咸洛。女为胡妇学胡妆，伎进胡音务胡乐。火凤声沉多咽绝，春莺啭罢长萧索。胡音胡骑与胡妆，五十年来竞纷泊。"[1]

如今，彭吉肯特城位于中亚的彭吉肯特故城西北部。由于阿拉伯的征服，这座老城遭破坏后被遗弃，而那时，海运和航运的发展使得海上丝绸之路得以建立；曾经繁荣的丝绸之路城市彭吉肯特，在漫长的岁月中逐渐淡出了人们的视野。

彭吉肯特当地居民在很长一段时间里就开始膜拜大自然了。居住在帕米尔高地上的塔吉克人，最初信奉的是"琐罗亚斯德教"，他们的守护者是阿胡拉·马自达，是太阳神和光之主的转世。《魏书·西域传》和《梁书·诸夷传》中都有中亚人对火神崇拜的记载。[2]

路德维希·维特根斯坦在其《文化和价值》一书中写道："最初的文明会成为一片废墟，最终成为一片废墟，而灵魂则会被尘埃所包围。"在祆教、佛教和伊斯兰教的熏陶下，彭吉肯特的古老城市，在这条古老的丝路上留下了斑驳的痕迹。

---

① 转引自蓝琪《金桃的故乡——撒马尔罕》，商务印书馆 2013 年版，第 37 页。

② 赵凯：《丝路遗品——彭吉肯特"苏扎尼"图纹的形意解构》，《美术与设计》2020 年第 6 期。

丝路桥梁——碎叶城

碎叶城位于今吉尔吉斯斯坦伊塞克湖以西、哈萨克斯坦巴尔喀什湖以南的托克马克西南部。碎叶城地处中亚沙漠丝路与草原丝路的交界点上，往东北方向是阿拉木图、伊犁牧场；往西南是大宛（费尔干纳盆地）、锡尔河畔的石国（今乌兹别克斯坦塔什干）；往东南，可去往中国新疆、敦煌、长安；往西可去往咸海、里海、黑海、高加索；往南是撒马尔罕、铁门关、大夏、北印度。"碎叶"在突厥语里意思是"果浆"，比如葡萄、石榴、无花果、哈密瓜在酿造成酒之前的半发酵果汁。碎叶城，就是指"酿造果浆的城堡"。

7世纪初，玄奘西行时曾途经此处。据《大唐西域记》记载，碎叶城"周六七里，诸国商胡杂居也"。据《新唐书》记载，波斯王子泥涅斯返国时曾路过碎叶城。大食进贡狮子至长安也曾取道碎叶城。因为地理位置显要，碎叶城还串联起中亚地区的数十座城市。同时，7世纪穿梭在天山西麓和七河流域的多个游牧部落熙熙攘攘，使碎叶城地区形成了多种文化面貌并存的局面。这里考古发现的景教石刻、摩尼教寺院、拜占庭金币等都反映出碎叶城具有明显的欧亚大都会风貌。①

---

① ［乌兹别克斯坦］瑞德维拉扎：《欧亚丝绸之路是以碎叶城为中心》，《中国国家地理》2020年第3期。

　　碎叶城之所以成为唐朝在西域地区的一个重要的政治和军事中心，还因为这一带有着优越的自然条件。据《大唐西域记》记载，碎叶城"土宜糜、麦、蒲萄"。唐代杜环所著《杜环经行记》说这一带"从此至西海以东，自三月至九月，天无云雨，皆以雪水种田，宜大麦、小麦、稻米、豌豆、毕豆，饮葡萄酒、糜酒、醋乳"①。

　　碎叶城还被认为是唐代伟大诗人李白的出生地，虽然李白本人并未为碎叶留下诗篇，但碎叶这座象征着唐代疆域辽阔的边陲城市，成为当时边塞诗歌中常见的地名。如王昌龄的《从军行其六》："胡瓶落膊紫薄汗，碎叶城西秋月团。明敕星驰封宝剑，辞君一夜取楼兰。"张籍的《征西将》："黄沙北风起，半夜又翻营。战马雪中宿，探人冰上行。深山旗未展，阴碛鼓无声。几道征西将，同收碎叶城。"释法振的《河源破贼后赠袁将军》："蔓草河原色，悲笳碎叶声。"②

　　唐调露元年（679），唐朝安抚大使裴行俭平定阿史那都支、李遮匐等人反叛后，"立碑于碎叶城，以纪其功"，裴行俭副将、安西都护王方翼扩筑碎叶城，被视为唐朝军队进驻碎叶的历史开端，碎叶置镇始于此年。在原有城池基础上，王方翼仿照长安城建造了碎叶城，城池雄伟，极大地震撼了当地西突厥各部。③唐朝开始派军在碎叶屯田，不久又将屯田扩大到碎叶城以西300里的塔拉斯河流域。

　　13—16世纪，由于蒙古人的西进和元末后瓦剌力量的兴起，

---

① 杨建新主编：《古西行记选注》，宁夏人民出版社1987年版，第132页。
② 《中国与吉尔吉斯斯坦：碎叶胡笳声，今朝谱新曲》，《文明》2021年第Z2期。
③ 侯杨方：《汉唐最辉煌的西域史，是在吉尔吉斯斯坦书写的》，《中国国家地理》2020年第3期。

吉尔吉斯人由叶尼塞河的下游地区逐步迁移至楚河和塔拉斯河流域。

碎叶城在西方文献中也称阿克·贝希姆遗址。1893—1894年，俄国专家瓦·符·巴托尔德考察楚河沿线，特别留意了阿克·贝希姆遗址，并推测其为喀喇汗王朝与西辽王朝的都城八剌沙衮。1938—1939年，考古学家伯恩施塔姆带队调查此城，肯定了巴托尔德的结论。1953—1954年，俄国科兹拉索夫带领吉尔吉斯考古学民族学综合考察队的楚河流域考古调查分队，对阿克·贝希姆遗址进行了大规模的全面挖掘。在1958年的考古挖掘简报中指出，这座废城未遗留到11—12世纪末，不应该是喀喇汗王朝和西辽王朝都城，由此也就否定了巴托尔德和伯恩施塔姆的论断。1961年，英国专家克劳森依据科兹拉索夫的考古调查报告指出，阿克·贝希姆遗址是碎叶城。同样，法国专家韩百诗也发表了类似的观点，随即为碎叶城的调查增加了确凿的证据。①

20世纪80—90年代，阿克·贝希姆遗址相继发现了两块刻有汉文的残碑。第一块残碑发现于1982年，是一块红花岗岩质的石刻造像，文字刻在造像的基座部位，残留11行，每行4—6字，有"□西副都□碎叶镇压十姓使上柱国杜怀□"等字样。俄罗斯汉学家苏普陆年科、鲁博－列斯尼乾克，日本学者林俊雄、加藤九祚和我国学者周伟洲等人研究认为，这里的"杜怀□"是唐代曾任安西都护、安西副都护、碎叶镇压十姓使的杜怀宝。第二块碑刻发现于1997年，上面残存有汉字6行，每行7—11字，共有54个字。中外学者研究后提出了三种不同的意

---

① 张广达：《碎叶城今地考》，《北京大学学报》1979年第5期。

见。一为裴行俭纪功碑；二为汉文墓志；三为室内雕刻。① 这些碑文的先后发现，证实了这一遗址就是 679 年唐高宗派遣西域将士所建造的碎叶城。根据考古遗址，考古学家推算出，当时碎叶城墙长达 26 千米。古城还有一条中轴大道，被主持发掘的吉尔吉斯科学院阿曼巴耶纯女士形象地称为"碎叶大道"。

站在碎叶城遗址的高台上，整个楚河河谷尽收眼底，南边是巍峨的山，北边是西流的楚河，扼守于此，就可以控制龟兹—勃达岭—热海—怛罗斯—石国的交通要道。②

2001 年，为庆祝中国著名的唐朝大诗人李白诞生 1300 周年，吉尔吉斯斯坦比什凯克人文学院专门举办了活动。时任总统阿卡耶夫在会上说："中国唐朝著名的诗人李白生于吉尔吉斯斯坦的楚河河谷，靠近碎叶城，是我的家乡，对吉尔吉斯斯坦来说，这是一种荣耀。在吉尔吉斯斯坦纪念中国著名诗人诞生 1300 年，将成为吉中友好史册上的重要事件。古代的'丝路'把吉中两国人民紧密地连在了一块，唐朝著名的李白就是在这里诞生的，它为两个民族间的传统纽带和友好关系注入了新的内容。碎叶城就在吉尔吉斯斯坦，而李白在我们中间。"③ 同年，由俄文翻译为吉尔吉斯语的《李白诗集》第一次出版于比什凯克。2005 年，比什凯克人文学院举办了中、俄、吉三种语言的《李白诗集》的第二次发行典礼。如今，碎叶城、李白及其诗文等文化遗产成为中吉两国友好交往的一个见证。

---

① 努尔兰·肯加哈买提：《碎叶出土唐代碑铭及其相关问题》，《史学集刊》2007 年第 6 期。

② 侯杨方：《汉唐最辉煌的西域史，是在吉尔吉斯斯坦书写的》，《中国国家地理》2020 年第 3 期。

③ 亚洲文化遗产保护行动 中国与吉尔吉斯斯坦：碎叶胡笳声，今朝谱新曲，http：//www. ncha. gov. cn/2021/10/25/art_ 722_ 171545. html，2023 年 3 月 1 日。

红河新城——科拉斯纳亚·瑞希卡

吉尔吉斯斯坦的楚河流域，是中亚文明的摇篮之一，这里的高山河流孕育了光辉灿烂的游牧文明和农业文明。早在距今约 30 万—14 万年的旧石器时代，这一地区就有人类活动。在这一时期，他们成群生活，从事采集和狩猎，同时，也开始形成最古老、最原始的宗教信仰体系。在这儿发现的岩画上，刻画着人、牛、羊、蛇的图案，还有永恒的象征太阳的图案。在青铜时代，楚河地区的人们以游牧生活为主，兼种谷物，并从事养畜业和狩猎业。[①]

科拉斯纳亚·瑞希卡古城是楚河流域最大的古城遗址，位于吉尔吉斯斯坦首都比什凯克市东约 36 千米处，东距托克马克市约 36 千米，东南距古代碎叶城遗址约 20 千米。

公元前 7—前 3 世纪，科拉斯纳亚·瑞希卡所在的楚河流域地区居民属于塞人部落联盟，已进入铁器时代，在生产、生活中已使用铁制工具，很多古墓就是这一时期的遗迹。公元前 4—前 3 世纪，楚河流域出现塞人的国家。公元前 3 世纪到公元 4 世纪，在楚河流域形成乌孙国，乌孙人过着农牧结合的生活。楚

---

① 田有前：《楚河流域的古代城址》，《新民晚报》2021 年 1 月 24 日第 17 版。

河地区的乌孙出土物主要为陶器碗罐之类。这里出土的汉代龙纹镜上有汉字铭文，生动地表明了乌孙和汉朝久远的文化联系。有研究认为，乌孙部落联盟一直延续到公元6—8世纪的突厥时代。①

科拉斯纳亚·瑞希卡古城被认为是阿拉伯－波斯或中国文献上提到的中世纪城市"新城"。古城遗址周围分布着楚河流域最为复杂、规模最大的佛寺建筑群，在其东侧还遗存有火神庙遗址。该古城蓬勃发展于6—12世纪，开创人应是粟特人，在粟特语中意为"新城"，中国唐王朝时为安西大都护府，并从葱岭以西连至波斯，古城遗址考古发掘出土有唐代铸造的开元通宝。这里的宗教与民俗建筑结合了突厥、印度、粟特以及中国的多种不同的文化特征，反映了袄教、景教和佛教的广泛流传，是"丝绸之路"历史发展的一个重大遗迹。如今，这座经历了上千年的古城遗址，依然如同一位经历了无数风雨的老者，讲述着令人惊奇的过去。

相传科拉斯纳亚·瑞希卡古城东20千米是唐代诗人李白的诞生地碎叶城。

科拉斯纳亚·瑞希卡古城第一处佛寺遗址，现今已经不存在，只剩下低处地平线上的粟特时期的城堡遗迹，这座城堡是在较低的第三层建筑地平线上发现的，可能建造于公元6—7世纪粟特时期。1938—1940年，由苏联考古学家伯恩斯塔姆领队首次对该遗址进行考古发掘。②

科拉斯纳亚·瑞希卡古城第二处佛寺遗址，据考古调查推

---

① 田有前：《楚河流域的古代城址》，《新民晚报》2021年1月24日第17版。
② 《科拉斯纳亚·瑞希卡佛寺：吉尔吉斯斯坦楚河流域最大的佛迹遗址》，2022年3月23日，http://news.sohu.com/a/532090199_501362，2023年2月22日。

断其建造时间在公元 7 世纪前后，佛寺由圆顶佛殿和带屋顶廊道组成。吉尔吉斯斯坦国家科学院科热穆亚克在 1952—1954 年和 1961—1963 年对这座城市进行了一次考古考察，并对五座建筑物和两座寺庙进行了考察。1961 年在后廊道出土了一件长约八米、头部残损的涅槃佛像，并在南廊和佛殿大门两侧发现了菩萨像残件，涅槃造像被分段运送到圣彼得堡的冬宫博物馆。在此后的考古活动中，考古团队在 1972 年发掘了城墙后的建筑遗址。科拉斯纳亚·瑞希卡古城第二处佛寺遗址还发现了残损的壁画碎片、带有雕刻和铭文的中国佛造像碑、用婆罗门文写在桦树皮上的梵文手稿的碎片，以及来自粟特与印度的菩萨和神像的镀金青铜雕像。这处佛寺建筑的规划和建造与发现的第一座寺庙相似，其出土的涅槃佛像与塔吉克斯坦阿吉纳－特佩佛寺发现的佛像相似。

1970—1980 年，吉尔吉斯斯坦国家科学院的戈里亚切娃和哈萨克斯坦国家科学院的历史学家拜帕科夫领导的团队，对这座城市的遗迹和 2 号寺庙进行了调查。1995—2000 年，由戈里亚切娃和佩雷古多娃率领的吉尔吉斯斯拉夫学院的历史学家科研组对这个遗迹进行了勘探。2003—2007 年，日本与教科文组织共同参与了一项关于丝绸之路文物的项目，教科文组织秘书长松浦晃一郎在会上宣读了关于吉尔吉斯斯坦楚伊河流域丝绸之路遗迹的保护行动方案并发表讲话。[①]

科拉斯纳亚·瑞希卡古城第三处佛寺遗址，位于古城西侧。2010—2015 年，由克里琴科担任领队的吉尔吉斯斯坦国家科学院与俄罗斯国家冬宫博物馆历史文化遗产研究所联合对其开展

---

① 《科拉斯纳亚·瑞希卡佛寺：吉尔吉斯斯坦楚河流域最大的佛迹遗址》，2022 年 3 月 23 日，http://news.sohu.com/a/532090199_501362，2023 年 2 月 22 日。

考古发掘，出土了佛像残件，并确定此处为佛寺遗址。

陕西省考古研究所与吉尔吉斯斯坦科学院历史考古与民族学研究所合作，于2019年5—7月对位于古城西侧的第3座佛教寺庙进行了考古发掘。其中发现的一处佛塔遗址令人瞩目，该遗址位于佛寺中部，佛塔下部为平面略呈"亚"字形的夯土塔基，其中西、北、南三侧较规整，东侧曲折较多，这种覆钵形塔的年代较早，在5—7世纪，对于了解这一时期当地佛教文化发展状况具有重要的参考价值。

科拉斯纳亚·瑞希卡古城融合了多元文化特色，是见证"丝绸之路"发展、传播、互融轨迹的重要古代遗迹。2014年，科拉斯纳亚·瑞希卡古城入选《世界遗产名录》。

丝路灯塔——苏莱曼圣山

摊开一张世界地图，沿着丝绸之路从长安一路向西跨出中国后，便是茫茫的崇山峻岭，峻岭的尽头有一座城——奥什。它地处费尔干纳盆地东南部，靠近阿克布拉河出口，被称为南部吉尔吉斯斯坦首都，其南面与塔吉克斯坦接壤，北部与乌兹别克斯坦接壤，在悠久的历史长河中，曾是丝绸之路的一个重要交会点。

奥什是中亚地区最古老的居民点之一，公元前138年和公元前119年，汉武帝两次派张骞出使中亚各地，其中就有"大宛"，即费尔干纳盆地。

说到奥什，人们首先想到的便是"汗血宝马"的故事。

马的驯化是在中亚北部的草原上完成的。苏联考古学家托尔斯托夫对阿姆河下游东岸今乌兹别克斯坦境内塔扎巴格雅布遗址（时间在公元前1500—前1000年）进行的研究表明，从公元前2000年起，中亚北部的猎人、渔民和采集者就逐渐转变为以畜养为生的牧人，完成了由狩猎向畜牧的过渡。马的驯化也是在此期间完成的。考古显示，中亚北部草原出现了原始笼头骨镳，说明马被用作交通工具，马拉车已经出现。公元前10—前7世纪，马勒的发明表明马已经被驯化为乘骑工具。公元前3

世纪，中亚大宛国（今费尔干纳）以马闻名于世，特别是贰师城的汗血马。①

　　汉武帝于公元前 104 年派李广利率军去贰师城换"大宛马"。李广利等先到了郁成城，即今日奥什城东边不远的乌兹城，后来汉军又到大宛都城贵山，带回了"大宛马"。可见当时奥什也是盛产汗血马的地方。汉武帝在获得汗血马后写下一首《西极天马歌》："天马来兮从西极，经万里兮归有德。承灵威兮降外国，涉流沙兮四夷服。"天马诗的后两句反映的是居高临下的皇帝地位，是威震天下的豪气！②

　　唐代僧人玄奘，于 629 年离开长安，经新疆到达中亚，南越锡尔河、阿姆河入阿富汗、巴基斯坦到达印度。他在《大唐西域记》中写到了费尔干纳："从此东南千余里，至怖捍国。怖捍国周四千余里，山周四境。土地膏腴，稼穑滋盛，多花果，且羊马。气序风寒，人性刚勇，语异诸国。"③ 唐代名将高仙芝手下有一名叫杜环的低级军官被俘，在中亚生活了 12 年。他于 763 年返抵广州，撰写了《杜环经行记》一书，其中也写到了费尔干纳："拔汗那国，在怛罗斯南千里，东隔山，去疏勒二千余里，西去石国千余里，城有数十，兵有数万。大唐天宝十年，嫁和义公主于此国。"④

　　奥什，在元朝的汉文文献中被称为"倭赤"，明朝和清朝的历史文献中，称其为"鄂什""卧什"和"鄂斯"。清朝有个官吏永贵，他曾经到过奥什一带，所著《回疆志》中记载了一条由喀什噶尔至奥什、安吉集、玛尔吉朗至霍罕（浩罕）的线路，

---

　①　蓝琪：《金桃的故乡——撒马尔罕》，商务印书馆 2013 年版，第 26 页。
　②　蓝琪：《金桃的故乡——撒马尔罕》，商务印书馆 2013 年版，第 27 页。
　③　杨建新主编：《古西行记选注》，宁夏人民出版社 1987 年版，第 71 页。
　④　杨建新主编：《古西行记选注》，宁夏人民出版社 1987 年版，第 132—133 页。

它也属于"丝绸之路"的一部分。同时，奥什在中国和中亚地区民族间的交往中起到了很大的推动作用。①

苏莱曼圣山位于奥什中心地带，是中亚地区圣山最完整的象征。其山高 191.3 米，长 1663 米，由五座山峰绵延交会组成。苏莱曼圣山包括 17 个仍在使用的朝圣地，这些散布在山峰各处的朝圣地被朝圣者的脚印连接起来，这些朝圣之地被视为能够治疗不孕、头痛和背痛，并让人长命百岁的灵丹妙药。对这些山峰的崇敬混合了先伊斯兰教和伊斯兰教的信仰。②

苏莱曼山中有许多史前洞穴壁画，目前已发现岩石壁画 100 多处，见证了奥什古城 3000 多年的变迁。

① 胡振华：《关于吉尔吉斯斯坦古城地名"奥什"》，《中央民族大学学报》（人文社会科学版）2001 年第 3 期。

② 《苏莱曼圣山》，搜狗百科，https：//baike. sogou. com/v73238716. html，2023 年 3 月 1 日。

教堂之最——圣索菲亚教堂

"索菲亚"一词有"智慧"之意，圣索菲亚教堂意为"神授的智慧"。最早的圣索菲亚大教堂是君士坦丁的继任者君士坦提乌斯二世于公元360年建成的，这座巴西利卡式的老教堂在公元404年被烧毁，公元415年教堂重建，公元532年在君士坦丁堡的尼卡暴动中再次毁于大火。我们现在所说的圣索菲亚大教堂，是由拜占庭的另一位重要君主查士丁尼一世（公元527—565年在位）于公元532—537年建造的。

圣索菲亚大教堂是查士丁尼一世规划的许多项宏伟工程中登峰造极的一项，它是拜占庭建筑师高度智慧的结晶。不仅超越了西方世界许多过往杰作，在其后的数百年间也无出其右。查士丁尼一世为大教堂请来两位特殊的建筑师，一位是数学家、几何学家安提米乌斯，另一位是体积测量学和物理学教师伊希多鲁斯。两位科学家的教堂设计方案极其大胆，大大超出常规想象，以致很多人认为这种疯狂的设计根本不可能实现。

教堂占地5544平方米，平面为长77米、宽72米的长方形，其核心空间是边长31米的正方形，在正方形四角竖起四根庞大的柱墩，以支撑其上宏伟的帆拱和穹隆，这个天圆地方的核心空间是拜占庭大教堂最重要的主题。这些柱墩高达21米，它们之间架起巨大的半圆拱券，拱券之间填充帆拱，于是形成一个距离地面 36.5 米高、直径 31 米的圆洞，跨度 31 米的穹顶就建在这个位置，虽然其直径比不上万神庙的 43.2 米，拱脚的高度却超过万神庙近 15 米。穹顶由 40 根拱肋和填充在其间的蹼板组成，穹顶底部在拱肋之间开设了 40 个高侧窗，为教堂中心带来光线。

　　真正精彩的设计在于，大教堂由这一天圆地方的核心空间向四面辐射出更加复杂精妙的空间结构。首先，由正方形的中心大厅分别向东、西两侧鼓出两个半圆形的侧厅，上部覆盖着半穹顶，每个半穹顶都由沿半圆弧均匀分布的三个拱券支撑。其次，东、西侧厅再次向外辐射。其中，西侧厅向外辐射为一个带筒形拱顶的西入口和两侧带小型半穹顶的凹龛，凹龛内部由两层的拱廊支撑；东侧厅更加复杂，除两侧的凹龛与西侧的相同外，东面先是一段带筒形拱顶的唱诗堂，后部接一个带半穹顶的半圆后殿，在外墙上则呈现为半个六边形，作为整个教堂东西主轴线的结束。这样的平面组合看似错综复杂，但其实就是中央带帆拱穹顶的大厅，东侧和西侧各加入"半个"圣塞尔吉乌斯和圣巴克乌斯教堂。其中，半穹顶覆盖的东侧厅和西侧厅正是小教堂被剖成两半的中厅；而呈辐射状分布的西入口加凹龛，以及东侧圣坛加凹龛的布置也与小教堂大同小异。所以，富于智慧和想象力的圣索菲亚的建筑师，是将小教堂一分为二，再在其中生生插入一个带帆拱穹顶的宏伟大厅。

　　这样杰出的构想，形成了由中央帆拱大穹顶、侧厅中型半穹顶、凹龛和圣坛中的小型半穹顶构成的层层跌落、极具秩序感的"穹顶系列"——从大顶一分为二生出两个中顶，从中顶又各自一分为三生出三个小顶，最后构成了由九座拱顶组成的美妙华章。

南北两侧的处理与东西两侧截然不同，中央大厅的南北两侧以两层柱廊为界线与中厅分隔开来，两层柱廊一直延伸到其顶部巨大的半圆形侧墙，在侧墙上开有上下两排高侧窗，为中厅带来光亮；柱廊背后是和巴西利卡式教堂一样的侧廊，一直延伸到东西侧厅的两旁。整体审视圣索菲亚大教堂，我们会发现，它并非一个中心对称的集中式布局，而是有一条明晰的东西主轴线，上面分布着中央大厅、东西侧厅，还有位于西端的入口和东端的圣坛，这一系列空间实际上形成了一个高低错落的"大中厅"，在它的南北两侧则是两层柱廊组成的侧廊，所以又构成一个"大巴西利卡"。

这个宏伟的建筑，竟然只用了短短五年时间就建成了，这在西方古代建筑中实在是不可思议的奇迹。然而，前无古人的大胆设计、过于迅速的施工以及拜占庭砖石建筑本身的缺陷，导致这个奇迹般的建造成果并不坚固，在经历了公元553—557年的一连串大地震后，巨大的穹窿于公元558年轰然倒塌。另一位杰出的建筑师小伊希多鲁斯谨慎地弥补了之前的不足。他将南北侧的半圆形拱进一步加厚，以使原先被拉长的椭圆回归正圆形，并在其上建造了一座更加陡峭的穹顶以减少侧推力，当然还加固了原有扶壁。这些加固措施使得一个直径仍为31米、弧度更加高耸的新穹窿于公元562年12月24日重新建成，穹窿最高处距离地面约56米（相当于十八层楼，比万神庙的穹顶高出13米），并且至今仍旧屹立在亚欧大陆之间的天际线上。

后世关于大教堂结构的诟病声不绝于耳，然而它屹立了一千四百余年不倒。查士丁尼本人对于建筑技艺的谙熟以及强大的自信心在建造过程中起了重要作用。据普罗柯比乌斯记载，建造东面主拱时，还未到拱顶，承拱的窗间墙即开始倾斜，建筑师非常紧张，然而皇帝却充满信心地指挥他们把拱券砌完，这样力量就会平衡而不至于坍塌；教堂南北两面施工过程中，在拱券的灰泥未干、下部门楣窗和拱廊立柱由于受力过大而纷纷剥落之际，查士丁尼一世再次指挥匠师们将拱券下部的墙体拆除，待拱券完全干燥后再重新砌筑直至完成。

无论是虔诚的信徒抑或是普通民众，每一个进入大教堂的人都会有一种前所未有的空间体验，那是一种极其复杂、非常神秘、让人迷惑甚至恍惚的奇妙特殊的体验，远不能用"震撼、惊叹"之类的字眼儿来形容。由它的双重前厅进入西侧厅，整个复杂的空间组合让人瞬间惊呆，既不同于置身于巴西利卡中厅被一股无形力量推向轴线尽头圣坛的那种纵深感，也不同于在集中式教堂穹顶之下那种垂直升腾的凝聚感，更多的是介于上升与前进、集中与辐射之间的矛盾感。置身其中的人们似乎同时被几股力量左右，即远处的圣坛邀你前行，高高的穹窿指引你飞升，开设在侧廊、侧墙，乃至侧厅凹龛背后无数窗洞的亮光似乎引渡你的灵魂，目光不能仰视穹窿，也不能凝视圣坛，一种极为陌生的全新体验让人折服于"教堂中的教堂"——圣索菲亚。

光线的设计也是这座建筑中最为成功、最为神奇的地方。圣索菲亚教堂中央穹顶上部密闭，下部开设了四十个小窗，由下而上照亮穹顶，使得巨大而沉重的穹窿好似悬浮在空中。穹窿以下的半圆形侧墙、侧廊两侧的墙壁、半穹顶、凹龛的墙壁等可以开窗的部位，都开凿了数目繁多的窗洞，光线从四面八方照进来，使得原有结构庞大的体量感逐渐消失，就连巨大的角柱也由于表面的折叠、大理石装饰图案及光线的作用而近乎失踪。所有物体都飘浮在神秘莫测的光线之中。如果说万神庙让罗马人相信宇宙和谐完满，那么圣索菲亚大教堂则让基督徒们相信天堂的存在。数学家们通过"反重力"设计，用结构、光线与材料，营造出举重若轻的"视觉魔术"，与超越现世的效果相比，为以往学者们所津津乐道的"穹顶悬浮于空中""从天堂悬下的穹窿"等，都是比较谦逊的说法了。

　　2020 年 7 月，土耳其总统埃尔多安表示，始建于 6 世纪的伊斯坦布尔圣索菲亚大教堂将由博物馆改为清真寺。尽管总统承诺会继续开放参观，非穆斯林也可入内，但部分民众仍然对可能进行的改造忧心忡忡。

皇家园林——托普卡帕宫

　　1453 年，奥斯曼土耳其帝国攻陷君士坦丁堡，绵延了一千余年的拜占庭帝国宣告灭亡。1459 年，奥斯曼帝国苏丹穆罕默德二世开始在古老的拜占庭卫城上修建皇宫。1478 年，新皇宫建成，这就是著名的托普卡帕宫，又称老皇宫，也被称为大炮之门。托普卡帕宫建筑群坐落于土耳其伊斯坦布尔的萨拉基里奥角，这里可以俯瞰金角湾和马尔马拉海岬。皇宫里的很多宫殿都可以清楚地看到博斯普鲁斯海峡，整个皇宫被高墙环绕，这些高墙中的一部分是拜占庭卫城遗留下来的。

　　托普卡帕宫记录了奥斯曼帝国的鼎盛和辉煌，是昔日举行国家仪式及皇室娱乐的场所，也是历任苏丹工作和居住的地方，它陪伴 25 位苏丹走过四百多年的岁月。历代苏丹会根据自己的需求和喜好对托普卡帕宫进行改、扩建，这些无规律的改、扩建偏离了设计者的初衷，也破坏了建筑的有序性。主要的扩建发生在 1520—1560 年的苏莱曼统治时期，这一时期也是奥斯曼帝国急速扩张的时期，苏莱曼为了彰显他的权力和尊贵，大肆扩建宫殿。到 16 世纪末，托普卡帕宫基本形成了今天的规模，堪称奥斯曼土耳其帝国苏丹们的"紫禁城"。奥斯曼帝国灭亡后这里变成了帝国时代的博物馆，是土耳其最大的博物馆。这里有奥斯曼时代标志性的建筑、先进的房屋设计工艺，也囊括了土耳其历史上许多珍贵文物和文献，还收藏着1.7万多件中国古瓷器，上至唐宋，下至明清，据说仅次于北京故宫博物院和德累斯顿艺术博物馆，为世界第三位。

托普卡帕宫是一个庞大的综合体，其形状类似一个粗糙的矩形，它的主轴是南北走向，由四个庭院和一个后宫组成，每个庭院有若干个宫殿群，庭院之间既相互独立又紧密连接。进入宫殿需要经过三道大门，分别是帝王之门、崇敬门和丰饶门。帝王之门是进入皇宫的第一道大门，由大理石覆盖的巨大石门突出它的防御功能，门上篆刻有关于穆罕默德苏丹的碑文，又称作苏丹之门。崇敬门是第二庭院的入口，也被称为中门和礼敬之门，它的建筑结构跟拜占庭建筑相似，大门两面都被充分装潢，上半部刻有宗教碑文及苏丹的字押。崇敬门是奥斯曼帝国真正的权力之门，帝国官员及外国使节经过崇敬门都必须下马，只有苏丹享有骑在马背上穿行此门的至高权力。丰饶门是外宫与内宫的分界，从这里就进入了皇宫的私人住宅区。这道门整体以巴洛克风格为主。宗教活动、新官上任向苏丹宣誓效忠及重大庆典节日都会在这道门前举行，这里也因此见证了帝国历史上的诸多决策和兵变杀戮。

在三道大门的后面，分别对应第一、二、三、四、五庭院。第一庭院是最大的一个庭院，被称为禁卫军之庭或阅兵院，是禁卫军盛装列队迎候宾客或阅兵的地方。里面有帝国铸币局、圣伊莲娜教堂、喷泉，这里可以俯瞰美丽的博斯普鲁斯海峡。

第二庭院是国会广场，是群臣聚集、事务繁忙的地方，苏丹的即位大典、重要外国使团谒见、国政会议，乃至葬礼等重要仪式都在这里举行。里面有帝国医院、烘房、禁卫军驻扎地、马棚、御膳房，在第二庭院的西北角，建有富丽堂皇的帝国议事厅。苏丹宝座上方的墙壁开了一小扇铁窗，那是有些苏丹有时不愿或不需要亲自出面会晤时的"垂帘听政"之处。第三庭院是托普卡帕宫的心脏地带，也称"内宫"，是苏丹的私人禁地，进出受到严格限制，禁止外人擅进。托普卡帕后宫位于宫殿的西北角，修建于 14 世纪，除了觐见大殿还有宝库、后宫、图书馆、画廊以及私人宫殿和清真寺等建筑物。太后寝宫和苏丹的私人宫殿是后宫里最大最奢华的部分，也是后宫的权力中心。在后宫的最深处是宠妃庭院，这里面朝大海，宽阔华丽，可以俯瞰金角湾。

　　第三庭院是整个奥斯曼帝国的财富宝库，四间面积不大的沙龙里收藏着从先知时代到 19 世纪的圣人遗物和各国珍奇，如穆圣的脚印石、胡须和牙齿，哈里发欧麦尔的宽刃剑，阿里的分叉宝剑，征服者苏丹之剑、黄金王座、各式盔甲与贤士的兵刃，以及产生于伊斯兰装饰艺术巅峰的 16 世纪的各种手工艺杰作。如萨菲的波斯地毯，无价的沙赫·伊斯玛仪礼拜毯和黑琥珀杯，中国元青花和日本瓷，帖木儿帝国的兀鲁伯珠宝首饰匣，用埃及棉布和中国丝绸制成的金银丝绣长袍礼服，镶满钻石、祖母绿、珊瑚红和青松石的古兰经书皮与阿拉伯匕首，当然还有法兰克人发明的新奇物件。与古尔哈内街角对面的原皇宫档案馆保存的珍贵文档一样，大部分的珍宝从入宫的第一天起就再也没见到过太阳。只有宗教节日才有机会见到神秘的苏丹和其家人。

　　第四庭院在托普卡帕宫的最深处，面向博斯普鲁斯海峡，主要用作休闲场所。这里有 1640 年由易普拉辛一世修建的

"割礼殿",专门用于举办穆斯林男孩的成年礼仪式。

第五庭院坐落于海边,由一些小行宫、亭楼及娱乐场所组成,它与第四庭院遥遥相望,中间各有数个中小型庭院。19世纪,由于修建海边公路,第五庭院遭到了损毁。所以在今天的托普卡帕宫中,已经无法看到原有的第五庭院,仅存有一个由穆拉德三世在1592年建成的编筐者之亭,以代表这一庭院的昔日风采。

传奇之谜——特洛伊遗址

特洛伊，也叫伊利昂，古代小亚细亚西北地区的城市，位于今土耳其恰纳卡莱南部，距希沙尔克城 40 千米，北临爱琴海，处于连接欧亚的枢纽地带。

特洛伊是公元前 16 世纪前后为古希腊人渡海所建，曾经辉煌一时，后来被战火毁灭。特洛伊考古遗址是 19 世纪考古大发掘的结果。如今，古城的城墙、古屋、剧场，已经成为小亚细亚夕阳下的断壁残垣，《荷马史诗》里描述的特洛伊战争"木马屠城"就发生在这里。传说古希腊的美女海伦被特洛伊人用爱神所赐的金苹果所诱惑，从希腊渡海来到特洛伊城。希腊人为夺回海伦，组成以阿伽门农及阿喀琉斯为首的十万联军，远征特洛伊城。战争持续了整整十年。最后联军假装撤退，在海滩上留下一具大木马，特洛伊人不知是计，把木马当作战利品拖进城内。当晚特洛伊人酣歌畅饮、欢庆胜利，藏在木马中的希腊勇士悄悄溜出，打开城门，里应外合，特洛伊因此被攻陷，一夜之间化为废墟。这段神话，大概就是世人知晓古城特洛伊的最初记忆。

今天，每个来到这座古城的人都会以《荷马史诗》为窗口，寻觅自己心中的特洛伊。然而，根据《世界通史》的论述，特洛伊地处交通要道，商业发达，经济繁荣，人民生活富裕。小亚细亚各君主结成联军，推举阿伽门农为统帅。他们早就对地中海沿岸最富有的地区垂涎三尺，一心想占为己有，于是以海伦为借口发动战争，这才是特洛伊战争的真正目的。

1870 年，著名考古学家海因里希·谢里曼对这个遗址进行了第一次挖掘。在深达 30 米的地层中，考古学家发现了年代为公元前 3000—400 年、分属 9 个时期的特洛伊古城遗迹，找到了公元 400 年罗马帝国时期的雅典娜神庙、议事厅、市场和露天剧场的废墟等。① 从这些建筑残存的墙垣和石柱可以看出当年的雄伟气势。曾经人们认为特洛伊古城是《荷马史诗》虚构的，如果没有考古学者们的发掘与研究，这座古城仍将在地下沉睡。

在特洛伊考古遗址公园入口处有一只巨大的木马复制品，据说是用希腊神话中伊达山的松树做成的。木马体积庞大，有三四层楼高，肚子很大，能容纳十多人。游客可以通过狭窄的阶梯爬上楼，从小方块窗户向外张望，也可以把头伸到外面去拍照。游人还可以在木马肚子里高处的平台上，眺望整个特洛伊平原——柑橘树和橄榄树漫山遍野，红瓦白墙的农舍点缀其间。景区入口前重建的巨大木马，已成为土耳其最重要的文化景观之一，每年吸引着世界各地成千上万的游客。② 1998 年联合国教科文组织将其列入《世界遗产名录》。

在恰那卡莱城区的海滨旁还有一座特洛伊木马，与古城入口处的木马相比，这座根据原型建造的木马更加高大威猛，线条感十分真实，能让人深切感受到历史的沧桑感。被包裹得严

① 陶建国：《探访特洛伊遗址》，参考网，2020 年 12 月 28 日，https：//www.fx361.com/page/2020/1228/7398110.shtml，2023 年 3 月 1 日。

② 《对方接受了你的好友请求，并送来一个木马》，网易，2021 年 9 月 28 日，https：//www.163.com/dy/article/GL04RFMD0545UERW.html，2023 年 3 月 1 日。

严实实的木马矗立在蔚蓝的大海边遥望远方，似乎也在诉说着当年那个美丽的传说……

　　特洛伊博物馆有助于我们深入了解特洛伊古城的历史。博物馆建在特洛伊古城遗址入口附近，由一个占地37250平方米的开放区域和一个12765平方米的主体楼组成，博物馆的高度和历史记载中的特洛伊古城的真实高度一致。从特洛伊考古遗址中挖掘出来的包括雕塑、墓碑、祭祀坛、金属餐具、金子、古钱币等在内近2000个展品在此被展出，夺人眼目。

帝国初都——布尔萨古城

布尔萨位于土耳其西北部马尔马拉地区，地处肥沃的平原，是古丝绸之路的终点。据说城市是以其缔造者、古色雷斯比提尼亚王国国王普鲁西亚斯的名字命名的，公元前 3 世纪就已经存在。在罗马帝国统治时期，布尔萨曾是一个军事重镇。14—15 世纪中叶，它成为新崛起的奥斯曼帝国的首都和宗教、政治及文化中心。

布尔萨古城拥有丰富的历史，是一座庞大的历史博物馆。布尔萨将会带我们回顾迁都伊斯坦布尔之前 150 多年的时光，回到奥斯曼帝国的创始人奥斯曼·加齐和他的儿子奥尔罕·加齐的时代。奥斯曼一世于 1290 年成为塞尔柱部落的首领，在 9 年后即 1299 年宣布建立奥斯曼帝国，并自称为苏丹（意为最有权威的人），从此开启了长达 600 多年的奥斯曼土耳其帝国的辉煌。据说正是由于奥斯曼帝国的崛起，阻碍了东西方陆路交通的畅通，迫使欧洲人不得不从海上寻找新的交通线，于是才有了 15 世纪的地理大发现和后来的大航海时代。

在奥斯曼土耳其帝国兴盛时期，这里曾建造了众多塞尔柱和伊斯兰风格的皇宫、清真寺、贵族庄园与皇室陵寝，但在 1855 年的一场大地震中受到严重破坏，只有为数不多的建筑幸存下来，绿色清真寺就是其中之一。

　　绿色清真寺，因其中央大殿的内壁下方全部用六边形绿色瓷砖装饰而得名，由穆罕默德一世于1415年下令兴建，历时4年才竣工，是布尔萨最美的一座清真寺。建筑的整体风格被认为是在波斯风格的塞尔柱式基础上发展起来的布尔萨式，具有帝国初期建筑的典型特征。清真寺用白色大理石建造，外墙上对称镶嵌着雕花玻璃窗和镂空阳台，伊斯兰式尖拱门的上方雕琢着繁复的蜂窝装饰；在门框和窗楣上还有许多以阿拉伯文镌刻的书法作品。更令人惊奇的是，它的顶部是用一块大理石做成的、连接在一起的两个拱顶，这在建筑史上十分罕见，值得后人顶礼膜拜。与现代清真寺不同，这座清真寺没有内院，因此以穹顶覆盖的中央大殿就充当了内院的职能。走进大殿，一个八角形水池就建在离正门不远的地方，供教徒们在祈祷前清洗身体；再往里走，大殿的南侧是华美的礼拜堂，地面比前厅稍高一些，墙上装饰着精美的壁画和图案复杂的彩色玻璃窗，庄严的祈祷台则朝着麦加的方向。在礼拜堂的左右两边还各有一个小厅，是教徒集会的地方，里面放着古兰经和其他伊斯兰教的圣物。

　　在绿色清真寺对面还有一个重要的帝国印记——奥斯曼帝国的缔造者奥斯曼一世及其儿子和继任者奥尔罕的陵墓。这座有着巴洛克式大圆顶的陵墓建在一个高坡平台上，外墙涂成深蓝和浅蓝色，里面两座石棺分别安放着奥斯曼大帝和他的儿子。不过，原来的陵墓已经在地震中被毁，现在人们看到的是1868年依原样重建的。

　　像许多阿拉伯城市一样，布尔萨市中心也有一个规模巨大、色彩纷呈、琳琅满目的大巴扎。这个叫作"KOZA HAN"的古老巴扎建于1491年，在大清真寺附近，是随着帝国的兴盛和古丝绸之路的发展应运而生的。"KOZA"在土耳其语中是蚕茧的意思，这是一个历史悠久的丝绸生产和贸易中心。自6世纪拜占庭皇帝查士丁尼统治以来，布尔萨就一直在生产丝绸。时至今日，这座城市仍然是购买纺织品的首选地之一。丝绸制品是市场的主打产品，此外，还有精巧的土耳其玻璃茶具、阿拉伯地毯、香料和各色工艺品等。

如今的布尔萨是一座精巧的花园城市，成片种植的绿树、修剪整齐的果园花圃和气势磅礴的喷泉环绕着古老的城区，它还有着"绿色之城"的美誉，并以其绿色的景观和尖塔闻名于背包客中。布尔萨坐落在乌鲁达山脚下，山顶是欣赏美景的绝佳之地。夏季，山顶空气清新，处处荡漾着绿意；冬天，乌鲁达山山顶马尔马拉地区最好的滑雪场吸引了许多滑雪爱好者，即使你不是滑雪爱好者，山顶的冬季仙境也值得徜徉。距离市中心10千米处有一座历史悠久的奥斯曼帝国村庄，时间在这里似乎冻结了——鹅卵石街道两旁木屋林立，手工艺品琳琅满目。这里有古城最正宗的乡村早餐，即切成薄片的烤肉串和土耳其肉丸放在切好的面包上，涂上浓郁的番茄酱和融化好的黄油，配上一杯传统的土耳其酸奶，这是布尔萨绿意盎然之外的又一惊喜，值得驻足。

番红花城——萨夫兰博卢城

    安纳托利亚高原位于古老的小亚细亚半岛，它北临黑海，南临地中海，东接亚美尼亚高原，西至博斯普鲁斯海峡，是连接欧亚大陆的桥梁，东西文明交汇的十字路口。萨夫兰博卢扼守在安纳托利亚高原中心，连接伊斯坦布尔与黑海，优越的地理位置使得这个地方成为古丝绸之路上重要的驿站和土耳其重要的历史文化名城。

    在悠久的历史长河之中，萨夫兰博卢城先后历经了罗马、拜占庭、塞尔柱和奥斯曼等各个历史阶段，在奥斯曼帝国时期发展为重要的驿站。萨夫兰博卢的名字是由希腊文的"番红花"和"城邦"组成，汉译为番红花城。城市最早由希腊人建立，因周边一直是番红花的贸易及种植中心而得名。番红花是小亚细亚地区的原生植物，一种常见香料，主要分布在欧亚和地中海地区，元代以后沿丝绸之路传入中国，成为名贵中药。在元代医书里，番红花被称为"咱夫兰"或"萨夫兰"，是希腊语的汉语直译，因其运输辗转途经西藏，后来也被称为"藏红花"。

    公元前63年，罗马人占领了萨夫兰博卢地区，随后在附近建立了一座神庙，这是关于萨夫兰博卢最早的记载。公元11世纪前后被土耳其占领，从 13 世纪开始，萨夫兰博卢成为联系欧洲与黑海以东地区商队的中转站，是丝绸之路上重要的一环。特别是 18 世纪，文化和经济得到了发展。随着贸易的增加而建成的大篷车使得这座城市成了住宿的中心。

　　萨夫兰博卢老城坐落在一片山谷之中，山谷外岩石和黄土裸露，而山谷中屋舍错落、树木葱茏，阿克萨苏溪谷穿城而过，上下落差达数十米，沿岸水声潺潺，犹如一片世外桃源。老城里现存有 800 余座 19 世纪奥斯曼风格的建筑，大都保存完好，样式精美。这些房屋建筑宏伟豪华，一如这座城市自 17 世纪以来的繁华，如今这里仍然以皮革、铜器、铁艺和美味的洛库姆糖果而出名。以家庭作坊为主的传统手工业代代传承，极盛时曾达到一千多家，很多商铺已有几百年历史。

　　萨夫兰博卢是一个在土耳其城市化历史中没有被破坏的原始城市范例，它神奇般地躲过了现代化的侵袭，至今仍保留着其历史质感。拥有传统的城市纹理、木制房屋以及纪念性建筑，整座小城犹如一份封存的时光样本。也因为拥有这些特性，萨夫兰博卢被誉为"世界之城"，自 1994 年一直名列联合国教科文组织《世界遗产名录》。

　　萨夫兰博卢以其传统民居而闻名，在城市中心有集市区，现代化忙碌的生活似乎被挡在了外面，狭窄的街道和庭院铺有粗糙的天然石，这既可让雨水轻而易举地流走，也可让树木和植物轻松获得水源的滋养。房屋以石头、土坯、瓷砖和木头建造，所有的建造都考虑自然、人类、家庭、街道和市场的平衡，都是以不妨碍邻居视线的方式建造的。这些两层或三层的房屋设有一个大型庭院，每个角落都可以看到精美的木雕典范，包括天花板都是手工艺珍品。房间里有专门放卧具的壁橱，更令人吃惊的是细节，比如天花板上吊摇篮的钩子。挂有百叶的窗子又高又窄，每个房间最多八扇窗，采光很好。每扇门前都有个屏风，防止陌生人直接看到里面和妇女，厨房与客厅之间的窗子也是必不可少的，人们说它有时也改为他用，成了传递情书的信箱。

这座城市还有近600年历史的浴室。金吉公共浴室是城中最大的浴室，从远处看，红瓦覆盖的穹顶层层叠叠共有十个之多，墙面由巨大的白色石块砌成，主体是两个大圆顶，之后依次过渡为两个小圆顶和六个更小的圆顶。每个穹顶都是一个独立空间，由窄小的拱门相连，人们利用浴室内的高温，使全身大汗淋漓，再用温水或冷水淋浴。

土耳其浴的历史可以追溯到古罗马时代。由于气候炎热，古罗马人非常喜欢洗澡，据说他们一生中有一半时间都是在浴池中度过的。东罗马帝国覆灭后，土耳其人便把罗马式的浴室改成了名副其实的土耳其浴。在奥斯曼帝国时期，浴室几乎就是土耳其社会的缩影，那时人们进浴室都带着一个丰盛的食盒，里面装有羊肉串、酸奶、榛子等食品干果。沐浴后新朋旧友聚在一起，边吃喝边聊天，聚餐后再各自回到更衣室的单间，美美地睡上一觉，直到太阳西下才回家，舒适无比。[1] 关于洗浴，土耳其人有繁多的名目，新人结婚前有"相亲浴"；孩子出生第四十天要洗"新生浴"；亲人去世后二十天亲戚们要洗"眼泪浴"，以至于特定节日、贵客来访等都要洗浴，"凡大事儿必洗浴"。

这种传统的土耳其蒸汽浴也被传入我国扬州。扬州传统澡堂内的场景几乎是土耳其浴室的翻版。浴池雾气腾腾，阳光透

---

[1] 《土耳其浴》，百度百科，https：//baike.baidu.com/item/土耳其浴/2907096?fr=aladd1n e6%b5%b4? view_ id=321r7xvglxo000，2023年3月1日。

过玻璃窗照进来。休息室坐满了喝茶、抽烟、嗑瓜子的大爷，天南海北地聊天。据说扬州传统澡堂的设计来自西亚，最早由穆斯林商人沿丝绸之路带到扬州，经过长期发展后成为扬州的名片。发端于古罗马的浴室文化，经过千年辗转流传，竟在相距万里的文明中生根发芽，不能不说是丝路文明交流的奇迹。

金吉公共浴室的右面是埃斯基清真寺，这是城中现存最古老的建筑，始建于 1322 年。清真寺朴实无华，上部穹顶外墙分布着一圈砖垛，应为后世维修时留下的痕迹。建筑在形制上还保留着拜占庭建筑遗风，立面由石块砌成，基座呈正方形，上面主体是一个半球形穹顶。进入清真寺内部，两侧的石墙质朴厚重，墙上的窗户很小也没有任何装饰，阳光透过狭窄的顶窗射入内部，忽明忽暗，形成富于韵律的光影效果。在这里，清晨祷告的钟声是生活的一部分，每天清晨穹顶下面聚满了人，宣礼塔上响起悠扬的宣礼声……

帝国遗迹——罗马古城

罗马，已经有2700多年的历史，是全世界知名的历史文化名城，古罗马政权的发源地，也被称作"永恒之城"。公元1—2世纪是罗马历史上的鼎盛时期，罗马成为西方最大的帝国，与东方的东汉王朝交相呼应。罗马是意大利占地面积最广、人口最多的都市，亦是全世界知名的旅游地之一。

罗马老城因神话故事中的建城者罗慕洛而出名。据说公元前七八世纪，罗马皇帝努米托雷被其亲弟弟阿姆利奥篡权撵走，他的儿子被杀害，女儿西尔维娅与战神马尔斯成婚，生下双胞胎兄弟罗慕洛和雷莫。① 阿姆利奥把这两个双胞胎兄弟投入河中，落入水中的兄弟幸得一只母狼用奶汁哺喂存活，后被一猎手抚养长大。随后，两兄弟消灭了阿姆利奥，并迎回外祖父努米托雷重登皇位。努米托雷划分土地让他们建立新都，但罗慕洛私定城界，消灭了雷莫，并以个人名字将新城命名为罗马，并将"母狼乳婴"图案设定为罗马市徽。文艺复兴之后，罗马老城的探索、清理、挖掘任务一如既往。尽管大部分考古遗址

---

① 《罗马俱乐部的会徽为什么是狼和婴儿？》，腾讯网，2022年2月18日，ht-tps：//new. qq. com/rain/a/20220218a09nfi00，2023年3月1日。

已埋在现罗马街区下，但遗址群核心的罗马广场及附近片区已辟为国家公园，供游客观摩。在罗马古都考古遗址上有元老院、凯旋门、万神殿和大角斗场等全世界知名的文物遗迹及文艺复兴时代的精致建筑物和艺术精品。

罗马老城核心区最重要的地方是罗马广场，位于帕拉蒂诺、卡皮托利诺和埃斯奎利诺三丘之间的谷地，建城以来就是群众往来集会的中心。重要场所长约 134 米，宽约 63 米，到共和国末年广场四周已遍及神殿、礼堂、元老院议事堂和凯旋门等。至帝国时代又持续扩张、改造，其美轮美奂的居所堪称王朝之冠。城里有世界上最大的教堂——圣彼得大教堂，该教堂系罗马基督教的核心大教堂、欧洲天主教徒的朝觐地、梵蒂冈罗马教皇的教廷。最初建在耶稣的大弟子圣彼得的墓地之上，16 世纪教皇朱利奥二世决意重建圣彼得教堂，于 1506 年动工，1626 年完工，工期长达一百二十年。文艺复兴时代很多著名的建造师、文艺家介入了大教堂的设计，譬如布拉曼特、米开朗基罗、拉斐尔等。教堂呈拉丁十字形，由大理石砌成，系罗马式和巴洛克式建筑风格，总面积约 23000 平方米，主体建筑高约 45 米，长约 210 米，可容纳近六万人同时祈祷。此教堂巍峨壮观，无与伦比。教堂正中的圆顶系意大利文艺复兴时期伟大的绘画家、雕塑家、建筑家和诗人米开朗基罗设计，高约 138 米，周长约 71 米，登顶可眺望罗马全城。教堂正面屋檐上有十三尊雕像，耶稣立于中间，两旁则是其门徒。此外，屋檐两端各有一座时钟，右面的是格林威治时间，左面的是罗马时间。教堂正门前有两尊宏伟的雕塑，左面是圣保罗，右面是圣彼得。教堂一共有五扇门，分别为圣门、圣事门、中门、善恶门、死门，每扇门上均刻有圣经故事的浮雕。从中门进入教堂，如入艺术宝库——精美的雕梁画栋、艳丽的绝世壁画、逼真的人物雕像，美不胜收。教堂共有一百余件艺术瑰宝，其中三件雕塑杰作尤为珍贵，即米开朗基罗的《圣殇》（亦称《圣母怜子》），意大利的天才雕塑家、建筑家、画家贝尔尼尼的《青铜华盖》和《圣彼得宝座》，教堂的这三件至宝价值连城。

斗兽场遗址是罗马的地标建筑、古罗马文明的象征。斗兽场占地面积约 20000 平方米，周长约 527 米，围墙高约 57 米，最多可容纳近九万观众，原为弗莱文圆形露天剧场（建于公元 72—82 年），建成后却用来进行斗兽表演。罗马斗兽场堪称建筑史上的典范，现在看上去虽是一片断垣残壁，但昔日的古韵雄风与磅礴气势至今犹存。美国画家托马斯·科尔曾赞叹道："即便已成残骸，依旧华丽灿烂。"两千年历史的斗兽场遗址向当今世人展现了厚重的罗马历史文化积淀和古罗马建筑艺术的辉煌成就。

罗马城里有风靡世界的浪漫打卡地——罗马许愿池。许愿池原名特雷维喷泉，别名幸福喷泉，是罗马最大、最有名的喷泉，位于罗马城内三条街的交会处。池高约 26 米，宽约 20 米，系对称式结构。它是全球最大的巴洛克式喷泉，也是罗马最后一件巴洛克式建筑艺术杰作。许愿池背景是一座海神宫，宫顶饰以教皇徽章和三重冠，两旁各有一天使守护，其下是亭亭玉立的四位少女，分别代表春夏秋冬四季。水池中央是海神尼普顿，他站在巨大的贝壳上驾驭马车，两个人身鱼尾的壮汉一左一右，用力抓着双翅飞马的鬃毛——一匹狂野，一匹温驯，象征大海的汹涌与平静。海神尼普顿两旁各有一水神，左边女神脚下水罐倾倒四处流淌，寓意富足；右边女神端着水让蛇啜饮，寓意健康。这些精品雕塑栩栩如生，仿佛在讲述古老而美丽的希腊罗马神话故事。20 世纪 50 年代，美国拍摄的爱情喜剧片《罗马假日》里有英国明星奥黛丽·赫本扮演的安妮公主在许愿池旁边的街上理发和买冰淇淋的镜头，许愿池因此风靡世界，成了罗马城浪漫情调最浓郁的旅游景点之一。

罗马古城酷似一座巨型的露天历史博物馆。1980年罗马主城区被列入世界文化遗产。今天，人们在罗马城内基本上看不到高楼大厦，建筑物大多数为六七层，而且当地非常重视建筑外部的装饰，材料及色彩的使用坚持与古城风貌同步。罗马古城历经千年仍保留着自身的特性，新城区与旧区没有明显的对比，这亦是罗马被称作"永恒之城"的理由之一。

火山之殇——庞贝古城

庞贝古城遗址坐落在那不勒斯湾附近，距离维苏威火山南麓大约十千米。

庞贝城的起源可以上溯至公元前 8 世纪，在罗马人到来前，欧斯干人、腓尼基人和希腊人就在此居住，由于先天地理条件优越，又有海湾的庇护，庞贝很早就是最佳渔港，也是地中海贸易的中转站。公元前 6 世纪，庞贝逐渐成为伊特鲁里亚人、希腊人、萨姆尼特人等"多族聚集"之地。不同民族间的文化习俗相互影响，相互交融，加之便利的交通和繁荣的贸易使得当地民生富足，罗马帝国初期，庞贝就成为仅次于罗马的第二大城市。庞贝的城市人口不多，但拥有完备的希腊—罗马市政设施，包括一座足以容纳整个城市人口的大型竞技场，以及 100 多家大小餐馆、4 座公共浴室、2 座普通剧场、2 座体育场和 10 间各类神庙等。这样庞大的第三产业规模，不仅满足了常住人口的需求，还能应付来自天南海北的商人与旅行者，这在当时的世界并不多见。

除了这些服务型建筑，庞贝和其他罗马城市一样布满了石灰石铺设的街道。道路下方埋有公共供水管道，连接着城市各处的饮水喷泉。发达的经济和完善的基础设施，为庞贝居民提供了丰富的物质条件和安逸的生活，庞贝城里的工艺品数量之多远超人们的想象。广场上的雕塑超过四十座，反映人民自在生活的街头艺术更是超过六千个，很多公私建筑墙壁、地砖上都能看到精美的画作，内容从描绘日常生活、狩猎到神话故事和历史场景，应有尽有，这也说明了当时人们富足的精神世界和对高雅艺术的追求。

公元79年，沉寂千年的维苏威火山突然喷发，火山灰和火山砾雨形成厚约五米的遮盖层，将建筑物残骸和窒息而死的人类掩埋，繁华富庶的庞贝一夕之间灰飞烟灭，一切生命就此消逝，盛世场面被凝固终结。消亡后的庞贝城再也没有任何的文字记载，被世人彻底遗忘。直到18世纪早期，这座深埋于火山砾下长达1700年的古城遗址才被偶然发现。历经200多年的考古发掘，66公顷的古城遗址被划分成9个区域供游客参观，目前还有1/3埋于地下。

庞贝古城的重要建筑，如各类神庙、祭坛、大会堂、元老院、市政厅以及商品交易所等围绕着市苑广场而建，一些带有浓郁希腊风格的柱廊和青铜雕像也多集中于此。这里是古庞贝居民公共生活、商业活动和宗教活动的中心。穿过门洞，广场南端的一尊持矛半人马青铜雕像赫然矗立，广场西南侧是阿波罗神庙遗址，与之相邻的大会堂是庞贝最古老的公共建筑，建于公元前1世纪，通常是公民集会，以及市政官对公民或商业活动进行审判或裁决的场所。长方形的庭院内原有28根直径1.1米、高10米的科林斯式圆柱，如今只剩下不足1米的石礅。广场东侧的建筑是庞贝商人行会、作坊主们进行商业仓储和商品交易的场所。临街有一排柱廊，石头横梁上精美的花纹依稀可见。广场北端是朱庇特神庙遗址，复原图中神庙两侧各有一座石拱门通向不同街区。

除上述这些市政设施外，城内还有三座公共浴场，一座圆形竞技场，两处角斗士训练营以及两所露天剧场，这些娱乐场所构成了庞贝公民日常的文化生活。另外，城内上百家小酒馆和二十多家风月场所也让庞贝这座"酒色之都"实至名归。半圆形的露天剧场沿袭了古希腊剧院的建筑格局，内部划分为舞台、乐团和观众席三个区域，可以容纳 5000 名观众。位于东南角的圆形竞技场建于公元前 80 年，比罗马斗兽场还早了近百年，是目前世界上已知的最古老的竞技场，可以容纳 1 万—2 万多观众，其内部构造与当代体育馆极为相似。与之相邻的是庞贝最大的角斗士训练营，操场面积大约有 20000 平方米，四周被高墙环绕，柱廊后面的石砌小屋应该是角斗士的营房，数量之多足见当时民众对这项血腥暴力的厮杀是何等热爱！

古城内街巷纵横交错，主街的街面多以大石块或石板铺就，已经呈现出"人车分道"的迹象。路中央青石上的车辙印清晰可见，辙迹平均都在 10 厘米以上，可以想象到昔日庞贝车水马龙的繁华景象。道路中间相隔不远就有一排石墩，类似"斑马线"，这样的设计既可使飞驰的马车放缓速度，又方便居民过街，雨天时还能用作垫脚石，真可谓一举多得。另外，在街巷交会处或街区路边还设有蓄水池供人畜饮水，古罗马人在城市规划中的聪明才智令人叹服。临街的许多店铺只剩下断壁残垣，很难再找寻旧迹。最易辨认的只有小吃店，里外两间，临街搭建 L 型的石砌柜台方便售卖。柜台内有嵌入的大型陶罐，大约用来盛放和保温食物。城内最大的一家面包坊，石磨和砖砌烤炉虽有些破损，但其功能显而易见。复原图呈现出面包坊的日常生产经营情况，从磨面、烘焙到批发售卖面包，与现在的食品加工流水线作业几乎没有太大的差别。

近百年来，意大利政府对庞贝的考古发掘和修复工作从未停歇。庞贝古城出土的富豪的私宅遗址不下数十家。这些宅邸跟中国南方的百年老宅有很多相似之处，前厅、天井、中庭、厢房和花园应有尽有，其设计风格就算在今天也毫不落伍，马赛克、壁画和雕塑已经被广泛地应用于建筑装饰中，古城豪宅里无处不在的壁画，展现了庞贝古城过去奢靡享乐的风貌。两千年前庞贝古城的城市规划、建筑设计及装饰造诣，丝毫不输于近代都市。

庞贝仿若一座广阔的"自然历史博物馆"，身处其中会忍不住惊叹——难怪文艺复兴率先在意大利兴起！

防御之塔——巴鲁米尼石堡

处于意大利半岛西南方的撒丁岛，是地中海的第二大岛屿，仅次于西西里岛。其地理位置在科西嘉岛南面，西班牙、突尼斯、意大利之间的地中海西部。撒丁岛有许多奇特罕见的风景区，每一处风景区因地形和自然地理差别而独具特色、包罗万象。撒丁岛最古老的居民大致自新石器时期即在这里繁衍生息，先民们建造了一种很独特的石筑平顶圆锥形巨石堡垒，称作"努拉吉"。

"努拉吉"的形态像堡垒，内分三层，底层主要用于储藏食物，有些底层中间还挖有水池。主建筑物四周则是十分矮小的石墙，呈圆形，一座挨一座，有可能是一种多功能的居所防御设备，也可能是家族成员间爆发对抗时非格斗人员比如妇女和儿童的隐匿场所。因而，"努拉吉"有可能是住所，也可能是用来防卫的牢不可破的城堡。这类古建筑物群在撒丁岛尚存有七千多个，其中巴鲁米尼石堡保存最好。

世界文化遗产巴鲁米尼石堡是西地中海地区最独特、最重要的文物古迹，是素有"露天考古博物馆"之称的意大利重要的遗迹景点，也是这片土地上最神秘、最有资格成为这一岛屿象征的古迹。它给来到撒丁岛观光的游客留下了深刻的印象。

1997 年巴鲁米尼石堡入选《世界遗产名录》。世界遗产委员会
对巴鲁米尼石堡的评判是，"公元前 2000 年末期的铜器时期，
一种独特类别的卫戍建筑物在撒丁岛构筑起来，这即是独一无
二的努拉吉"。这一综合性布局包括用修琢的石块堆积而成的锥
状环形防卫塔，或者在塔内用梁托支撑成的套房。这个耸立在
巴鲁米尼的综合防御工事，由于受到迦太基人的压力，一直到
公元 1000 年中叶还在维修和加筑，是史前同类型建筑物中修建
得最好和保存最完整的历史遗存。

皇家陵墓——圣天使城堡

　　到了罗马，除了角斗场，圣天使堡也是值得打卡的地方。圣天使堡位于意大利罗马台伯河畔，是公元 139 年罗马皇帝哈德良（公元 117—138 年在位）为自己和后代继承者们所建的家族陵墓，由皇帝哈德良亲自设计并指挥建造。城堡上圆下方，外围城墙呈现出五角星形，造型坚固伟岸。"圣天使堡"这个名字的由来有个传说。6 世纪，欧洲黑死病流行，教皇格利高里一世梦见手持宝剑的天使降临，"对抗"黑死病，随后黑死病的流行结束，教皇命人在堡顶竖立了持剑的大天使雕像，并改名为"圣天使堡"。连带圣天使堡下面的桥也被命名为圣天使桥，桥上有 12 尊天使像，12 寄寓着耶稣的 12 门徒。天使雕像使这座桥成了巴洛克式装饰艺术的杰作。

　　圣天使堡在很多艺术作品中都有出现，如歌剧《托斯卡》、惊悚小说《天使与魔鬼》。在 1953 年美国派拉蒙公司拍摄的浪漫爱情片《罗马假日》中，圣天使堡和圣天使桥有较长时间的镜头，赫本所饰演的安妮公主和格利高里·派克饰演的记者乔，在古堡前的圣天使桥头参与了河边音乐宴会，这使得这里成为观景点，成为罗马的旅游打卡点，每天都有许多游客在大天使铜雕像前留影，时至今日，桥上的路灯都还跟当时电影中的一模一样。

哈德良的最初用意是将这里作为自己和其继承者的安息之地，然而世事难料，由于地理位置的特殊和居高临下的结构，它最终因坚固而成为阻碍西哥特人和东哥特人进入的关卡，此后又成为监狱、兵营。在公元 6 世纪被扩建成一座豪华的罗马教皇宫殿，作为教皇的城堡和避难所。直至今天，圣天使堡仍隶属梵蒂冈，从圣彼得大教堂到圣天使堡有一条地下通道，它不仅是遇险时的保命通道，还成为教皇显圣的密招——前一刻在梵蒂冈，下一刻就出现在圣天使堡接受朝拜。从陵寝到皇宫的变迁，这种用途转换非常有趣，显然意大利人并不忌讳在墓地居住。

在高楼林立的很多国际性都市中，罗马是非常奇特的，这里古建筑周围的现代建筑相对较少，所以从圣天使堡博物馆内的通道拾级登上顶层，眼前豁然开朗，整座罗马古城一览无余，色彩鲜明、富有历史沧桑感，无论是日出东方还是夕阳西下，它都别具风格。城堡南面下方是台伯河和圣天使大桥，往东是高等法院，往南便是令人震撼的古城全貌，鳞次栉比的教堂、神庙、古堡和老建筑，谱写了一曲华丽优雅的古典乐章。罗马城不是一日建成的，圣天使堡同样也经历了千年时光，和中国古代历史有异曲同工之妙，随着时代的发展，圣天使堡也从皇家陵墓转变为国家博物馆。馆内收藏了大量雕刻作品、壁画艺术品、罗马教皇的住宅家具，还有从罗马时期开始收集的古代武器珍品。